公司控制权强化机制
与外部投资者保护

Corporation's Control Enhancing Mechanisms
and External Investors Protection

汪青松 著

社会科学文献出版社
SOCIAL SCIENCES ACADEMIC PRESS (CHINA)

图书在版编目（CIP）数据

公司控制权强化机制与外部投资者保护／汪青松著
.--北京：社会科学文献出版社，2024.6
（中国社会科学博士后文库）
ISBN 978-7-5228-1373-8

Ⅰ.①公…　Ⅱ.①汪…　Ⅲ.①公司-控制权-公司法
-研究-中国　Ⅳ.①D922.291.914

中国版本图书馆 CIP 数据核字（2022）第 256463 号

·中国社会科学博士后文库·

公司控制权强化机制与外部投资者保护

著　　者／汪青松

出 版 人／冀祥德
责任编辑／芮素平
责任印制／王京美

出　　版／社会科学文献出版社·法治分社（010）59367161
　　　　　地址：北京市北三环中路甲 29 号院华龙大厦　邮编：100029
　　　　　网址：www.ssap.com.cn
发　　行／社会科学文献出版社（010）59367028
印　　装／三河市龙林印务有限公司

规　　格／开　本：787mm×1092mm　1/16
　　　　　印　张：15.75　字　数：261 千字
版　　次／2024 年 6 月第 1 版　2024 年 6 月第 1 次印刷
书　　号／ISBN 978-7-5228-1373-8
定　　价／98.00 元

读者服务电话：4008918866

本书的研究得到教育部哲学社会科学研究后期资助项目
"公司控制权强化机制视域下的外部投资者保护研究"（19JHQ073）的资助

第十批《中国社会科学博士后文库》
编委会及编辑部成员名单

（一）编委会

主　任： 赵　芮

副主任： 柯文俊　胡　滨　沈水生

秘书长： 王　霄

成　员（按姓氏笔划排序）：

卜宪群	丁国旗	王立胜	王利民	史　丹
冯仲平	邢广程	刘　健	刘玉宏	孙壮志
李正华	李向阳	李雪松	李新烽	杨世伟
杨伯江	杨艳秋	何德旭	辛向阳	张　翼
张永生	张宇燕	张伯江	张政文	张冠梓
张晓晶	陈光金	陈星灿	金民卿	郑筱筠
赵天晓	赵剑英	胡正荣	都　阳	莫纪宏
柴　瑜	倪　峰	程　巍	樊建新	冀祥德
魏后凯				

（二）编辑部

主　任： 李洪雷

副主任： 赫　更　葛吉艳　王若阳

成　员（按姓氏笔划排序）：

杨　振	宋　娜	赵　悦	胡　奇	侯聪睿
姚冬梅	贾　佳	柴　颖	梅　玫	焦永明
黎　元				

《中国社会科学博士后文库》
出版说明

　　为繁荣发展中国哲学社会科学博士后事业，2012 年，中国社会科学院和全国博士后管理委员会共同设立《中国社会科学博士后文库》（以下简称《文库》），旨在集中推出选题立意高、成果质量好、真正反映当前我国哲学社会科学领域博士后研究最高水准的创新成果。

　　《文库》坚持创新导向，每年面向全国征集和评选代表哲学社会科学领域博士后最高学术水平的学术著作。凡入选《文库》成果，由中国社会科学院和全国博士后管理委员会全额资助出版；入选者同时获得全国博士后管理委员会颁发的"优秀博士后学术成果"证书。

　　作为高端学术平台，《文库》将坚持发挥优秀博士后科研成果和优秀博士后人才的引领示范作用，鼓励和支持广大博士后推出更多精品力作。

《中国社会科学博士后文库》编委会

摘　要

　　"控制权强化机制"（Control Enhancing Mechanisms）是指能够实现对公司的控制权与现金流权之间的非比例性背离效果的各种机制，如双重或多重股权结构、股东间协议、投票权限制等。在欧洲大陆，以双重股权构造为代表的各类"控制权强化机制"由来已久，许多国家法律对此予以接纳和认可；在英美地区，背离"一股一权"原则的股权构造也大量存在，并被主要证券交易所接纳；在亚洲地区，继日本在 2005 年开始放弃对股份类型的严格限制之后，中国香港和新加坡也相继在 2018 年 4 月和 6 月实施了最新的上市规则，允许采用双重股权构造的公司上市；在中国内地，国务院办公厅于 2018 年 3 月转发了证监会《关于开展创新企业境内发行股票或存托凭证试点的若干意见》，旨在为存在投票权差异安排等控制权强化机制的红筹企业回归营造宽松的制度环境。据此可以看出，对于"控制权强化机制"的接纳已经成为一种世界趋势。与此同时，这种趋势不应当误导我们忽视"控制权强化机制"所存在的弊端，特别是其对于外部投资者地位的进一步弱化效应，尤其需要完善的投资者保护机制来加以矫正。因此，加强对控制权强化机制的理论基础及其对外部投资者权益影响的研究具有重要的理论和现实意义。

　　基于上述考量，本书秉持以权利—义务—责任的基本理论框架为工具、以公司治理的市场实践为基础、以投资者保护制度完善为目标的研究思路，综合运用历史分析、比较分析、实证分析等研究方法，从域内与域外、宏观与微观、横向与纵向、理论与实践、动态与静态、历史与现实、积极与消极等角度对控制权强化机制展开论证与研究，旨在梳理控制权强化机制的理论基础，考察控制权强化机制的实践应用，分析控制权强化机制的正反功能，解构控制权强化机制的要素与变量，并探讨控制权强化机制视域下中国优先股制度的问题与对策、在美上市中概股的控制权强化机制设计、中国控制权强化机制视域下的外部投资者保护机制完善问题等，以期为我们正在进行中的制度变革提供可资参考的有益启示。

本书在结构安排上，共分为八章。

第一章"控制权强化机制勃兴的理论基础与现实需求"。本章主要对控制权强化机制的演进趋势、理论基础以及我国市场实践中对于该机制的现实需求进行阐述。从全球范围看，在传统以金字塔式持股为代表的间接型控制权强化机制依然普遍存在的同时，以双重股权结构为代表的直接型控制权强化机制正受到越来越多的青睐。控制权强化机制的理论基础主要体现为以下几点。其一，公司自治理念。公司自治源于公司契约理论，这种理论认为公司不过是一种"契约的联结"，而并非真正意义上的实体，公司中降低代理成本的各种措施完全是由市场机制决定的，并体现在相关的契约中；公司中的各方契约当事人都被视为理性的经济人，有权利也有能力按照自己的意愿缔结契约。创造控制权强化机制的真谛在于实现公司中的契约自由和公司自治，依据自由理性实现市场效率的帕累托最优。其二，实质平等原则。建立在"资本多数决""一股一权"逻辑上的形式意义上的股东平等将导致股东之间的实质不平等，控制权强化机制是对股东形式平等弊端的有效矫正，能够更好地实现实质正义。其三，股东异质化理论。传统公司法立基于股东同质化假定，该理念所坚持的股权配置比例化原则客观上成为制约公司制度发展、阻碍股东投资目的和利益实现的消极因素，而事实上股东在现实层面具有多元化的偏好和需求，控制权强化机制的市场实践很好地契合了股东的异质性。其四，公司控制权理论。控制权强化机制是保持公司控制权的重要策略，并且公司控制权市场的存在、公司控制权的争夺客观上对管理层有着较大影响，致使管理层难以为公司的长期利益而勤勉尽责。控制权强化机制的实践需求有以下几点。其一，创新驱动发展战略的政策需求。控制权强化机制实质赋予了创新型公司实现创新的市场激励，在促进创新型公司企业家愿景实现的同时，也满足了公司在初创以及发展过程中的融资需求，是创新驱动发展战略的应有之义。其二，收购与反收购的市场需求。控制权强化机制有助于推动我国多元化敌意收购防御机制的建立，为市场提供更加多元高效的选择，帮助公司构建起能够有效抵御敌意收购的"防火墙"，因此，控制权强化机制较好地回应了商业实践的迫切需求，是公司法律制度市场化改革的应有之义。其三，混合所有制推行的改革需求。基于股东异质化的控制权强化机制能够为不同性质的资本提供不同类别的股份，各种不同性质的所有制资本在平等的契约自由下，通过控制权强化机制的妥善设计，结合各自的优势实现优化公司治理、各方共赢的目标。

第二章"主要法域控制权强化机制的制度变革"。本章主要考察控制权强化机制的域外制度。其一，考察主要法域的控制权强化机制的相关制度变革。从公司法和上市规则两个维度对美国、欧盟、日本、新加坡、中国香港的控制权强化机制的相关制度及其变革进行比较分析和制度考证。其二，总结主要法域控制权强化机制相关制度变革的启示。法律制度层面的启示体现在控制权强化机制可以提升经济绩效，理想化的控制权强化机制内容符合形式理性兼具实质理性，且随着经济全球化的发展和市场竞争的加剧，控制权强化机制法律制度设计在世界范围内出现了趋同化的趋势。市场实践层面的启示则表现为控制权强化机制源于提升市场竞争力和市场创新力的客观实践需求。

第三章"控制权强化机制对外部投资者利益的影响"。本章主要分析控制权强化机制的积极与消极功能。控制权强化机制的积极功能在于赋予企业家对公司的控制权，构成管理层对公司治理的激励，减轻两权分离而引发的传统代理问题，从而降低代理成本；允许股东对所持有股份的收益权和投票权作出不同的配置和安排并因此满足异质化股东的个性化投资偏好；

为企业家提供实现其特殊愿景的自由空间，促使企业管理者关注企业长期价值成长。与此同时，控制权强化机制的消极功能也应予以关注。控制权强化机制也有可能导致控制股东通过控制权谋取私人利益；当目标公司的经营者通过控制权强化机制在公开市场上实施反收购措施，无疑会降低公司控制权市场对公司治理的改善作用；另外，控制权强化机制也将造成表决权和现金流权之间的背离程度越来越大，导致股东之间权利义务呈现不对等的状态。

第四章"中概股公司控制权强化机制与外部投资者保护"。本章主要对在美上市中概股公司控制权强化机制设计进行实证分析和制度分析。首先，对在美上市的中概股公司所采用的控制权强化机制的总体情况数据展开实证统计。其次，对中概股公司双重股权结构型、管理层控制型、双重股权结构及管理层控制结合型、股东间协议型这些控制权强化机制进行实证考察。再次，对中概股公司的表决权自动转换条款、日落条款、表决权限制条款、禁止转让条款等投资者保护条款进行实证归纳。最后，对美国法律框架下加强投资者保护的独立董事制度、信息披露制度、外部投资者集团诉讼制度、证券投资者保护公司等投资者保护机制进行梳理分析。

第五章"优先股制度的中国实践与外部投资者保护状况"。本章主要探讨中国优先股制度的市场实践、制度问题和解决思路。首先，对样本公司的数据进行实证统计，尝试归纳中国优先股制度试点的现状。其次，对中国上市公司优先股发行中的发行条款、股息条款、退出条款进行法律分析。最后，结合目前中国优先股的相关法律法规，剖析中国优先股制度中外部投资者保护方面存在的主要问题。现有问题表现在：优先股公开发行条件过于严格、优先股股东回购机制不健全、优先股股东分红缺乏制度保障。针对上述问题，提出了关于章程必备条款的特殊要求、优先股回购机制、表决权恢复机制等方面的制度完善建议。

第六章"中国科创板控制权强化机制的制度与实践"。本章主要探讨中国科创板上市公司特别表决权制度的总体设计、市场实践、存在问题和完善思路。首先，归纳总结了科创板特别表决权股份发行的总体制度设计。其次，结合两家科创板上市公司的具体做法对科创板特别表决权股份制度的市场实践进行介绍。再次，对科创板特别表决权股制度所存在的问题进行了阐释。最后，对科创板特别表决权股制度的完善提出了基本思路。

第七章"中国股份公司控制权强化机制的法律规制"。本章主要尝试解构与重构中国股份公司控制权强化机制的法律规制框架。首先，从公司法、证券法、专门立法的层面对中国现有规制控制权强化机制的法律制度及其不完善之处进行梳理分析。其次，提出控制权强化机制的基础性、专门性规制规则的制度完善建议。基础性制度的完善主要体现在对《公司法》《证券法》《首次公开发行股票注册管理办法》的概括性基础规则的修订和补充，专门性规则的完善主要涉及发行公司条件、持股人资格、股份架构的设计、公司治理特殊规则的建构与完善。最后，探讨存在控制权强化机制公司上市的可能性，并提出了上市的监管规则框架。完整的上市监管规则体系的主要内容包括采纳控制权强化机制上市公司的资格准入、投票权规则、日落条款、公司治理、投资者保障。

第八章"控制权强化机制下的外部投资者保护之完善"。本章主要提出控制权强化机制下加强外部投资者利益保护的思路和具体方案。首先，对外部投资者的弱势地位从作为公司监督者的地位弱化、作为公司利益索取者的地位弱化、作为契约主体一方的地位弱化三个维度进行法律分析，并对控制权强化机制下的外部投资者保护的特殊需求在理论层面和实践层面展开论证。其次，提出了外部投资者利益保护的总体思路。具体内容包括充分尊重股东的自由选择、对控制权强化机制加以适当限制、充分保障外部投资者知情权、为外部投资者利益保护构建特殊的保障措施、构建更加完善的事后救济机制。最后，探讨了控制权强化机制下外部投资者利益保护的特殊规则。包括表决权弱化股份股东权利保障的特殊安排、独立董事的职责、权利救济机制、"公益股"制度构想。

Abstract

Control Enhancing Mechanisms refer to various mechanisms that can achieve the effect of disproportionate deviation between the corporation's control and cash flow rights, such as dual-class or multi-class stock structures, stockholder agreements, and voting rights restriction agreements etc. In Europe, many types of *control enhancing mechanisms* represented by the dual-class stock structure have been existed for a long time, and have been recognized by the laws of most member states. In common law areas, many equity structures that deviated from the *one share one vote* principle exist, and have been accepted by major stock exchanges. In Asia, after Japan abandoned the restriction about the category of stocks, China Hong Kong and Singapore also, in April and June 2018, implemented the latest listing rules which allowing corporations with dual-class structures to be listed. In China Mainland, the General Office of the State Council forwarded the document of Securities Regulatory Commission's *Several Opinions on Piloting the Domestic Issuance of Stocks or Depository Receipts by Innovative Enterprises* in March 2018, aiming to provide a loose institutional environment for the Red-chip corporations with disproportionate arrangements of voting right such as the *control enhancing mechanisms*. Consequently, the acceptance of *control enhancing mechanisms* has become a worldwide trend. However, we cannot be misled by this tendency and ignore its shortcomings, especially we should keep perfect the investors protection law to correct its further weakening effect on the status of external investors.

Therefore, it has important theoretical and practical significance to strengthen the research on the theoretical basis of the control enhancing mechanisms and their influence on the rights and interests of external investors.

Based on the above considerations, this research adheres to a research mentality that takes the basic theoretical framework of right-duty-responsibility as a tool, bases on the corporate governance practice, and aims at improving the investors protection rule. Our work comprehensively uses lots of research methods such as historical analysis, comparative analysis, and empirical research etc. Besides, this research demonstrates and studies the *control enhancing mechanisms*, and the research perspectives range from internal to external, from macro to micro, from horizontal to vertical, from theoretical to practical, from dynamical to static, from historical to realistic, and from positive to negative, aiming to sort out the theorical basis of the *control enhancing mechanisms*, to examine their application, to analyze their positive and negative functions, to deconstruct their elements and variables, and to discuss the issues and relative countermeasures of preferred stock system of China, the institutional design of China concept stocks listed in the United States which have used these mechanisms, and the improvement of the protection mechanisms for external investors from the perspective of these mechanisms in China, in order to provide useful enlightenment for our ongoing institutional reforms.

This research is divided into eight parts:

The first chapter is *Theoretical Basis and Realistic Demand for the Rise of Control Enhancing Mechanisms*. This chapter mainly elaborates the evolution trend, theoretical basis, and the realistic demand for these mechanisms in our market practice. From a global perspective, while the traditional indirect *control enhancing mechanisms* represented by the pyramid holding are still widespread, the direct *control enhancing mechanisms* represented by the dual-class structure have gradually been accepted by more and more areas. The theoretical basis of these mechanisms is mainly embodied in the following parts: First, the concept of corporate autonomy. Corporate autonomy originated from the theory of corporate contract. The theory believes that a corporation is nothing but a *nexus of contract* rather than an existing entity, and that various measures to reduce agency costs in a corporation are completely determined by the market mechanism and reflected in related contracts. Besides, all parties to the contract in the corporation are regarded as rational economic persons, who have the right and ability to conclude contracts according to their own wishes. The essence of creating a control enhancing mechanism lies in the realization of contractual freedom and corporate autonomy, and the realization of the Pareto optimal efficiency of the market based on freedom and rationality. The second is the principle of substantial equality. While stockholder equality in the formal sense based on the logic of *capital majority rule* and *one share one vote* will lead to substantial inequality among stockholders, the *control enhancing mechanisms* are effective mechanisms to correct the shortcomings of formal equality of stockholders and can be better ways to achieve substantive justice. Third, the theory of stockholder heterogeneity. Traditional corporation law was assumed the homogeneity of stockholders. This assumption based on the proportional equity allocation principle, and this principle has objectively become a negative factor restricting the development of the corporation's system and hindering the realization of stockholders' investment goals and benefits, while in fact, the practice of the *control enhancing mechanisms* fit well with stockholder's diversified preferences and needs. Fourth, the theory of corporate control. The *control enhancing mechanisms* are important strategies to maintain the corporation's control rights, and the existence of the corporation's control rights market and the competition for those rights objectively have a significant impact on the managers, making it difficult for the management to be diligent and responsible for the corporation's long-term interests. The practical needs of these enhancing mechanisms are : First, the politic needs of innovation-driven development strategies. These enhancing mechanisms essentially give innovative corporations the market incentive to achieve innovation. While promoting the realization of the entrepreneur's vision of innovative corporations, these mechanisms also satisfy the corporation's financing needs in the start-up and development terms. Thus, they fit well with the essence of innovation-driven development strategy. Second, the market demand for acquisitions and anti-acquisitions. The *control enhancing mechanisms* will promote the establishment of a diversified hostile takeover defense mechanisms in our country, provide more diversified and efficient choices for the market, and help corporations build a practical *firewall* that can resist hostile takeovers. Therefore, these mechanisms fit well with the urgent needs of business practice and the proper meaning of the market-oriented reform of the corporation's legal system. Third, these mechanisms fit well with the need of mixed ownership reform. Based on the theory of stockholder heterogeneity, the control enhancing mechanisms can provide different categories of stocks for different types of capitals. Under equal contractual freedom, all kinds of ownership capitals combining their respective advantages can realize their goals like optimizing corporate governance and achieving win-win situation for all parties through the proper design of the *control enhancing mechanisms*.

The second chapter is *Institutional Reform of the Control Enhancing Mechanisms in Major Jurisdictions*. This chapter mainly examines the extraterritorial system of the control enhancing mechanisms. First, this part studies the relevant institutional changes in these mechanisms of the main jurisdictions. It makes comparative analysis and institutional research on the relevant rules and changes of these mechanisms in the United States, the European Union, Japan, Singapore, and China Hong Kong, with perspective ranges from the corporation law and listing rules in these jurisdictions. Secondly, it summarizes the enlightenment of system reform related to the *control enhancing mechanisms in main jurisdictions*. The enlightenment at the institutional level is that these mechanisms can improve economic performance of corporations. The content of the ideal *control enhancing mechanisms* conforms to both formal and substantive rationality, and with the development of economic globalization plus the intensification of market competition, the institutional legal system of these mechanisms have shown a trend of convergence in the world. The lesson from the market practice level is that these mechanisms originate from the objective practical needs to enhance market competitiveness and market innovation.

Chapter three is *the Influence of the Control Enhancing Mechanisms on the Interests of External Investors*. This chapter mainly analyzes the positive and negative functions of the control enhancing mechanisms. The positive functions of these mechanisms is that to put entrepreneurs at the controlling position on the corporation, and thus constitutes an incentive for management to corporate governance, alleviates the traditional agency problems caused by the separation of the corporation's control rights and cash-flow rights, thereby reducing agency costs, to allow stockholders to make different configurations and arrangements of their income rights and voting rights of the corporation to meet the individual investment preferences of heterogeneous stockholders, to providing entrepreneurs with a freedom to realize their idiosyncratic vision, and thus prompts business managers to pay attention to the long-term value growth of the corporation. At the same time, the negative function of the *control enhancing mechanisms* should not be neglected. These mechanisms may cause the controlling stockholders to seek private benefits through their controlling power over the corporation; when the target corporation's managers implement anti-takeover measures in the open market through the *control enhancement mechanisms*, they will undoubtedly reduce the corporation's control market's role in improving corporate governance. In addition, these mechanisms will make the deviation degree between voting rights and cash flow rights lager, resulting in an unequal state of rights and obligations among stockholders.

Chapter four focuses on *Control Enhancing Mechanisms of China Concept Stock Corporations and External Investors Protection Measures*. This chapter mainly conducts empirical analysis and institutional analysis on the design of the control enhancing mechanisms of China concept stocks listed in the United States. First, empirical statistics are carried out on the overall situation of these mechanisms adopted by the China concept stock corporations listed in the United States. Second, it conducts an empirical study on China concept stock corporations which used these mechanisms, such as dual-class structure, management controlling, dual-class structure and management controlling combination, and stockholder agreement. Third, empirically summarize the investors protection clauses such as the automatic conversion clause of voting rights, sunset, voting rights restriction, and non-transfer in China concept stock corporations. Finally, it makes a comparative analysis of enhancing investors protection mechanisms under the US legal framework such as the independent director, information disclosure, external investor group litigation, and securities investor protection corporation.

Chapter five is *Practice of Preferred Stock System in China and Status of External Investors Protection*. This chapter mainly discusses the market practice, system problems and solutions of preferred stock system in China. First, this part focuses on empirical statistics on the data of sample corporations and try to summarize the current situation of the pilot practice of preferred stock system in China. Secondly, it conducts a legal analysis on the preferred stock issuance clause, preferred stock dividend clause, and preferred stock withdrawal clause in the issuance of preferred stock of listed corporations of China. Finally, combined with the relevant laws and regulations of preferred stock in China, it analyzes the main problems existing in the protection of external investors in preferred stock system. Existing problems include : the conditions for the public issuance of preferred stock are too strict, the preferred stock repurchase mechanism remains uncertain, and the stockholder dividend has no guarantee. In response to the above-mentioned problems, we put forward suggestions on system improvement regarding the special requirements of the necessary clauses of the articles of association, the preferred stock repurchase mechanism, and the voting rights restoration mechanism.

Chapter six deals with *the System and Practice of China's Sci-tech Innovation Board's Control Enhancing Mechanisms*. This chapter mainly discusses the overall design, market practice, existing problems, and perfect ideas of the special voting rights arrangements for the listed corporations on the Sci-tech Innovation Board. First, it summarizes the overall system design for the issuance of special voting stocks on this board. Second, it introduces the market practice of the special voting stocks mechanism on the Sci-tech Innovation Board based on the specific practices of two listed corporations on the board. Third, it studies the problems existing in the special voting stocks arrangement of the board. Finally, the basic ideas for the improvement of the Sci-tech Innovation Board's special voting stocks mechanism.

Chapter seven is *Legal Regulations of the Control Enhancing Mechanisms of Joint-stock Corporations of China*. This chapter mainly attempts to deconstruct and reconstruct the legal regulatory framework of the *control enhancing mechanisms* of joint-stock corporations of China. Firstly, it sorts out the imperfections of existing regulation of China concerning *control enhancing mechanisms* from the perspective of corporation law, securities law, and special legislation. Secondly, it proposes institutional improvement suggestions for the basic and specialized regulatory rules of the *control enhancing mechanisms*. The improvement of the basic rules is mainly reflected in the revision and supplement of the general rules of the corporation law, securities law, and administrative measures for initial public offering and listing. The improvement of special rules mainly involves issuing corporation conditions, stockholder's qualifications, arrangements of share structure, construction, and improvement of special rules of corporate governance. Finally, it discusses the possibility of listing of corporations with *control enhancing mechanisms* and proposes a regulatory framework for listing. The main contents of a complete listing regulatory system should include the access qualification, voting rights rules, sunset clauses, corporate governance, and investor protection of listed corporations adopting a control enhancing mechanism.

Chapter eight is *Improvement of the Protection of External Investors under the Control Enhancing Mechanisms*. This chapter mainly proposes ideas and specific plans for enhancing the protection of external investors interests under the *control enhancing mechanisms*. First, this part conducts legal analysis of the weak position of external investors from three dimensions: the weakening of the position as the corporation's supervisors, the weakening of the position as the corporation's benefit claimers, and the weakening of the position as the parties of the contract. In addition, the special needs of investors protection are demonstrated at the theoretical level and practical experience. Second, it puts forward the general idea of protecting the interests of external investors. The specific content of this general idea includes fully respecting the free choice of stockholders, imposing appropriate restrictions on the *control enhancing mechanisms*, fully protecting the right of external investors to be informed, building special safeguards for the protection of the interests of external investors, and building a more complete post-relief mechanism. Third, it discusses the special rules for protecting the interests of external investors under these mechanisms, including the special rules protecting the rights of voting rights restriction stockholders, the duties of independent directors, the rights relief mechanism, and the conception of the public welfare stock system.

前　言

　　控制权是现代公司制度中的一种事实存在，也是理论研究与制度设计中一个历久弥新的主题。不论立法者对于控制权滥用如何忧心忡忡和严阵以待，保持和争夺控制权从来都是公司相关方孜孜以求的目标。长期以来，"一股一权"原则是公司法践行资本民主的重要设计，为各个法域的公司法所普遍坚持，但市场实践中的各种"控制权强化机制"（Control Enhancing Mechanisms）也一直在对该原则进行削弱、侵蚀甚至改造。"控制权强化机制"是指能够实现公司股权配置非比例性安排的各种机制，如双重或多重股权结构、股东间协议、投票权限制等。

　　在欧洲大陆，以双重股权构造为代表的各类控制权强化机制由来已久，许多国家法律对此予以接纳和认可；在英美地区，背离"一股一权"原则的股权构造也大量存在，并被主要证券交易所普遍接纳；在亚洲地区，继日本在 2005 年开始放弃对股份类型的严格限制之后，中国香港和新加坡也相继在 2018 年 4 月和 6 月实施了最新的上市规则，允许采用双重股权结构的公司上市；在中国内地，国务院办公厅于 2018 年 3 月转发了证监会《关于开展创新企业境内发行股票或存托凭证试点的若干意见》，旨在为存在控制权强化机制的红筹企业和中概股公司的回归营造宽松的制度环境。特别是中国证监会 2019 年 3 月 1 日公布的《科创板首次公开发行股票注册管理办法（试行）》第 41 条规定了存在特别表决权股份的境内科技创新企业申请首次公开发行和上市的信息披露要求，标志着中国证券市场正式为那些不符合"一股一权"原则的公司打开了公开融资的方便之门。

据此可以看出，对于控制权强化机制的包容接纳已经成为一种世界趋势，越来越多的支持观点认为双重股权结构之类的"控制权强化机制"有助于那些具有敏锐洞察力和卓越才能的专业人士实现对公司的持续性领导，确保其实施自己的商业战略而不必受制于短期的市场压力，这一点对于科技创新型企业尤为重要，也有一大批公司受益于此类机制缔造出令人惊叹的商业奇迹。

但同时必须警醒的是，这种趋势不应当误导我们忽视控制权强化机制所存在的弊端，许多研究者从控制股东谋求私利的机会主义、公司管理层的行为、永久性双重股权的风险、制度优势的变化等角度对控制权强化机制的缺陷进行了深入分析，更有研究明确指出要对控制权强化机制制定干预措施、实施投资监管和提升企业透明度。

特别是控制权强化机制与传统的股权平等理念存在明显背离，外部投资者的公司治理参与权和经济性权利被进一步弱化，因此，控制权强化机制对于外部投资者地位会产生进一步弱化效应。控制权强化机制的使用使得控制股东可以持有与其现金流权不成比例的高额投票权，这种背离以两种各不相同而又密切相关的方式影响着控制股东/管理者与外部投资者之间的代理关系：其一，这种分离使得控制股东/管理者在为公司作出一些关键决策时，其自身利益与整体股东的利益最大化目标背道而驰；其二，控制权强化机制的使用可以使内部人保留足够的投票权，以防止代理权争夺或恶意收购的威胁。双重股权结构公司的潜在成本也会随时间的增加而不断增加，该种股权结构所具有的优势也会不断下降，控制股东在公司上市时所具有的知识、技能和相关理念都可能会伴随时间的推移而不断削减。因此，相较于"一股一权"的标准化股权构造公司，在控制权强化机制下，因股权限制所呈现的利益冲突更加复杂，外部投资者地位更加弱化，尤其需要完善的投资者保护机制来加以矫正。

对于我国当前而言，在营造更加开放包容的证券市场环境的同时，监管与保护同样不可偏废。基于对控制权强化机制影响公司外部投资者这一问题的关注，本书将针对控制权强化机制市场实践及其对外部投资者的影响这一主题，通过理论推演、比较研究、调查分析、案例分析等研究方法，在分析归纳控制权强化机制市场实践的总体情况的基础上，对控制权强化机制所产生的弱化外部投资者地位的效应进行阐释，进而在简要介绍域外投资者保护制度经验和分析我国证券市场投资者结构特征的基础上，提出与控制权强化机制相适应的外部投资者利益保护机制的完善建议。

目 录

Contents

第一章 控制权强化机制勃兴的理论基础与现实需求

第一节 公司控制权强化机制的发展概况

一、公司控制权性质的法学解读

控制权是现代公司治理实践中的一种客观存在，它既寄生于公司制度规则，同时也向理论研究者和制度设计者不断提出新的命题，诸如公司治理、中小股东权益保护、债权人权益保护等相关研究都难以绕开公司控制权的问题。关于公司控制权的法律性质目前并未形成共识，其究竟是"权利"还是"权力"在学界仍有不同观点，有相当一部分人认为公司控制权是一种权力，具有对一定主体的支配力。譬如罗伯特·达尔就从经验主义的角度给出定义："甲对乙的权力就是甲使乙接受去做某种没有甲干预便不会去做的事的能力。"① 这种界定也是符合美国公司制度演进现实的，因为公司发展到一定程度便会对国家产生一定的影响力，公司的控制权便逐渐显现出权力的特征。有学者认为，在公司对政府、社会和经济的控制这一问题上，美国的巨型商事公司已经可以被称为"公司国家"，现代公司就是国家的缩影，所以公司控制权是一种权力。②

但就公司控制权的法律性质而言，更多学者认为其属于由私法调整的

---

① 〔法〕米歇尔·克罗齐埃：《科层现象》，刘汉全译，上海人民出版社，2002，第178~199页。
② 参见梅慎实《现代公司机关权力构造论》，中国政法大学出版社，1996，第50~54页。

一种私权利，该种权利来源于公司所有权，故也属于财产权的表现形式之一。例如，有学者认为公司控制权是公司法中各项权利的核心，但其不是某种单一的权利，而是由一组私权利组成的"权利束"，且该"权利束"具有可分割性。公司控制权所有者的最终目的在于，借助权利的工具性运用为自己赢得排他性利益，即控制权利益。据此，控制权所有者就可以依据自身意志实现对公司财产的排他性利用和处置权。① 此外，也有学者认为，公司控制权指的是控制人借助其能够控制的一定比例的股权或者通过契约等方式而获得的对公司重要事项的决定权。公司控制权的法律特征在于以下两个方面：一是公司控制权与权利相类似，即权利人可以自行决定是否行使该权利；二是公司控制权在某种程度上又具有鲜明的职权（Power）特征。② 公司控制权实现的主要路径包括普通股权型控制、杠杆股权型控制和契约代理型控制。③

二、控制权强化机制的基本内涵

在传统公司法中，资本民主理念下的控制权配置原则是控制权与现金流权相对应。换言之，享有公司一定比例分红权或剩余财产分配权的股东应当享有与其承担风险相对称的公司控制权，以此来保证公司剩余索取权的获得者对公司决策拥有最终决定权。④ 与立法者时刻关注控制权滥用导致危害后果的可能性不同，公司治理实践中的控制权争夺始终都是公司利益相关方孜孜以求的目标。受资本民主理念的影响，"一股一权"原则是公司治理的制度基础和核心，也为世界各国所普遍接受并坚持。不过，在市场实践中，股东可以通过一些路径实现控制权比重的增加，而同时又不必增加相应的现金流比重，这类导致现金流权与控制权相分离的机制被称为"控制权强化机制"，这些机制一直在对"一股一权"原则进行削弱、侵蚀甚至改造。"控制权强化机制"（Control Enhancing Mechanisms）是背离现

---

① 参见林全玲、胡智强《公司控制权的法律保障初论》，《社会科学辑刊》2009 年第 4 期。
② 参见钟瑞庆《论公司控制权概念的法理基础》，《社会科学》2010 年第 6 期。
③ 参见汪青松《股份公司控制权集中及其对公司治理的影响》，《东北大学学报》（社会科学版）2011 年第 2 期。
④ 参见李刚、侯晓红《控制权强化机制与终极控制权两权分离度计量方法》，《统计与决策》2015 年第 4 期。

金流权和控制权之间的比例规则来增强主要股东对公司的控制权的手段。[1]从广义上说，"控制权强化机制"包括能够实现对公司的控制权与现金流权之间的非比例性背离效果的各种机制，如金字塔结构、交叉持股、股东间协议、投票权限制、单一控制和董事会席位超额控制以及双重甚至多重股权结构等。[2]控制权强化机制的运用使得控制股东持有与其现金流权不相称的投票权，可以有效地分离最终经济风险与控制性投票权。[3]"控制权强化机制"在公司实践中较为普遍，正如有研究指出的，不独双重股权结构成为西方国家广泛应用的公司控制权保持利器，马云控制阿里巴巴的"中国合伙人制"也充分显示出东方智慧。[4]有研究通过对国内外股权众筹公司的分析发现，其创始人维持和强化控制权的方式主要有交叉持股、双层股权结构、合伙人制度三种法律路径。[5]控制权强化机制能够在一定程度上对传统的"一股一权"原则进行异化。借助于控制权强化机制，对公司控制有偏好的股东就可以放大其表决能力，同时降低现金流权的比例。

控制权强化机制下的控制权具有高度稳定性。在股权分散的公司中，公司控制人对控制权的享有通常是通过股东的投票权来实现，控制人与公司其他股东间的关系在性质上更多地表现为委托代理关系。基于委托代理关系的性质，公司控制人并非不变地享有控制权，其享有的控制权并不稳定，随时可被公司其他股东或者外部人通过股权收购等方式取代。而差异化股权结构下，控制人特殊控制权的享有直接由章程确定，章程的订立或修改需要在公司发起人或多数股东主导下进行，因而其修改异常严格。因此，以公司章程为载体的差异化股权结构下的控制人控制权，在通常情况

---

①　L. A. Bebchuk, R. Kraakman & G. Triantis, "Stock pyramids, cross-ownership and dual class equity: the mechanisms and agency costs of separating control from cash-flow rights", In Morck, R. (ed.), *Concentrated Corporate Ownership*, Chicago, IL: University of Chicago Press, 2000, pp. 295−318.

②　Carmelo Intrisano, "Control-Enhancing Mechanisms in Italian Companies", *China-USA Business Review*, Vol. 11, No. 3, 2014, pp. 328−358.

③　Federico Cenzi Venezze, "The Costs of Control-enhancing Mechanisms: How Regulatory Dualism Can Create Value in the Privatisation of State-owned Firms in Europe", *European Business Organization Law Review*, Vol. 15, No. 4, 2014, pp. 499−544.

④　参见马一《股权稀释过程中公司控制权保持：法律途径与边界——以双层股权结构和马云"中国合伙人制"为研究对象》，《中外法学》2014 年第 3 期。

⑤　参见孙亚贤《股权众筹公司创始人控制权维持的法律路径》，《法商研究》2017 年第 5 期。

下将不受其他股东的干涉，从而具有高度的稳定性和独立性。

此外，控制权强化机制下的控制权具有人身依附性。以差异化股权结构为例，控制人控制权的享有是基于"控制人"本身。持有超级表决权的控制人之所以能享有公司控制人地位，是因为其本身就具备卓越的公司治理才能和远大的公司治理愿景，并且此种权利亦得到了公司章程的认可。控制人的愿景和能力使投资者有理由相信公司发展前景是光明的。正如谷歌创始人拉里·佩奇在向股东和美国证券交易委员会发表的声明中指出的："借由投资的过程，你会对团队投入一个异乎寻常的赌注，特别是谢尔盖和我。"[1] 因此，从根本上讲，公司投资者正在对公司创始人，也就是公司控制权人进行押注，他们愿意承担创始人的愿景或管理能力可能失败的风险，因为他们相信创始人（控制人）的愿景和能力。[2] 易言之，投资者所选择的并非某个公司，而是选择投资某位公司的控制权人。特定公司之所以存在并获得投资者投资，一个重要理由是其控制人的存在，因此控制权具有高度的人身依附性。

三、控制权强化机制的类型划分

针对特定公司的控制权可以分为直接控制权和间接控制权。间接控制权往往对应着终极控制权，它体现为多层次的直接控制的叠加。终极控制权人能够同时对直接控制权和间接控制权进行运用，并进而不断地强化公司控制权与现金流权之间的背离程度，形成少数股权控制结构。

（一）直接控制层级的控制权强化机制

在直接控制层级上，终极控制股东能够采用的控制权强化机制包括双重或多重投票权构造、股东间投票权协议等。

1.

双重或多重投票权股是指由公司发行的对同一单位面值股份赋予两个甚至多个投票权的股份类型。欧盟范围内，在国家法律制度层面采纳双重

---

① Letter from the Founders: https://www.nytimes.com/2004/04/29/business/letter - from - the - founders.html.

② Andrew Winden, "Sunrise, Sunset: An Empirical and Theoretical Assessment of Dual-Class Stock Structures", *Rock Center for Corporate Governance at Stanford University Working Paper*, No. 228, 2017, pp. 1-62.

或多重投票权股的国家大约有53%，而在公司治理实践中采用双重或多重投票权股的国家也占到了50%。双重或多重投票权股份一般是采取类别股的形式，不同类别股份对应的现金价值一样，但所代表的投票权存在差异。除了常见的针对内部人和外部人而设计不同类别股份之外，还有以持股时间为基础的双重投票权股份的形式，享有此种投票权的股东是基于其持有股份达到公司章程规定的特定期间，实践中该期间一般不少于两年。此种股份在法国也被称为"忠诚股份"（Loyalty Shares），特殊投票权常被作为对长期认同公司价值的股东的一种奖励形式。但是，与其他双重或多重投票权的类别股份不同的是，此种"忠诚股份"在通常情况下并不被视为一种单独的股份类别。欧洲各地的立法都为公司采取双重或多重投票权股留有适当的制度空间，但各法域公司在治理实践中的采用情况存在较大差异。譬如在英国，仅有5%的公司在公司治理实践中采用双重或多重投票权股；但在瑞典，实践中采用双重或多重投票权股份的公司比例高达80%。①

2. 股东间投票权协议

股东间投票权协议也称为股东表决协议、股东投票协议或表决权拘束协议，这类协议指的是股东之间或者股东与其他相关第三人之间对公司表决权如何行使达成的协议。② 在中国证监会公布的《上市公司收购管理办法》中则表述为"一致行动人协议"。所谓"一致行动"，是指"投资者通过协议、其他安排，与其他投资者共同扩大其所能够支配的一个上市公司股份表决权数量的行为或者事实"。投资者（包括股东或实际控制人）在签订一致行动协议之后，其在针对公司经营管理事项作出表决时，需要保持一致行动，借以稳定自己在公司中的地位。一致行动协议在我国公司治理实践中被广泛运用，如在南京银行外资股东2013年的增持事件中，巴黎银行作为外资股东对南京银行的持股比例已经达到14.74%，南京银行的第一大股东紫金集团原本持股13.76%，为了保持其第一大股东地位不被动摇，遂与南京银行另一股东南京高科签署了一致行动协议，协议签署后，双方合计持股比例高达24.99%，使得紫金集团继续保持南京银行

① European Corporate Governance Institute, Shearman & Sterling & Institutional Shareholder Services, *Proportionality between Ownership and Control In EU Listed Companies：External Study Commissioned by The European Commission*, p. 12.

② 参见梁上上《表决权拘束协议：在双重结构中生成与展开》，《法商研究》2004年第6期。

第一大股东的控制地位。① 再如，2018 年 2 月 28 日，上市公司浙江步森服饰股份有限公司发布《关于控股股东签署一致行动协议的公告》，称控股股东重庆安见汉时科技有限公司与持股 5% 以上股东上海睿鸷资产管理合伙企业（有限合伙）于 2017 年 10 月 25 日签署一致行动协议，协议约定双方成为一致行动人，就上市公司的经营、管理、控制及相关所有事项保持一致立场及意见。

（二）间接控制层级的控制权强化机制

在间接控制层级方面，终极控制股东能够采用的控制权强化机制包括金字塔持股结构、交叉持股和控制下层公司董事会多数席位等，其中最为典型和常见的当数金字塔持股结构。金字塔结构是一种形象化的表达，其本质上就是指多层级、多链条的集团控制持股结构，也就是实际控制人通过间接持股形成一个金字塔式的控制链实现对该公司的控制。这种方式下，公司控制权人直接持股控制第一层公司，第一层公司再控制第二层公司，以此类推，通过多个层次的控制链条最终达到控制目标公司的目的。在金字塔持股结构中，虽然实际控制人最终出资数量极为有限，但在每一个控制链条上都实现了控制权与现金流权相分离的目标，终极控制人借此能牢牢地控制着整个企业集团。实证研究表明，在我国的 IPO 企业中，采取金字塔持股结构的公司非常普遍，尤其是在民营企业中，这一比例更是高达 90.19%。东亚国家和地区超过 1/3 的上市公司的终极控制人构建了金字塔持股结构。②

四、控制权强化机制的演进趋向

如前所述，以金字塔持股结构为代表的间接控制机制是一种普遍存在的控制权强化机制，但其过于复杂的控制层级无疑会大大降低控制权行使的效率和增加代理成本。因此，以双重股权结构为代表的直接控制权强化机制更容易受到创业企业家的青睐，原因在于双重股权结构较之复杂的控制层级，有较低的代理成本和较高的权利行使效率，因此获得

---

① 参见吕东《南京银行外资大股东持股比例已达 14.74% 国资股东"四两拨千斤"靠一致行动人锁定 NO.1》，《证券日报》2013 年 2 月 19 日，第 B01 版。
② 参见周颖等《金字塔持股结构与资本结构——基于中国上市企业面板数据的研究》，《管理评论》2012 年第 8 期。

越来越多的法域的制度肯认。在欧洲各国，以双重股权结构为代表的各类控制权强化机制由来已久，故多数国家对此予以认可和接纳；在北美地区，实践中背离"一股一权"原则的股权结构大量存在，也被多个大型交易所接纳；在亚洲地区，继日本在 2005 年放弃对股份类型的"一股一权"的严格控制后，中国香港和新加坡也陆续在 2018 年开始实施了新的上市规则，允许采取双重股权结构的公司上市。顺应这一潮流，中国内地也不断扩展和优化双重股权结构的制度空间，国务院办公厅于 2018 年 3 月转发证监会《关于开展创新企业境内发行股票或存托凭证试点的若干意见》，就是旨在为采取以双重股权结构为代表的控制权强化机制的红筹企业和中概股公司回归 A 股市场营造宽松的制度环境。2019 年 3 月 1 日，中国证监会公布的《科创板首次公开发行股票注册管理办法（试行）》第 41 条明确规定，存在特别表决权股份的境内科技创新企业申请首次公开发行股票并在科创板上市的，要满足信息披露要求，这标志着我国正式开始接纳采用特别表决权股的公司上市融资。这些情况表明，对控制权强化机制持开放包容态度已经成为世界范围的发展趋势。越来越多的支持观点认为双重股权结构之类的"控制权强化机制"有助于实现那些具有敏锐洞察力和卓越才能的专业人士对公司的持续性领导，确保其实施自己的商业战略而不必受制于短期的市场压力约束，这一点对于科技创新型企业尤为重要，也有一大批公司受益于此类机制缔造出了令人惊叹的商业奇迹。上述变革趋势能够给我国的公司法和证券法的发展带来有益的启示和借鉴。与此同时，更加不容忽视的一个问题是控制权强化机制存在的种种弊端，例如诸多研究从控制股东谋求私利的机会主义行为、[1] 公司管理层的行为、[2] 永久性双重股权的风险、[3] 制度优势的变化等角度对控制权强化机制可能面临的问题进行深入分析；也有研究指出要对控制权强化机制进行一定的干预，对控制权强化机制的

[1] Ronald W. Masulis, Cong Wang & Fei Xie, "Agency Problems at Dual-Class Companies", *The Journal of Finance*, Vol. 64, No. 4, 2006, pp. 1697-1727.

[2] Zohar Goshen & Assaf Hamdani, "Corporate Control and Idiosyncratic Vision", *Yale Law Journal*, Vol. 125, No. 3, 2016, pp. 560-617.

[3] Lucian A. Bebchuk & Kobi Kastiel, "The Untenable Case for Perpetual Dual-Class Stock", *Virginia Law Review*, Vol. 103, No. 4, 2017, pp. 585-631.

透明度和正当性进行适当监管，提升企业治理透明度。① 尤其是控制权强化机制将不可避免地会对外部投资者的权益形成一定程度的威胁，进一步弱化外部投资者的地位，因此就更需要完善的投资者保护机制对控制权强化机制进行制度层面的利益矫正。对于我国而言，在优化营商环境的政策背景下，在营造开放包容的市场环境的同时，监管与保护同样应当引起重视。简言之，控制权强化机制对中小股东利益的影响也是两面的，由此就需要采取有效的措施来加强对中小股东利益的保护。

第二节　公司控制权强化机制的理论基础

一、公司自治理念日渐受到重视

公司作为重要的市场主体之一，对于促进现代市场经济的蓬勃发展具有举足轻重的作用。公司自治是公司在资本市场舞台展现良好治理姿态的重要基础，在市场经济不断发展的过程中，公司自治理念日渐受到实务界与理论界的高度关注，成为公司治理理论研究的重要课题。有观点认为，公司法上自治理念的实质在于维护组织体信赖关系的和谐、追求组织治理的稳定和实现法益的平衡。② 作为公司的所有者，股东在公司自治中居于核心地位，也就是说，现代公司自治就是股东自治，公司实践和公司治理制度的产生和发展均依靠股东自治的力量得以推进，公司治理制度功能的发挥关键在于对股东自治需求的实现。③ 故此，公司法作为调整公司及其行为的法律规范必须对公司自治的现实需求作出回应。我国新一轮公司法修改的最终目标在于实现从管制型公司法向自治型公司法的战略转向，而

---

① Sara Saggese, Fabrizia Sarto & Corrado Cuccurullo, "Evolution of the Debate on Control Enhancing Mechanisms: A Systematic Review and Bibliometric Analysis", *International Journal of Management Reviews*, Vol. 18, No. 4, 2016, pp. 417-439.

② 参见冯果、段丙华《公司法中的契约自由——以股权处分抑制条款为视角》，《中国社会科学》2017 年第 3 期。

③ 参见常健《股东自治的基础、价值及其实现》，《法学家》2009 年第 6 期。

自治型公司法又应当将效益平衡作为发展理念。① 从制度功能的视角来看，现代公司法不能再继续以单纯地填补缝隙为目的，而需要在公司基本框架、股东权益保护、公司治理机关设置等关键制度中引入更多缺省性规范，以"选择"功能代替"填空"功能，这一理念转变需要充分考虑不同公司实践的现实需求，提升自治理念下当事人在公司治理机制中的参与度，帮助公司自治从形式走向实质。② 在立法技术层面，应当重新设计公司自治的选择架构，设置惩罚性缺省规则并形成清单式指引，在实现投资者自治的前提下保障中小股东的权益，进而有效回应实践中多发的股东压制问题，实现"软家长主义"对公司自治的提升作用。③

　　在新一轮的公司法改革中，公司自治理念是公司治理模式发展与改革的关键因素，有鉴于此，公司自治在公司治理中的重要性值得我们进一步探讨。首先，从股东的角度来看，根据公司契约理论，公司是众多契约的联结，以股东为中心的契约束是公司契约束的中心，同时也是公司产生的基础。公司的产生和存在是为了降低交易成本，实现经济利益最大化和交易成本最小化，而实现这一目标的关键是要赋予股东自治权利。作为公司剩余利益索取者的股东，其最有动机以公司的特点为基础，因地制宜地设计和构建适合公司的经营管理和治理结构模式，最大化地利用和分配公司资源并实现公司和股东利益的最大化，因此，赋予股东更大的自治权利是实现公司、股东利益最大化的有效路径。其次，从公司法的性质来说，公司法应该是赋权型法，将公司发展所需的自治权充分赋予股东和公司，由股东根据公司的实际情况和发展需求来选择合适的公司制度与治理模式是公司法赋权性质的体现，一味地通过强制性规范对股东和公司的能力进行限制或禁止与赋权型公司法的性质相背离。传统公司法旨在为各个公司设计一个普遍有效的制度框架、组织框架以及治理框架，但就特定公司而言，这些框架并不一定是合乎效益最大化目标的制度设计，也不一定是适合所有公司的最佳制度设计。不论从实践还是从理论上来看，没有任

---

① 参见赵万一、赵吟《中国自治型公司法的理论证成及制度实现》，《中国社会科学》2015 年第12 期。

② 参见周游《从被动填空到主动选择：公司法功能的嬗变》，《法学》2018 年第 2 期。

③ 参见潘林《论公司法任意性规范中的软家长主义——以股东压制问题为例》，《法制与社会发展》2017 年第 1 期。

何一个制度能够完美适用于所有公司，因此每个公司将特定时期的市场经济状况与公司自身的特征相结合而设计的公司制度才最为适宜。最后，从资本市场角度来说，现代资本市场经济环境复杂，市场情况瞬息万变，为了抓住转瞬即逝的商业机会，减小和避免公司僵化带来的风险，提高市场竞争力，公司必须具有根据市场情况及时调整其行为的能力。由于法律通常具有滞后性，通过预设的强制性规范来对公司和股东的自治等进行限制可能会使公司无法及时因势利导，作出最有利于公司发展的改变。因此，市场经济也内在地要求赋予作为市场重要参与者的公司高度自治的权利。

同时，现代公司自治理念也不应囿限于传统意义上的公司自治，在资本市场的不断发展下，进一步扩展公司自治的内容、丰富其内涵是现代公司自治的应有之义。从制度目标上来说，当代公司法的功能应当从被动填补缝隙转向主动出击，丰富其关键制度领域的菜单，构建公司基本框架、股东权利保护、公司治理机关设置等关键制度领域中的多重选项模式，赋予公司和股东更多的选择权才是当代公司法发展的正确方向。公司法规则在实现以"选择"功能代替"填空"功能的策略转变时，应当充分考虑不同公司实践的现实需求，提升公司治理自治机制形成过程中当事人的参与度，以此促进公司自治从形式自治走向真正的实质自治。[1] 公司中的类别股是私法自治在公司法领域的具体体现，私法自治原则也赋予了类别股股权具体设计的正当性基础。[2] 从目前中国公司的实际情况来看，公司对多重股权结构有着强烈的现实需求。公司正寻求在股权结构设计上掌握更大的自治权。我国的法律制度也在不断地尝试赋予公司、股东更大的自治权。从 2014 年 3 月证监会公布的《优先股试点管理办法》允许在普通股份之外发行其他种类的股份，到 2018 年发布的《国务院关于推动创新创业高质量发展打造"双创"升级版的意见》明确科技企业可以实行"同股不同权"的公司治理结构，再到具有特殊表决权股权设计的公司在科创板正式上市，公司和股东在控制权强化机制上被赋予了越来越多的自主选择权，自治理念在我国正在勃兴。

---

[1]　参见周游《从被动填空到主动选择：公司法功能的嬗变》，《法学》2018 年第 2 期。
[2]　参见任尔昕《关于我国设置公司种类股的思考》，《中国法学》2010 年第 6 期。

二、股东平等内涵转向实质层面

以商品化为逻辑起点、以财产权为核心的民主、自由、平等价值观，是近现代民主政治制度的重要特点。公司正是随着商品经济发展应运而生的。在股份公司制度中，股份是构成公司资本的最小计量单位，股东以其投入的资本为基础获得相应股份，公司人格与股东人格相分离，股东投入的资本与其承担的风险成正比，股份平等有了经济上的依据。简言之，传统公司法理论和制度基于公司资合性的认识和对股东同质化的假定，坚持所谓的股份平等原则。[①] 在公司的治理中，股东通过投入的资本获得相应的股权，"股东所拥有投票权应当与其所持有公司股份在比例上保持一致"，[②] 一般而言，股东持有的股份越多，拥有的表决权就越多。公司股东在股东大会中作出决议是公司意思形成的主要方式。此时，拥有多数股份的股东在实质上掌握了股东大会的决策权，而仅持有公司少数股份的股东的表决权则落入有名无实的窠臼。[③] 也就是说，资本多数决之下形成的公司决议并不是以公司股东身份为基础，而是以股东持有的公司股份数额为标准，资本的多少决定了股东在股东大会决议中影响力的大小。因此，股份平等实质是以资本平等为基础、以"同股同权"为表现形式的形式意义上的股东平等。

形式意义上的股东平等显然与平等的实质与目标相去甚远。正如有学者所言，股东平等绝不是形式上的表层的平等，而应当是实质的深层次的平等，其内涵远非股份平等所能取代，更无法通过资本多数决这一纯粹计量化的决议方式来实现。[④] 形式平等所追求的是个人所保障的、各自在其人格形成及实现过程中的机会平等。由此，形式平等极有可能导致社会强者与弱者、富人与穷人之间的两极分化，即不可避免地出现现实上的不平

① 参见汪青松、赵万一《股份公司内部权力配置的结构性变革——以股东"同质化"假定到"异质化"现实的演进为视角》，《现代法学》2011 年第 3 期。

② 参见商鹏《双重股权结构的制度价值阐释与本土化路径探讨——以阿里巴巴集团的"合伙人制度"为切入点》，《河北法学》2016 年第 5 期。

③ 参见钱玉林《股东大会决议瑕疵研究》，法律出版社，2005，第 245 页。

④ 参见罗培新《论股东平等及少数股股东之保护》，《宁夏大学学报》（人文社会科学版）2000 年第 1 期。

等；与此相反，实质平等则是为了在一定程度上纠正形式平等所引致的事实上的不平等结果，依据每个个体的不同特性分别采取不同的方式进行对待，对作为个体的人格之形成和发展所必需的前提条件进行实质意义上的平等保障；实质上的平等目的在于使经济强者与经济弱者之间恢复法律内在所期待的主体间的对等关系。① "资本多数决原则"在实际运作中也产生了相应的问题，使少数表决权的股东不得不屈从于多数表决权股东的意志，从而使小股东的意愿被大股东的意志吸收。在社会正义和权力制衡的理念之下，投资公平的维持无法脱离对大股东权力的道德法律约束而存在，大股东与所有的其他所有权人一样，都对权力有极度渴望，都可能以损害中小股东的正当利益为代价而谋求自身不正当利益的实现。② 因此，大股东完全具有滥用公司控制权的行为动机，进而获取超额利润，并且这些行动都将在法律的掩护下进行，"一股一权"的形式平等实际上造成了大股东和小股东之间实质上的不平等，股份平等已经无法解决现实出现的股东不平等问题，"一股一权"原则所产生的股东"多数表决权"已经对实质意义上的股东平等构成威胁。

伴随着股东异质化现实不断获得理论研究者和制度制定者的认同，更多的人越来越认识到股份平等并不能实现公司自治对股东的公平保护，取而代之的是股东平等才可以在股东异质化的现实之下真正实现对投资者的平等保护，这一理念转变已经逐渐渗透到公司法和证券法的全部领域。③ 此外，股东平等理念的内涵也逐渐从抽象平等过渡到实质意义上的平等。基于此，公司治理制度的设计不能仅从资本平等的角度将股东视为资本无差别的载体，而要从股东的角度关注不同股东对收益、公司控制权和投资风险等方面的不同偏好，设计出符合股东异质化演进趋势的公司内部权力配置结构。④ 股东"异质化"的现实表明，以"一股一权"为基础的股份平等已经难以满足股东的不同偏好，甚至会对股东造成损害，公司制度与

---

① 参见林来梵《从宪法规范到规范宪法——规范宪法学的一种前言》，商务印书馆，2017，第115~116页。

② 参见甘培忠《有限责任公司小股东利益保护的法学思考——从诉讼视角考察》，《法商研究》2002年第6期。

③ 参见本刊编辑部《论股东平等原则下的中小股东权益保护》，《证券市场导报》2013年第6期。

④ 参见汪青松、赵万一《股份公司内部权力配置的结构性变革——以股东"同质化"假定到"异质化"现实的演进为视角》，《现代法学》2011年第3期。

立法需要将目光转向实质上的股东平等。因此，不论是在英美法系还是在大陆法系，固守"一股一权"之股份形式平等的理念不再能满足股东异质化演进的现实需要。据此，在现代公司法中，承认同股不同权这一情形的存在已经成为各国立法的普遍趋势。[①]

三、股权配置比例性原则的弱化

比例性原则即"一股一权"原则。"一股一权"是指股东所持每一股份有且只有一个表决权，在传统公司法中几乎是不言自明的道理。到 19 世纪末期，如果成文法国家的公司法不采取"一股一权"原则就会被认为是"不正常的"。[②] 欧盟委员会将"比例性原则"界定为"所有与控制之间的均衡配置"。比例性原则实质是股东权下具体权利的比例性配置，有学者将其具体内容概括为：第一，股东权的具体权利不得与成员资格相分离，股权与股东资格有不可分离之关系，因而不能单独转让、抵押；第二，股东权的经济性权利和参与性权利不得分离，股东的投票权附属于股东对公司的股份收益权；第三，股东权的经济性权利与参与性权利的比例性配置，强调股东的表决权与其收益权是成相同比例的。[③] 尽管立足于股份平等原则及股东同质化假定的比例性原则通过公司治理中的股东会中心主义、公司决策中的资本多数决实现了股东民主，并缓和了公司所有权与经营权分离而导致的代理成本增加的问题，但是比例性原则的存在客观上成为制约公司制度的发展、阻碍股东投资目的和利益实现的消极因素。具体而言，比例性原则之缺陷主要体现在以下两个方面。

其一，比例性原则有违公司自治理念，可能无法契合股东利益与偏好不同的客观现实。公司法属于商事私法，基于私法自治的理念，允许股东权利差异化、多元化的自由演化、组合、创新，是公司自治理念的应然之义。客观上，大型公众公司中的股东不但在利益诉求上存在明显差异，而且其投资偏好、理性判断能力也都不尽相同，故"一股一权"所立足的

---

① 参见朱慈蕴、沈朝晖《类别股与中国公司法的演进》，《中国社会科学》2013 年第 9 期。

② H. Henn & J. Alexander, *Laws of Corporations and Other Business Associations*, Eagan: West Pub Co., 1983, p. 534.

③ 参见汪青松《论股份公司股东权利的分离——以"一股一票"原则的历史兴衰为背景》，《清华法学》2014 年第 2 期。

股东同质化假定并不符合客观上股东的利益偏好与现实需求。与此同时，公司法制度的去管制化是现代公司法发展的基本趋势，股东在行使权利时采取的态度存在诸多差异，是故股东权利的配置也应向多元化方向发展，如此才能符合公司自治之要义。[①] 比例性原则将股东权利固定化，导致股东无法根据自身的需求和偏好自主地组合、变更配置股东权利内容，亦不能契合作为"经济人"的公司股东对私人财富最大化的自主选择和理性追求。

其二，比例性原则下产生的"资本多数决"可能会侵害外部投资者和公司的利益。比例性原则仅仅将股东形式上拥有资本的数量作为股东权利配置的主要因素，而在公司经营决策中奉行的"资本多数决"将导致形式平等对实质平等的侵蚀，进而产生控制股东利用持股优势、滥用表决权和控制权、压迫外部投资者的利益和权利，甚至掏空公司财富的问题。以上事实的存在，使得"比例性原则"维护股东间平等的制度设计初衷逐渐偏离，其功能也渐趋弱化。

尽管长期以来双重股权结构被认为违背了股东民主原则和"一股一权"原则，[②] 但实际上大型公众公司的股东不仅在利益诉求上存在明显差异，而且各自的投资偏好和理性判断力也不尽相同。显而易见的是，建立在"一股一权"基础之上的股东同质化假定并不能满足现实中不同股东的差异化投资需求。基于公司自治化的基本趋势，尊重股东的不同投资需求，设计能够满足异质股东不同投资偏好的股权结构也就成为尊重公司自治理念的当然要义。[③] 因此，从这个角度来看，双重股权结构不但没有违背股东民主原则，反而尊重了股东民主和公司自治理念。与此同时，资本市场和金融创新也对公司治理制度提出了诸多挑战，其中基于异质化的股东多元偏好而产生的控制权强化机制的市场实践弱化了传统的比例性原则。在差异化投票权方面，双重股权结构对同一面值的股份赋予两个或者更多的投票权，通过增加投票权的数量强化对公司的控制，防止创始人股

---

① 参见汪青松《论股份公司股东权利的分离——以"一股一票"原则的历史兴衰为背景》，《清华法学》2014年第2期。

② Sanford Grossman & Oliver Hart, "One Share-One Vote and the Market for Corporate Control", *Journal of Financial Economics*, Vol. 20, 1988, pp. 175-202.

③ 参见汪青松《论股份公司股东权利的分离——以"一股一票"原则的历史兴衰为背景》，《清华法学》2014年第2期。

东或管理层的控制权旁落。公司也可以通过赋予股东特别决策权或否决权来增强控制权，比如董事提名权、董事会一票否决权，以达到控制董事会的经营决策和执行事务的目的。此外，将股东投票权比例与股东持股期限相关联的任期投票制为公司治理机制提供了新的思路，这一机制能够通过制度设计尽量减少股东的投机行为，避免投机股东通过短期行为损害公司和其他股东的长期利益。任期投票制将股东超额投票权与公司长期利益绑定，一方面起到了激励控制股东治理潜能的作用，另一方面有利于公司的长远稳定发展，同时有利于保护公众投资者的利益。[1] 在差异化分红权方面，典型的如市场实践中的优先股制度，优先股股东在分红、回购、转换上面享有优于普通股股东的权利。事实上，控制权强化机制通过对传统"一股一权"原则所强调的股权和投票权等比配置的变更，在不同维度、不同程度上构成了对比例性原则的突破。

四、控制权的重要价值不断彰显

公司控制权是控制者依其意志对公司全部资源进行支配，并获取排他性利益的总称。公司控制权在本质上属于由私法调整的私权利，根植于股东对公司的终极所有权，同时也是财产权的特殊表现形式之一。正如有学者指出的，公司控制权是股权的集合，具备"权利束"的典型特征，是一种财产权的集合形式。[2] 基于此，公司控制权还是公司权利的中心，居于公司权利体系的核心位置。[3] 需要注意的是，控制权人与公司普通股东的利益指向并不完全一致，公司控制权人除了可以通过股权获得相应财产性权益之外，还可以借助控制权交易、关联交易、资金占用和违规担保等行为谋取各种形式的私人利益。[4] 从积极的角度看，股东各项权利和公司治理目标的实现也有赖于公司控制权的加强。公司控制权在公司制度构建以及公司经营管理权与所有权连接中起到了纽带作用，它能够更好地降低两权分离所引发的社会成本。在我国现行法定的单一结构的股权构造模式

---

① 参见袁康《任期投票制：一种可能的表决权安排》，《法商研究》2018 年第 3 期。
② 参见覃有土、陈雪萍《表决权信托：控制权优化配置机制》，《法商研究》2005 年第 4 期。
③ 参见林全玲、胡智强《公司控制权的法律保障初论》，《社会科学辑刊》2009 年第 4 期。
④ 参见徐向艺、宋理升《上市公司实际控制人与信息披露透明度研究》，《经济管理》2009 年第 10 期。

下，上市公司的控制人通常借助金字塔结构对公司加以控制，[①] 此种控制往往结合了直接控制手段和间接控制手段，故控制模式更加隐秘。与此不同的是，其他法域中的公司治理实践表明，双重股权结构是保持公司控制权的更加有效的方式。

任何权利都存在滥用的可能，公司控制权也不例外。不论立法者和执法者对公司控制权滥用如何抱有警惕，公司控制权都是企业家在公司治理实践中的必争之地。特别是随着资本市场逐渐繁荣和两权分离的愈演愈烈，公司控制权的争夺也呈现多样化的态势，其中典型的方式包括敌意收购、表决权代理、表决权信托等。从敌意收购角度看，近年来，以大型公众公司为目标公司的敌意收购层出不穷。大量案例表明，收购人获得目标公司的控制权后常常会重新选举来代替原来的管理层，因此，这类收购对管理层形成了极大的威胁，尤其是对那些业绩不佳或违背公众投资者利益的管理层而言。在敌意收购中，公司股东可能会因公司盈利较低或因公司未来发展状况不佳而采用"用脚投票"的方式退出公司，将股份转让给外部收购者。从表决权代理角度看，如果公司管理层违背勤勉义务或从事自利行为而不顾公司与其他股东的利益，转移公司价值，进而有损公司价值最大化时，一个或数个股东通常会通过征集表决权的方式来替换现任管理人员以维护公司及自身的利益。

在单一股权结构中，股东拥有与其投资成比例的投票权和现金流权。当有敌意收购时，传统单一的股权结构模式很难使公司内部人或创始人保持自己对公司的控制权。为了维持对公司的控制权，公司创始人通常会考虑控制权强化机制。截至 2017 年，在美国的证券交易所上市的中国公司共有 150 家，其中包括在纽约证券交易所上市的 63 家，在纳斯达克交易所上市的 85 家，在美国证券交易所上市的 2 家。[②] 2018 年又新增 33 家在美上市中国企业。之所以有大量企业选择在美上市，除了美国完善的公司法制度体系，还在于美国对于公司自治的强烈认可。在美国公司法治之下的公司，可以选择多种控制权强化机制作为公司的股权配置模式，而这种

---

① 参见肖作平《所有权和控制权的分离度、政府干预与资本结构选择——来自中国上市公司的实证证据》，《南开管理评论》2010 年第 5 期。

② Judge Fa Chen & Dr. Lijun Zhao, "To Be or Not to Be: An Empirical Study on Dual-Class Share Structure of US-Listed Chinese Companies", *Journal of International Business and Law*, Vol. 16, No. 2, 2017, p. 219.

控制权强化机制配置模式正是公司控制股东和创始人保持其对公司控制权的重要途径。在这些赴美上市的中概股公司中，大部分为发展前景较好的公司，如阿里巴巴公司，之所以该公司未选择本土作为上市地点，就是因为创始人对于公司控制权掌握的要求，在该公司初次尝试将中国香港作为上市地时，因当时的上市规则不允许控制权强化机制公司上市而被拒，故而选择美国作为上市地。在创始人和控制股东对于公司控制权掌控需求越来越大的今天，控制权强化机制对于实现公司发展以及满足创始人和控制股东的需求显得尤为重要。换一个角度看，立法对该机制的肯认和接纳还有助于保留优质企业在国内上市，以激发国内金融市场的竞争力。

第三节 中国对于控制权强化机制的需求

一、创新驱动发展战略有赖于资本市场支持

从世界范围看，尽管以金字塔持股结构为代表的间接控制权强化机制仍大范围存在，但是以双重股权结构为代表的直接控制权强化机制也正受到越来越普遍的关注并得到运用。从我国股份公司的市场实践来看，对控制权强化机制的需求，尤其是对直接控制权强化机制的需求已经变得越来越紧迫，兹举两例说明。一是上市公司的反收购需求，近年来在资本市场频繁发生的敌意收购事件中，目标公司纷纷通过修改公司章程并设置强化控制股东或实际控制人的控制权的条款来应对"门口的野蛮人"，但是这些条款面临现行公司法框架下的效力审查困境；二是科技创新企业的融资需求，如科技创新企业在发展初期需要借助融资来支持公司发展，但创始股东担心融资过程会导致自身对公司的控制权受到威胁，故而导致科技创新企业创始人的融资热情受挫。中国目前正处于构建发达资本市场的重要转型期和关键机遇期，通过创新促进中国经济发展已经成为国家重大发展战略，中共中央、国务院于2015年3月13日发布的《关于深化体制机制改革加快实施创新驱动发展战略的若干意见》就提出要营造大众创业、万众创新的政策环境和制度环境。2018年3月22日《国务院办公厅转发

证监会关于开展创新企业境内发行股票或存托凭证试点若干意见的通知》也进一步明确，要开展创新企业境内发行股票或存托凭证的试点工作。国务院在 2018 年 9 月 26 日发布的《关于推动创新创业高质量发展打造"双创"升级版的意见》指出："推动完善公司法等法律法规和资本市场相关规则，允许科技企业实行'同股不同权'治理结构。"上述国家政策变迁反映了国家对于通过创新驱动发展的日益重视。资本市场是孵化创新的摇篮，鼓励和支持企业将科技创新成果更快地转化为生产力，构成经济发展和社会进步的动力机制。此外，国家政策变迁也表明控制权强化机制配置模式不再仅限于学术理论层面的探索，使这种股权配置模式从理论走向现实成为可能。

创新型公司是重要的创新主体，促进创新要素转化为生产力，构成经济发展和市场变迁的动力。依据熊彼特的创新理论，创新就是建立一种新的生产函数，换言之，就是把一种从未有过的关于生产要素和条件的新组合方式注入生产体系。这种所谓的"创新"、"新组合"或"经济发展"，包括以下五种情况：（1）引进新产品；（2）引入新技术；（3）开辟新市场；（4）控制原材料的新供应来源；（5）实现企业的新组织。① 追求利润和避免亏损变成了创新的激励，成为为了减少不确定性所作努力的报酬，也因而构成了市场变迁和制度演化的动力机制。② 创新型公司是市场创新的助推者，创新型公司将新的生产要素引入资本市场，利用市场价格、供求、竞争机制，更新产品、变革服务、提升技术、改善业务，激发市场活力，推动市场变迁，促进经济效益最大化。

控制权强化机制实质赋予了创新型公司实现创新的市场激励，其在促进创新型公司企业家愿景实现的同时，也满足了公司在初创以及发展过程中的融资需求，为创新提供了源源不断的动力，乃是创新驱动发展的应有之义。近年来，新一轮产业革命兴起，中国在互联网、大数据、云计算、人工智能、计算机软件、生物医药等高新技术产业和战略性新兴产业出现了大批拥有新技术、新产品、新服务的创新型公司，这些公司在业务模式、技术研发、服务提供和产品开发等方面具有优势，并且发展前景广

---

① 参见〔美〕约瑟夫·熊彼特《经济发展理论——对于利润、资本、信贷、利息和经济周期的考察》，何畏、易家详等译，商务印书馆，1991，第 iv 页。
② 参见汪丁丁《经济发展与制度创新》，上海人民出版社，1995，第 18 页。

阔、成长力迅速，能够快速将技术优势和创新成果转化为产品和服务，引领市场潮流。这些公司的设立和发展有赖于创始人企业家新颖的创意和敏锐的商业眼光，但在公司设立的初期，为了获取足够的资金去研发产品、改进技术、扩大生产规模，创新型公司需要扩宽融资渠道。同时，公司的创始人也有控制权维系的愿望，他们最了解公司的需求，也能够带领公司实现长期发展目标，但是如果公司上市融资，他们将面临股权被稀释和失去控制权的风险。以差异化投票权结构为代表的控制权强化机制一方面可以通过上市融资获得公司发展资金，另一方面创始人可以通过差异化投票权安排持有公司多数投票权，消解了控制权更迭的担忧。但是由于中国资本市场过去对不同投票权公司上市的限制，这些公司的创始人企业家为了成功获得融资并保有控制权，很多转而寻求海外上市，中国资本市场亦因此失去了大批优质科技型公司的支撑，而这些公司往往是市场创新最重要的推动力量，拥有宝贵的商业资源和核心业务模式，能够迅速将技术成果转化为生产力。因此，接纳多元化的控制权强化机制，可以为创新型公司发展提供更好的制度红利，激发市场主体的创新力量，通过创新促进市场经济的质量变革、效率变革、动力变革，提升市场的创新力和经济发展的效益。

二、收购与反收购的均衡需要多元控制机制

在中国构建收购监管体系时，敌意收购的情况在中国市场尚很少见，对敌意收购的监管与规制因此未被充分考虑在内。但是，中国经济经过几十年的蓬勃发展，资本市场上的收购活动也日渐频繁，当前的收购监管体系已经不足以应对频发的敌意收购。敌意收购的发生是由多方原因造成的，主要包括以下两个方面。第一，杠杆资金的丰富。中国近年来的立法和政策修订不断下调了商业银行的贷款准备金利率以及存款准备金利率，使商业银行有更多的资金可以向外提供贷款，且相较于以前，这些贷款利率负担更低、贷款期限更长，这为投资人提供了丰富的可用于收购的杠杆资金。第二，官方收购监管的不力。对一致行动人的识别是收购监管能否有力发挥作用的关键。在对单一行动人的收购进行监管时，中国的收购监管体系尚能发挥良好的效果，但是当各个收购人间存在错综复杂的关系可能构成一致行动人时，目前的收购监管体系对收购行为的判断就显得乏

力，进而导致监管不力的情形出现。2014 年 6 月 13 日开始施行的《沪港股票市场交易互联互通机制试点若干规定》允许香港投资者通过香港证券交易所在上海证券交易所购买特定的股票，这为境内外投资者采取一致行动提供了机会，加大了监管机构收购监管的难度。收购行为的越位与官方监管的缺位所导致的敌意收购频发破坏了公司的发展环境，为减少和避免此种现象的发生，允许公司自主采取收购防御措施是可行的路径之一。在美国上市的中国公司通常采用控制权强化机制和分期分级董事会制度作为抵御敌意收购的措施。分期分级董事会的设置可能会使目标公司的吸引力下降，但不能从根本上阻止敌意收购，因此它并不是主要的收购防御措施。① 对比这两种措施，控制权强化机制的适用效果更为优越。

控制权强化机制对投票权的差异化安排使得控制权强化机制下的收购与传统单一股权结构下的收购有很大区别。在单一股权结构下，基于"一股一权"原则，所有股份都具有平等的投票权，外部投资者可以通过股票市场竞价收购公开发行的股份，或者与公司的非控制股东进行要约或者协议收购股份，只要具有足够的资本，外部投资者很容易获得掌握公司控制权所需的股份份额。相比之下，在控制权强化机制下，由于绝对的投票权优势掌握在公司创始人和控制人手中，外部投资者很难在未经创始人和控制人同意的情况下获得具有超级表决权的股份，即使外部投资者通过竞价收购、要约收购或者协议收购获得非控制股东的股份，但因为非控制股东的股份只具有很少投票权或者不具有投票权，收购者仍不能获得对公司的控制权。因此，通过对两种股权结构的比较分析可以发现，相较于单一股权结构，控制权强化机制在抵御外部敌意收购上具有天然的优势。有鉴于此，控制权强化机制可以为我国市场主体构建敌意收购防御体系提供更丰富的选项。

回顾中国收购监管体系的构建，最初多是对域外法律进行移植。在这一过程中，中国内地对美国和英国的收购监管模式都进行了借鉴和参考，同时受到了中国香港模式的影响。在一些规定上英美两国有冲突时，中国选择了英国的监管体系作为参考。对英国模式的借鉴与参考导致我国在公

---

① Judge Fa Chen & Dr. Lijun Zhao, "To Be or Not to Be: An Empirical Study on Dual-Class Share Structure of US-Listed Chinese Companies", *Journal of International Business and Law*, Vol. 16, No. 2, 2017, pp. 215-248.

司法层面和上市规则层面都明确规定适用"一股一权"原则，这间接导致了禁止控制权强化机制适用的结果。因此，重新构建能抵御敌意收购的控制权强化机制以回应市场对双重股权结构的迫切需求无疑是我国新一轮公司法改革中的重要课题。建立以自主防御为主、官方监管为辅的收购防御体系，借助控制权强化机制有助于更好地对收购与反收购进行衡平，以此实现稳定上市公司收购市场秩序的目的。

三、混合所有制改革与完善公司治理的需求

混合所有制改革是把国资、民资与外资等不同性质的股份有效结合在一起，通过灵活的股权配置比例，发挥各方优势，提高企业的经营效率，完善治理结构，从而促进国民生产力提高，实现各方的共赢。这一改革是中国长期以来企业改革的主线之一。早在 20 世纪 90 年代提出的混合所有制改革，目的是引进民营资本，促进经济发展。1992 年国家从宏观层面进一步倡导混合所有制改革，此时所解决的是生产资料所有权性质问题。2013 年 11 月中共十八届三中全会通过的《中共中央关于全面深化改革若干重大问题的决定》提出："国有资本、集体资本、非公有资本等交叉持股、相互融合的混合所有制经济，是基本经济制度的重要实现形式。"党的十九大报告又提出，要深化国有企业改革，发展混合所有制经济，培育具有全球竞争力的世界一流企业。这意味着国家推进混合所有制改革进入了深水区，由宏观层面转进微观层面。混合所有制改革不仅开始关注企业股权结构的混合比例，也开始重视企业治理结构的完善和经营治理水平的提升。

混合所有制改革的各方都存在自身难以避免的局限性。一方面，国有企业一股独大，因缺乏制衡造成公司监管失效、内部人控制、治理效率低下等问题。在实践中，控制股东通常通过滥用表决权、不公允关联交易、侵占和挪用上市公司资产、欺诈等行为侵害公司以及外部投资者的利益。同时，国有企业的公司治理结构尚未完善，导致国有企业的所有权和经营权没有实现真正意义上的分离。以董事长为中心的内部人控制模式使得管理层的选拔与任职存在任人唯亲的情形，没有从市场中筛选更合适的职业经理人作为管理层，使得代理成本呈不断增加之趋势。另一方面，民营资本与外资没有国有资本资金雄厚，投资范围也存在一定的局限性。因此，

混合所有制改革能够为民营资本和外资提供更多投资机会，使得民营资本和外资有机会进入传统的垄断领域。

国有资本与非国有资本的交叉融合，可以使资本优势和灵活市场机制优势结合，把民资企业作为积极的外部投资者、战略实践者引入国企管理层或董事会来参与公司治理，把市场化经营机制引入国企里来，更好地完善现代公司治理结构。不同所有制性质的股权相结合将有助于放大国有资本功能、促进保值增值、提高国有资本竞争力，并实现各种所有制经济间取长补短、共同发展。不过，在混合所有制改革中，各方利益诉求并不完全一致，国有企业担心自己拥有的天然优势即公有制的主体地位是否会减弱、国有资产是否会流失，而民营企业可能会基于国有股含有一部分"公"的性质，而担心与国企共同参股会处于被动地位、丧失话语权以及受到行政权力的掣肘。鉴于各方的担忧与差异的客观存在，有必要采取有效措施进一步完善公司治理结构和提升经营治理水平。

根据国资委公布的权威信息，截至 2018 年 8 月，中央企业所属企业中，超过 2/3 的企业实现了国有资本和社会资本在产权层面的混合，[①] 而不同性质的所有制资本融合时难免会产生利益上的冲突。各方的市场角色性质和各自的定位有一定的差异，会导致在公司运营过程中出现决策管理上的不一致，因此有必要结合各种所有制资本的性质，对公司的股权比例配置进行合理的安排。企业有必要构建一套完善的公司治理模式，通过灵活的控制权强化机制，来满足投资者多元化的投资需要。基于股东异质化的控制权强化机制能够为不同性质的资本提供不同类别的股份，例如为国有企业提供黄金股份。黄金股份是一种为了政府机构的利益而发行的特定优先权股份类型，其赋予政府或其控制的机构对私有化后的公司享有某种超过一般持股者的特别权利。[②] 国有股东通过持有一定比例或附加条件的黄金股对非国有股股东作出不直接干预经营企业的承诺，从而实现国有资产的保值增值。再如，有研究认为，双重股权结构能够帮助国有资本在退出特殊行业的同时保持一定控制权，显而易见的是，双重股权结构的制度优势与国企二次改革的核心任务不谋而合，恰可以通过对适用对象和适用

① 参见李捷《国务院国有资产监督管理委员会：央企积极推进混合所有制改革》，《人民日报》（海外版）2018 年 8 月 31 日，第 7 版。
② 参见汪青松《股份公司股东权利配置的多元模式研究》，中国政法大学出版社，2015，第126 页。

范围的限制，完善对应的配套制度，将改革风险降到最低。[①] 各种不同性质的所有制资本在平等的契约自由下，通过控制权强化机制可以很好地结合各自的优势，明确各自在公司治理过程中的地位与权利，发挥各自的长处，取长补短，以此构建完善的现代公司治理结构，实现各方投资者的共赢。

四、证券市场投资者结构特殊性的内在需要

投资者结构特征是投资者保护机制设计中应当予以考量的一个重要因素，多数法域一般基于某一类投资者的数量或者类型特征来考虑是否需要给予其特殊的制度关照。我国证券市场经过 30 多年的发展，市场活跃度和成熟度已经获得了极大提升。目前来看，我国证券市场投资者结构呈现以下特征。（1）个体投资者的比重较高。相关实证研究表明，除大股东之外的个体投资者在我国 2016 年的投资者结构中占比 30%，这一数据仍处于历史高位。[②] 深圳证券交易所发布的《2017 年个人投资者状况调查报告》则指出，在所有投资主体中，外部投资者占比超过 70%。[③]《2018 年个人投资者状况调查报告》进一步表明，2018 年新入市投资者依然以年轻投资者为主，30 岁以下投资者占比 56.2%，新入市投资者的投资知识水平偏低。[④]（2）非理性投资行为较为普遍。《2018 年个人投资者状况调查报告》对实践中的非理性投资行为进行了类型化分析，指出目前的非理性投资行为大体包括以下几类：交易频率过高、不重视交易止损、存在明显的熟悉偏好、过度自信和处置效应（长期持有亏损股票却拿不住盈利股票）。（3）证券投资者的行权意识和行权能力欠佳。《2017 年个人投资者状况调查报告》表明，从投资者的行权意识和行权状况来看，投资者的行权意识普遍不足、行权能力不高，其中有超过半数（52.5%）的投

---

① 参见冯果、杨梦《国企二次改革与双层股权结构的运用》，《法律科学》（西北政法大学学报）2014 年第 6 期。

② 参见蒋健蓉、龚芳《我国证券投资者结构呈现三大变化》，《中国证券报》2017 年 7 月 22 日，第 A07 版。

③ 参见《深交所发布 2017 年个人投资者状况调查报告》，http：//www.szse.cn/aboutus/trends/news/t20180315_519202.html，最后访问日期：2021 年 2 月 18 日。

④ 深圳证券交易所：《2018 年个人投资者状况调查报告》，http：//investor.szse.cn/institute/bookshelf/report/P020190325390811433226.pdf，最后访问日期：2021 年 2 月 18 日。

资者从未行使过股东权利。

投资者权利意识和投资知识的欠缺，不仅会导致投资者自身的投资目的难以实现，也会影响公司治理机制的有效运转，当前公众投资者的行权状况也是导致表决权监督机制无法发挥作用的重要原因之一。[①] 因此，在我国证券市场投资者行权状况的大背景下，投资者的投机行为、"搭便车"思想和集体行动问题始终是投资者保护机制真正发挥作用的桎梏。此外，正如有学者在讨论"金融消费者"概念时所指出的，将"投资者"概念转换成"消费者"概念缺乏足够的现实基础。[②] 证券投资者的保护仍应当立足于证券法框架下来讨论。基于前述统计分析所展现的我国投资者结构特征，公司控制权强化机制能够对投资者多元化特征和异质化需求作出有效回应。当然，不可否认的是，公司控制权强化机制在迎合不同投资者投资偏好的同时，也会给外部投资者的保护带来新的挑战。因此，在引入以双重股权结构为代表的控制权强化机制时，也应当在制度设计上强化对外部投资者权益的保护。

[①] Daniel R. Fischel, "Organized Exchanges and the Regulation of Dual Class Common Stock", *University of Chicago Law Review*, Vol. 54, No. 3, 1987, pp. 119-152.

[②] 参见姚佳《"金融消费者"概念检讨——基于理论与实践的双重坐标》，《法学》2017 年第 10 期。

第二章 主要法域控制权强化机制的制度变革

第一节 域外相关制度变革概况

一、美国的相关制度演进

（一）美国公司法层面对于控制权强化机制的立场

尽管"一股一权"原则在美国具有悠久的历史传统，但有研究认为，双重股权结构与在此架构下形成的董事会提名名额非比例配置以及表决权协议安排会导致公司控制权和现金流权之间呈非比例化状态，并突破以往同股同权框架下的公司治理结构安排。① 双重股权结构作为典型控制权强化范式早已出现于美国公司治理模式中，据悉，最早出现该种结构的公司可追溯到 1898 年的美国国际银业公司，该公司彼时发行了优先股以及无表决权股两种股份类别。② 之所以使用该种股权配置模式，主要在于通过双重股权结构能够实现投票权的差异化配置，满足公司创始人或管理层对于掌握公司控制权之需求，避免自身控制权在公司融资之时不断被稀释。缘于美国资本市场法律对于自由及自治之极大包容，可以发现，在其联邦或州层面的法律法规或实践中存在诸多强化特定主体控制权的机制。

---

① B. Villalonga & R. H. Amit, "How Are U. S. Family Firms Controlled?", *The Review of Financial Studies*, Vol. 22, No. 2, 2009, pp. 3047-3091.

② W. H. S. Stevens, "Stockholders' Voting Rights and the Centralization of Voting Control", *The Quarterly Journal of Economics*, Vol. 40, 1926, pp. 353-392.

控制权强化机制在《美国示范公司法》（Model Business Corporation Act）中主要体现在第 6.01 条、第 7.21 条第（a）小节、第 8.04 条及第 10.04 条内容中。根据该法第 6.01 条之规定，公司应当在章程中就授权股票发行的事项进行规定，如公司章程应该就股票发行之类别、同种类股票之系列及相应类别和系列股票之数量进行规定；如果公司授权发行多种股票或股票系列，那么章程应分别就每一类股票或股票系列规定不同的名称。不仅如此，在公司发行相应的股票种类或股票系列之前，应当就该种类或者该系列股票的相应内容，如股票的优先性、相应的权利以及所受限制等内容进行规定；当然，同种类的股票或同系列之股票所拥有的权利应当相同。此外，如果相应一个或数个种类的股票或股票系列有涉及回购或转换权利的，章程还可以就其回购或转换的条件予以规定。① 除了股票种类或系列在章程中规定的内容之外，该法还通过第 7.21 条第（a）小节对类别股份的权利进行了规定。根据第 7.21 条第（a）小节规定，除该节（b）及（d）小节或者公司章程另作规定之外，公司所发行的各类股份对于公司股东会所决议的事项应当享有一股一票的投票权。② 易言之，从该条之内容来看，公司有权通过章程规定可发行不同类别的股票，且不同类别股票之权利可有所差异。当然，从美国公司治理体系来看，董事会是公司治理之核心，故而该法第 8.04 条就公司类别股东对于董事的选举权进行了规定。从该条规定来看，若公司章程授权将公司股份划分为多个类别，那么公司章程有权规定某个或者多个种类股份的持有者可享有选举公司所有董事或特定数量董事的权利，且有权选举一名或者多名董事会成员的某类或数类股份持有者构成相应的独立的投票团体。除上述关于公司类别股之相应规定外，该法还通过第 10.04 条对类别股股东就公司章程表决机制变更与公司章程内容变更的表决机制和权利进行了规定，通过该条规定，类别股股东对不同股份之间的转换、权利的变动、发行更优的类别股、优先购买权的变更、未分配红利之取消等相应事项有权形成独立的投票群体进行决议，即类别股东大会制度。

除《美国示范公司法》认可公司控制权强化机制之外，美国多数州之公司法也对公司是否可采取强化控制权之机制持包容态度。如《特拉

---

① Model Business Corporation Act，§ 6.01.

② Model Business Corporation Act，§ 7.21.

华州普通公司法》（Delaware General Corporation Law）第 151 条规定，公司有权发行单一种类或多种类别的股份，且在相应股份类别之下还可以发行单一系列或多个不同系列的股份；公司可以根据表决权之有无，发行无表决权股、有表决权股或表决权受限之股份；可以根据公司股票面值不同，发行有面额股或无面额股；可以就公司股份权利的类别作区别规定，发行在权利上受限制股份或差异化配置股份的参与权、优先权或其他的权利。当然，公司就发行不同种类的股份应当履行相应的信息披露义务。根据《佛罗里达商业公司法》（Florida Business Corporation Act）第 607.0601 条对于发行股份的规定，公司章程可授权发行一个或多个类别股份。[①] 第 607.0721 条对投票权予以规定，除第（2）（3）（4）款所规定的情况外，或除非公司章程或本法另有规定，每份已发行的股份，不论其类别，均有权就提交股东大会进行表决的每个事项享有一票投票权。[②] 根据第 607.0601 条之规定，公司章程可以对股息分红进行规定，包括股息是否可以累积以及股息的支配顺序等。[③]《加利福尼亚州公司法典》（California Corporations Code）也对类别股进行了规定，该法第 400 条以及第 402 条对公司发行类别股的条件、公司类别股相应的权利以及类别股的回赎制度等事项进行了规定，不仅如此，该法还通过第 602、700 及 710 条对公司类别股股东的投票权予以了规定。除上述诸州外，《纽约州商业公司法》（New York Business Corporation Law）第 501、502 条规定，公司有权发行一类或者不同种类的股份及优先股，并可就相应股份之权利和限制的条件进行规定。该法还在第 617 条对股东的表决权进行了规定。当然，除上述诸州之外，宾夕法尼亚州和亚利桑那州也允许公司采取双重股权结构。可见，从美国相关立法和实践来看，双重股权结构不仅早已出现在公司实践中，更是在立法层面得到了细致的规定，体现出对公司治理模式的创新持支持的态度。

（二）美国交易所上市制度的变革

尽管公司法赋予了公司股权设置上的充分自由，但存在控制权强化机制的公司在美国得到交易所的上市认可经历了曲折的过程。以双重股权结

---

① Florida Business Corporation Act, § 607.0601.
② Florida Business Corporation Act, § 607.0721.
③ Florida Business Corporation Act, § 607.0601.

构为例，交易所对其的态度主要经历了三个阶段的嬗变。

第一阶段：遵循"一股一权"原则的默认准则，双重股权结构不受认可。虽然公司法并未将"一股一权"作为明示的规则加以规定，但是直到 19 世纪末，在美国的公司实践中，"一股一权"原则的适用都是默认的准则。到 20 世纪初，为了保持对企业的控制权，很多银行和家族企业开始发行无投票权优先股和普通股。1925 年，道奇兄弟公司发行 A 类无表决权股份、B 类有表决权股份，对"一股一权"原则进行了突破。这引起了以哈佛大学政治经济学教授里普利（William Ripley）为代表的专家学者与公众的反对。迫于来自政治和社会环境的压力，纽交所于 1926 年开始拒绝无表决权股份上市，并于 1940 年开始拒绝发行无表决权股份的公司在纽交所挂牌交易，这一政策一直持续到 1984 年。而在此期间，纳斯达克证券交易所和美国证券交易所一直允许双重股权结构。

第二阶段：在敌意收购以及融资与控制权稀释矛盾所引发的困境下，社会需求促使交易所寻求变革，双重股权结构开始受到重视。到 20 世纪 80 年代，实践中出现大量的敌意收购现象以及创始人和控制股东股权稀释造成的控制权更替使各界认识到双重股权结构之独特魅力。而彼时，纳斯达克证券交易所及美国证券交易所对双重股权结构的宽松态度，使很多公司选择在这两个证券交易所上市。一些原本准备在纽交所上市的公司也转而投向纳斯达克和美交所，这对纽交所造成了很大的竞争压力，使得纽交所开始考虑是否应该与市场需求对接，放弃坚持数十年的"一股一权"原则。因此，1984 年纽交所的"股东参与和符合条件的上市公司标准"附属委员会对差异化股份上市问题进行了研究，并于 1985 年提出了几个新的关于上市标准的建议。[①] 该建议引起了美国议会的重视，在议会的压力下，三家交易所就是否遵循统一的上市标准进行了讨论，但是最终没有达成一致意见。针对这种局面，美国证监会经过一年的筹备与制定，于

---

① 主要内容包括：（1）所有有投票权股东的 2/3 批准发行第二种普通股。（2）如果发行公司董事会就发行该种股份进行投票时，独立董事占据董事会多数席位，应得到这些独立董事的多数批准。如果独立董事在董事会不占多数席位，应得到所有独立董事批准。（3）低表决权股份的表决权不能低于 10 股 1 票表决权。（4）表决权受限股份的其他权利在本质上与高表决权股份相同。

1988 年发布了 19C-4 规则。① 该规则禁止美国证券交易所上市"具有取消、限制或贬低现有普通股股东每股投票权效果"的股票。在该规则实施不久，美国哥伦比亚特区巡回法院一致裁定，美国证监会在发布该规则方面超越了它的权限，宣告了 19C-4 规则无效。虽然 19C-4 规则被宣告为无效，但纽交所仍将其主要内容作为公司上市标准的重要参考，该规则仍具有实际意义。

第三阶段：三大交易所统一上市政策，双重股权结构上市规则被正式确立，形成系统性规定。1994 年，经美国证监会批准，三家交易所采取了统一的政策，允许拥有双重股权结构的公司上市。

（三）上市规则接纳控制权强化机制的主要做法

美国的两大交易所分别在《纳斯达克股票市场规则》和《纽约证券交易所上市公司手册》的投票权规定中对双重股权结构进行了相关规定，两个文件对于双重股权结构投票权的规定基本保持了一致，因此笔者仅以纽交所的规定为例进行说明。纽交所的上市规则主要包括以下内容。

第一，投票权政策的基础。根据《纽约证券交易所上市公司手册》第 313 条规定，1994 年 5 月 5 日，交易所董事会投票修改了交易所的投票权政策，交易所的投票权政策是基于此前美国证监会 19C-4 规则，不过从该条规定的内容看，其相较于证监会 19C-4 规则更为灵活。因而纽交所将采取包容的态度，不仅允许遵循证监会 19C-4 规则之规定成立的上市公司进行股票的发行，还允许其他不违背新规则之内容所进行的股票发行行为。②

第二，现行股东投票权之保护机制。从《纽约证券交易所上市公司

---

① 主要内容包括：（1）禁止已上市的公司采用以下方式稀释现存股东的投票权。（a）投票权封顶计划，即对拥有股票超过某一数额的股东的投票权进行限制，如对拥有超过 10% 股份的股东的投票权进行限制；（b）为行使投票权规定时间条件，即限制持股时间未达到某一标准的股东的投票权，如三年；（c）发出要约，用发行的新股来交换已发行的股份，无论新发行的股份是超级表决权股还是低投票权股；（d）只有在发行的新股是超级表决权股份时，才对股票分红进行限制。（2）已登记的公开发行，包括首发（IPO），无论发行同等投票权的股份还是低投票权的股份都不受本条约束。（3）因善意的合并或收购而发行的任何同等投票权或低投票权股份，不受本条约束。（4）某些事务的处理，尤其是对低投票权股份可支付分红的处理不在本条禁止或豁免之列。本委员会将其决定权留给各自治组织，这些组织当前已无意采取严格立场。

② NYSE Listed Company Manual Sec. 313.

手册》第 313 条（A）款之内容来看，公司不得通过任何行为抑或以发行新股的方式减少或限制遵循《1933 年证券法》第 12 条之规定注册的公开交易普通股持有者的表决权。此类行为涵盖但不局限于下列种类：对股票的投票权上限进行规定、发行超级表决权股抑或以交换要约的方式发行低于现有普通股股份投票权的股票等。

第三，允许公司发行无投票权的股票。根据《纽约证券交易所上市公司手册》第 313 条（B）款规定，交易所的投票权政策允许具有投票权的普通股上市，也允许已发行的不具有投票权的股票上市。[①] 虽然纽约证券交易所允许发行无投票权股份，但从无投票权股份的持有人权利保护出发，纽约证券交易所要求在该类股份上市之时，上市公司应当为该类股份持有者提供一定的保障机制，主要措施涵盖但不限于：公司发行无投票权股份应当符合所有原始上市的条件，应向该类股份的持有者提供与有表决权股份持有者一致的代理材料等。

第四，公司发行超级表决权股应受到的限制。从《纽约证券交易所上市公司手册》第 313 条补充材料来看，纽约证券交易所对公司发行超级表决权股份进行了相应的限制，主要内容在于公司发行新的股份类别，应当不与本政策的内容相冲突，在此条件下才允许当前采用双重股权结构的公司在现有的超级投票权股份外发行额外的股份。[②]

二、欧洲的相关制度演进

（一）欧盟公司法层面的变革

除了美国之外，欧洲大陆以双重股权结构为表征的控制权强化机制也历史悠久，而且从欧盟成员国相应立法来看，该种模式也得到诸多成员国法律的承认。欧盟层面曾经致力于推行"一股一权"的强制化，但由于阻力巨大而未能实现。欧盟层面的现行立场是以"一股一权"的标准化构造为原则，同时允许公司通过章程自治。这一立场在《欧盟标准公司法》中有着较为清晰的体现。

《欧盟标准公司法》第一章第一节第 8 条规定：除公司章程另有规定

---

① NYSE Listed Company Manual Sec. 313（B）.

② NYSE Listed Company Manual Supplementary Material.

外，所有股份在公司内享有平等的权利。①

《欧盟标准公司法》第五章第五节第 6 条第 1 款规定：除非章程中另有规定，公司应当采取每一股份一个表决权的股权配置模式。除其他条款另有规定之外，公司相应股份的份额与该股份所配置的表决权应成比例配置。同一公司发行的票面价值不同的股份，其票面价值最小的股份，应当拥有一票。公司章程可以规定有多个表决权或无表决权的股份。第 5 款规定：优先股的发行，即赋予某些或某类股份持有人特定权利来决定其职权范围内的某些事项，不论股份或股份类别所拥有的票数多少，以及允许股东对大会的某些或所有决定拥有否决权的股份，公司均可自行决定。②

《欧盟标准公司法》第五章第五节第 7 条第 1 款规定："利润权"是指获得任何利润分配的一部分之权利，包括股息的分配和由公司机构决定的清算盈余的权利；第 2 款规定：如属有票面价值的股份，除公司章程另有规定外，该股份具有与其名义价值成比例的利润分配权利；第 3 款规定：在属于无面值股份的情况下，除本条款另有规定外，每一股份有权获得任何利润分配的同等部分。③

《欧盟标准公司法》第五章第五节第 8 条规定：如果一家公司发行了具有非相同权利的股份，则具有相同权利的股份都构成股份的一个类别。只有股份所附权利的差异，而不是给予一个或多个股东个人的权利的差异，才能形成一类股份。④

《欧盟标准公司法》第十一章第十一节第 30 条第 4 款规定：如果公司有一个以上的股份类别，对公司章程提出的任何修改建议，如通过改变现有的区别或对这些权利作出新的区分来改变每一个股份类别各自的权利，而该类别的权利可能受到损害时，则必须由出席大会的至少拥有该股份类别中 2/3 股份的股东表决通过。⑤

---

① European Model Companies Act Chapter 1, General Provisions and Principles, Section 1.08: Equality of Shares.

② European Model Companies Act Chapter 5, Shares, Section 5.06: Voting Rights Attached to Shares.

③ European Model Companies Act Chapter 5, Shares, Section 5.07: Profit Rights Attached to a Share.

④ European Model Companies Act Chapter 5, Shares, Section 5.08: Classes of Shares.

⑤ European Model Companies Act Chapter 11, General Meeting and Minority Protection, Section 11.30: Specific Changes of Articles.

（二） 欧洲控制权强化机制公司上市制度的历史演进

欧洲国家在控制权强化机制的问题上态度较为谨慎。多数国家的公司法将"同股同权"的股权配置模式作为公司股权结构的基本原则，但在基本原则之外又规定了例外情形，如公司可根据自身的发展需要采用不同的股权结构，因此控制权强化机制以各种例外的形式存在于欧洲各国。关于控制权强化机制的立法，欧洲早已展开了对这一制度实施改造可能性的研究。欧洲委员会在2003年便向欧盟理事会以及欧洲议会提交了一份名为《欧盟公司法现代化与强化公司治理——前景规划》（European Commission's Action Plan on Modernizing Company Law and Enhancing Corporate Governance in EU）的建议稿，建议欧盟国家推行"一股一权"的股权配置原则并消除股东间的投票权差异，这一建议引起了广泛讨论。在2006~2007年，欧洲委员会为了论证"一股一权"原则的合理性，委托三大机构，即欧洲公司治理委员会（European Corporate Governance Institute）、昆士兰大学（University of Queensland）、机构投资者服务公司（Institutional Shareholder Service），组织专家从理论和实践层面对"一股一权"原则进行了详细的研究，得出的结论是，从实践层面和理论层面均难以厘清公司价值与公司股权结构之间的关系。公司是否发行多重表决权股，与公司价值之间没有直接关系。① 因此，最终欧洲委员会没有在欧盟层面强制推行"一股一权"原则。

有鉴于该研究所得结论，欧盟随后在其"公司治理准则与比较研究"中建议欧盟各国在其公司治理准则中确立"一股一权"股权配置模式的基本原则地位，而且要符合经合组织治理准则中关于类别股应当遵循的最低标准，也即"相同种类的股东，应当受到平等的对待"。② 其后，欧盟便颁布了正式法律文件《公司法现代化与强化公司治理行动计划》，在该文件中，为维护股东的权利，专设了"股东民主"一小节，讨论多重表决权的问题。欧盟立法者也意识到通过法律完全禁止多重表决权股是对部

① K. J. Hopt., "European Company Law and Corporate Governance: Where Does the Action Plan of the European Commission Lead?", in K. J. Hopt, E. Wymeersch, H. Kanda & H. Baum（ed.）, *Corporate Governance in Context: Corporations, States, and Markets in Europe, Japan, and the US*, Oxford: Oxford University Press, 2005, pp. 119-142.

② Mike Burkart & Samuel Lee, "The One Share-One Vote Debate: A Theoretical Perspective", *ECGI-Finance Working Paper*, No. 176, 2007.

分股东权利的剥夺，是不符合实际的。因此在文件中重申了将"一股一权"作为基本原则的同时也允许各国根据实际情况灵活处理多重表决权股的问题。

从国别层面上来讲，欧洲各个国家有不同的规定。从德国来看，控制权强化机制历经了允许、限制、禁止三个阶段。在 20 世纪 20 年代，双重股权结构在德国上市公司中出现被滥用的现象，公司股东滥用超级表决权以获取个人利益，不仅严重损害公司利益，也对外部投资者造成了极大损害。因此，在 1937 年德国国会通过了适用双重股权结构必须经主管机关批准的规定，双重股权结构的适用受到限制。在 1998 年对《德国股份公司法》进行修改时，正式废除了双重股权结构，同时规定在此之前已存在的双重股权结构自 2003 年 6 月 1 日起失效。2002 年、2009 年的《德国公司治理准则》仍然建议德国上市公司坚持"一股一权"原则。在英国，双重股权结构则经历了允许和实质禁止两个阶段。双重股权结构在 20 世纪 60 年代中期的英国得到广泛运用，诸多英国上市公司采用了双重股权模式，但随着机构投资者比例的逐渐上升，出于自身绩效的考量，它们推动上市公司转而采取"一股一权"的公司股权配置模式。在机构投资者不断施加的压力下，2014 年英国金融行为局和上市监管局作出规定，以特定方式上市的公司不能采用双重股权结构。但是，为了争夺上市资源，增强竞争力，英国正在考虑放开对双重股权结构的限制。意大利也允许公司通过章程规定公司可发行类别股，不仅如此，在遵循法律相关规定的前提下，公司可以自由决定不同种类股份的具体内容。[①] 此外，法国亦允许公司发行优先股，[②] 也允许适用"一股一权"结构的公司通过章程扩张或者限制股东的投票权。[③]《法国商法典》第 L228-11 条规定，优先股可以附着表决权，也可以不附着表决权，持有人能够因此而被赋予特殊待遇。不过，法国对于公司发行优先股的数额进行了一定的限制，即公司所发行的优先股不得超过其已发行资本金的 1/2，而上市公司的发行限额为公司资本金的 1/4。

---

① 《意大利民法典》第 2348、2351 条。
② 《法国商法典》第 L228-11 条。
③ 《法国商法典》第 L225-123、L225-125 条。

三、日本的相关制度演进

（一）日本公司法层面关于种类股的规定

在日本，长期以来，立法者认为种类股在"资本多数决"原则下被上市公司经营者滥用，侵害小股东利益的可能性较大，因此，1990 年之前的日本商法典对种类股作了比较严格的规定，经过 1990 年、2001 年及 2002 年的商法典修订，日本设置了多种类型的种类股，实现了种类股的多样化。[①] 尤其是 2005 年制定的《日本公司法》设置了 9 种类型的种类股，更加扩充和完善了种类股制度。根据《日本公司法》第 108 条，[②] 股份公司可以发行的种类股的数量达到 9 种：（1）有关利润分配的优先股，利润顺位不同的种类股，在公司利润分配的顺位上可以优先或劣后于其他股份，公司的标准股份称为普通股，在分红和剩余财产分配上有优先地位的股份称为"优先股"，与之相对应，比普通股劣后、具有劣后地位的称为"劣后股"；（2）与剩余财产分配相关的种类股，是指在分配剩余财产上有着不同顺位的种类股，在顺位上可以优先或者劣后；（3）限制表决权的种类股，是指在股东大会行使表决权事项受到限制的股份；（4）限制转让的种类股，是指公司发行的股份附加限制转让条件的种类股；（5）附带取得请求权的种类股，是指股东可以请求公司取得股份的种类股；（6）附带取得条件的种类股，是指在发生一定事由的条件下，公司对股东所持的某种股份进行强制性取得；（7）附带全部取得条件的种类股，这是一种通过股东大会特别决议的方式取得公司已发行所有该种类股的股份；（8）附带拒绝权的种类股，是指经股东大会表决事项除了

[①] 参见李海燕《种类股在日本公司实践中的运行》，《现代日本经济》2014 年第 2 期。

[②] 《日本公司法》第 108 条第 1 款规定："股份有限公司可发行对下列事项作不同规定的内容各异的 2 种以上别的股份。但提名委员会等设置公司及公众公司不得发行对第 9 项有规定的类别股份：（一）盈余分配。（二）剩余财产分配。（三）在股东大会上可行使表决权的事项。（四）对通过转让取得该别类股份，须经该股份有限公司同意。（五）对该类别股份，股东可请求该股份有限公司取得的。（六）对该类别股份，该股份有限公司以一定事由发生为条件取得的。（七）对该类别股份，该股份有限公司经股东大会决议全部取得的。（八）在应经股东大会决议的事项中，除该决议外，还须经该类别股份的类别股东组成的类别股东大会决议的事项。（九）在该类别股份的类别股东组成的类别股东大会上选任董事或监事的。"《日本公司法：附经典判例》，吴建斌编译，法律出版社，2017，第 46 页。

股东大会表决本身以外，还必须经过种类股股东会进行表决的种类股，也被称为"黄金股"，该种类股相当于对股东大会的表决具有了否决权，如果没有种类股股东大会的决议，股东大会就相关事项作出的决议将归于无效（《日本公司法》第 323 条）；（9）与董事、监事选任相关的种类股，《日本公司法》允许公司发行针对公司董事、监事选任/解任权存在不同内容的种类股，但该种类别股份只限定于非公众公司，设置提名委员会公司及公众公司不得发行。①

此外，《日本公司法》第 321、322、324 条规定了与种类股制度配套的种类股股东大会制度，主要目的在于对种类股股东权利进行保护，该制度要求公司特定事项在一般决议基础上还须经过种类股股东大会表决通过。种类股股东大会可以依照公司法和公司章程之规定对特定事项进行决议，除章程另有规定外，种类股股东大会决议由持有该类别股份的全体股东过半数表决权的股东出席，并依据不同的情形，以出席会议的该类股东过半数表决权或 2/3 表决权通过。有可能对种类股股东造成损害的种类股股东大会决议以及没有经过种类股股东大会决议通过而作出的决议不生效力。

（二）日本控制权强化机制公司上市制度的变革

从日本公司控制权强化机制的历史演进来看，较长一段时间里，在日本证券交易所上市的公司采用的几乎都是"一股一权"模式，而其中的一个例外是私有化的石油公司——英派克斯公司（Inpex Corporation），2004 年 11 月该公司发行了具备否决权的股份类别（黄金股），该类股份由日本政府持有。实际上，东京证券交易所（TSE）2008 年之前并不认可具有特殊表决权结构的公司在该所上市，上市公司对于防止敌意收购的制度需求促使该所在 2008 年对其上市规则进行了变革，允许公司首次股票发行上市之时采取差异化投票权的结构。东京证券交易所新修订的上市规则从 2008 年 7 月开始实施，新上市规则纳入了关于种类股的新上市体系大纲草案，新规则虽然对 IPO 中采用特定类型双重股权结构的公司予以认可，但对于已经上市的公司则禁止发行不同类别的股份，目的在于保护相关投资者的权利。在新的上市规则中，"有关表决权的种类股份"包

---

① 参见〔日〕布井千博、朱大明《论日本法中的公司种类股与风险金融》，载王保树主编《商事法论集》第 18、19 合卷，法律出版社，2011，第 24~26 页。

含三种类型，分别是不具有表决权的股份、所具有表决权超过其他股份的类别股以及所具有表决权少于其他股份的类别股。在公司是否具备发行两种或两种以上具备不同投票权种类股的资格问题上，东京证券交易所采取的是基于个案进行评判的路径，不仅如此，在进行评价之时，东京证券交易所将就各种可能有损现有股东利益的因素予以考量。就发行股票申请所进行的审查而言，东京证券交易所采取的是实质审查和正式审查的方式。实质审查立基于个案评判的路径，从每个案件的具体情形出发对该股份的方案进行评估，以查明该股份的方案是否以尊重相关股份持有者的利益为基础。

同时，为了防范差异化表决权的弊端，加强对外部投资者的保护，东京证券交易所设定了一系列适用要求。一是打破规则。根据该规则要求，上市公司章程应当就公司收购情况下的超级表决权股转换规则进行规定，即当公司收购者所持有的股份超过规定的数额时，公司的超级表决权股应转换为"一股一权"的普通股，以此来避免公司完全被内部人控制。二是日落条款。该规则对超级表决权股持有者身份变化引起的超级表决权股转换进行了规定，即要求当超级表决权股出现转让、其持有者原先的身份丧失或者持有者死亡等情形时，公司的超级表决权股将自动转换为"一股一权"的普通股。三是公司应当建立外部董事所构成的委员会。该委员会应当对涉及利益冲突的事项进行审查，当公司出现涉及利益冲突的事项，如关联交易时，该冲突事项应当得到委员会的许可。四是公司应当设立类型化的表决机制，在特定的重大决策事项上，公司应当区分普通股和超级表决权股以建立不同的表决机制，这类重大事项包括但不限于公司章程的修订、股份分拆以及公司的并购重组。

遵循东京证券交易所的相关监管要求，首次采用差异化股权结构的Cyberdyne公司于2014年在该所成功上市。Cyberdyne公司为了保留Sankai教授作为创始人对公司的控制力，通过控制权强化机制安排，使Sankai教授以其持有41.7%股权比例的B类股票获得该类股票所附带的87.7%的表决权。同时，Cyberdyne公司章程规定了要约收购、创始人Sankai死亡、辞职、转让股份时的日落条款，强化了公司外部董事和审计委员会对公司的监督作用，亦规定了公司重大事项表决时类别股份的类型化表决机制。随后，东京证券交易所借鉴Cyberdyne公司的上市实践，对其上市规则进行了修订，新增了差异化投票权的适用条件以及审核要求。①

四、中国香港的相关制度演进

（一）中国香港公司法层面关于控制权强化机制的规定

从历史的角度而言，中国香港地区的公司与金融制度在极大程度上继承了英国的相关制度。在相当长的时期内，中国香港地区的公司证券法规则与英国的相关制度较为类似，并不鼓励上市公司采取差异化股权结构，该种架构在公司法层面可以采用，而在证券法层面并未得到认可。而在随后的制度变革中，香港证券交易所渐进接受了该种股权架构的公司上市。该类同股不同权的股权配置模式的相关规定主要体现在中国香港地区的《公司条例》有关规则中，例如，香港地区《公司条例》第136（2）（b）条规定："公司某一类别的所有已发行股份，均属已缴足股款股份，并就所有目的而言，其位阶属相等，则该等股份只要保持属已缴足股款股份，以及就所有目的而言，其位阶与当其时所有已发行并属已缴足股款的相同类别股份相等，即无需识别号码。"该《公司条例》第588条规定了"一股一权"的原则，同时，第588（4）条赋予了公司章程对股权架构的自治权，第608条系"关于章程细则赋予更广泛的权利的保留条文"，具体内容为："本次分部并不阻止公司的章程细则向成员或代表赋予比本次分部所赋予的权利更广泛的权利。"再如，该条例第623条关于"对有股本的公司的某类别的股份的股份持有人的会议的适用范围"第（4）项规定："更改某类别的股份权利的会议的法定人数是——（a）（如并非属经延期的会议）2名合共持有最少三分之一的有关类别的股份的股份持有人的总表决权的人亲身出席或委派代表出席会议；及（b）（如属经延期的会议）一名持有任何属该类别的股份的人亲身出席或委派代表出席会议。"香港地区《公司（章程细则范本）公告》第50（4）条规定，在港注册成立的公司在其章程细则中可约定发行多种级别的、具有不同投票权

---

① 参见林海、常铮《境外资本市场差异化表决权监管路径探究及启示》，载黄红元总编《证券法苑》第24卷，法律出版社，2018，第98页。

的股份。① 因此，在公司法层面上香港并未禁止控制权强化机制的存在。

（二）中国香港上市制度的变革

中国香港地区对于上市公司控制权强化机制经历了从不禁止到抵制再到接受的演进过程。从 21 世纪初开始，以美国为代表的资本市场在控制权强化机制这一领域不断开放，吸引力大大增强。有鉴于此，香港对该种机制在香港实施的可能性进行了全面的探索，并最终重新接纳了该机制。实际上，同股不同权架构在中国香港地区也曾进行过实践。在 20世纪 60 年代末至 70 年代，首个采取双重股权结构进行上市的公司是会德丰公司，该公司在收购连卡佛及联邦地产公司之后出现了股权被稀释以及公司财务困难的情形，进而采取发行 B 股的方式来筹集资金。此外，1972 年会德丰旗下上市公司都在同一时期采取了该种股权架构上市。除了会德丰公司及其旗下公司之外，采取双重股权结构上市的公司还有格兰酒店集团、香港置业信托、联邦地产、太古等公司。但 1987 年因民间争议的问题，长江实业、和记黄埔及怡和集团发行 B 股计划先后取消。伴随着部分实施该架构的上市公司治理乱象的出现，以及由此而来的中小股东利益受侵害的问题较为突出，香港证监会不再允许该种架构的公司在港上市。② 香港联合交易所在 1989 年 12 月对其上市规则进行了修订，规定除特殊情况外，联交所不再考虑同股不同权结构公司上市，在该规则修订后的很长一段时间中，太古股份有限公司所发行的 B 股为仅存的 B 股股份。

对于同股不同权架构的禁止性规定主要体现在修订前的香港联合证券交易所的上市规则中。根据修订前的联交所主板上市规则第 2.03（4）条及创业板上市规则第 2.06（4）条之规定，上市规则体现了可为当前市场所接受的标准，目的在于维持投资者对于资本市场的信心，特别是应当平等及公平地对待所有上市证券的持有者。根据联交所原主板上市规则第8.11 条及创业板上市规则第 11.25 条之规定，上市公司除与联交所达成一致之特别情形外，发行人的新上市申请中的股本不得涵盖同股不同权的

---

① 香港地区《公司条例》（香港法例第 622 章）第 588（4）条及《公司（章程细则范本）公告》第 50（4）条，转引自香港交易所《不同投票权架构的概念文件》，http：//www.hkex.com.hk/News/Market-Consultations/2011-to-2015/August-2014-Weighted-Voting-Rights？sc_lang＝zh-HK，最后访问日期：2018 年 12 月 21 日。

② 参见王全浩《港交所"同股不同权"下周生效》，《新京报》2018 年 4 月 25 日，第 B01 版。

股权架构，联交所既不允许上市发行人发行新的差异化表决权股，亦不允许已发行股票的上市公司发行新的差异化表决权股（除非已经在本交易所或任何其他证券交易所上市）。"表决权"一词在香港联合交易所的上市规则中的界定意在对双重股权结构进行限制，如具有强化或者排他性选举董事权利的架构，也包括在章程中嵌入的能够实现同样表决权强化的各类机制。虽然上市规则中规定了香港联合交易所可以在特定情形下允许符合条件的差异化表决权架构的公司上市，但从实践来看，较长的一段时间里，联交所并没有出现允许双重股权结构的公司适用该条规定进行上市的例子。

2004 年美国 Google 公司以"同股不同权"的公司治理结构模式开启了科创公司、创新型企业的上市浪潮，此后，该种独特的股权架构得到美国大多数高科技公司的青睐，除 Twitter 之外，众多该类型公司都采用差异化股权结构进行上市。美国采用的控制权强化机制的优势效应引起了其他诸多法域的关注和仿效，加拿大、英国和德国等均采取不同的方式积极应对，如建构多个不同上市板块或在同一个上市板块内部划分多个不同市场的方式，对控制权强化机制公开上市予以许可。此外，中国内地众多科技型公司基于香港对控制权强化机制上市的禁止，转而选择赴其他海外市场上市。其中最富冲击力的是著名电商阿里巴巴公司的赴美上市，该公司原先计划采用双重股权结构在香港进行上市，但囿于上市规则，香港联合交易所拒绝了阿里巴巴在港上市的申请，阿里巴巴不得已而转向在美国上市。2014 年 9 月 19 日阿里巴巴成功在美国纽约证券交易所上市，并打破美国交易所公司上市的纪录，成为有史以来最大的一宗上市，本次阿里巴巴上市共募集资本 250 多亿美元，而这对于香港联交所而言实为一大损失。相关统计数据显示，截至 2018 年 12 月，我国赴美上市的企业达到了175 家。[①] 其中采用控制权强化机制的公司有 41 家，占赴美上市公司总数的 23%，而从这些公司所处行业来看，该种股权配置模式在互联网科技创新型企业较受欢迎。[②] 个中缘由在于这些企业对于公司创始人或控制股

[①]　参见《中国概念股》，新浪财经：http：//finance. sina. com. cn/stock/usstock/cnlist. html，最后访问日期：2018 年 12 月 25 日；《中概股排行》，搜狐证券：http：//q. stock. sohu. com/us/zgg. html，最后访问日期：2018 年 12 月 25 日。

[②]　参见汪青松《公司控制权强化机制下的外部投资者利益保护——以美国制度环境与中概股样本为例》，《环球法律评论》2019 年第 5 期。

东的技能或理念较为依赖，进而希望通过他们带领公司发展壮大。[①] 在此时代背景下，香港联交所对双重股权结构进行了全面研究，并反思了自身的上市制度，认为其上市制度中存在诸多不足，而这些不足对于香港相对于全球主要公司上市市场的整体竞争力具有极大影响，特别是对于新兴及创新产业类企业的影响力方面。[②] 由此香港加快了推进有关新兴及创新产业公司上市制度的改革。

港交所主板上市规则第 8.11 条出于对整个市场整合的考量，自其发布以来从未改变。而阿里巴巴赴港上市遭到拒绝转而赴美成功上市引发了其对该规则的进一步思考，阿里巴巴的上市遭拒导致香港遭受巨大损失。就金融界而言，损失了大约 3 亿美元的咨询费预期收益，更重要的是，这一事件使得香港联交所的交易体量和声誉受到较大影响。而随着内地数字经济技术的发展和完善，依然存在大量的科技创新型企业需要上市进行融资，港交所或是着眼于这一点，在 2014 年 8 月 29 日便公布了一份达 108 页之巨的概念性文件，试图通过该文件征求公众对于双重股权结构的看法。该文件内容涉及投资者的保护原则、现有的证券市场监管框架、香港在世界市场中所具有的竞争力以及双重股权结构在其他法域的司法实践情况，目的主要在于开展对双重股权结构在港上市这一主题的讨论，并对相关问题和观点进行总结、评估。香港联交所在完成社会各界对其所发布的多份概念文件回应的分析后，于 2015 年 6 月 19 日公布了对此问题的结论，同意社会各界对其上市规则的相应变更提议并支持对双重股权结构可接受性的咨询和使用；香港联交所也指出，对于双重股权结构所带来的负面影响，其实有相应的机制可以减轻，如可以通过将双重股权结构限制在一定规模公司的方式来降低其产生的不良影响。不过，虽然社会各界多对此类股权架构持支持态度，但香港证券及期货事务监察委员会对此仍有疑问，该委员会认为港交所提供的草案提案虽然规定了防止双重股权结构遭到滥用的多重保障措施，但相对于该结构产生的负面影响而言，香港联交所提供的保障措施能否足以应对是存在疑问的，证券监督管理部门的职能

---

① Zohar Goshen & Assaf Hamdani, "Corporate Control and Idiosyncratic Vision", *Yale Law Journal*, Vol. 125, No. 3, 2016, p. 579.

② 香港交易所：《新兴与创新产业公司上市制度咨询文件》，http://www.hkex.com.hk/News/Market-Consultations/2016-to-Present/February-2018-Emerging-and-Innovative-Sectors? sc_lang= zh-HK，最后访问日期：2018 年 2 月 23 日。

应是"维护公平和透明度的核心原则，这将巩固香港作为国际金融中心的声誉"，[①] 但是如果双重股权结构在香港广泛实施则可能对香港的声誉产生不良影响。不仅于此，在 2018 年 2 月香港联合交易所发布的《新兴与创新产业公司上市制度咨询文件》第 16 条也认为："联交所深信一股一票原则仍是给予股东同等权利以及划分他们在公司的权益最理想的方法。"香港地区的法律制度始终将"同股同权"原则作为香港上市公司治理相关法律制度的基础，也一度将其视作香港金融界的核心价值观。

不过，香港证券交易所最终在 2018 年 4 月 24 日推出了 25 年来幅度最大的上市制度改革，发布《新兴与创新产业公司上市制度咨询总结文件》，该文件指出，香港证券交易所将持包容的态度认可新经济领域内的公司采取差异化表决权的架构上市，以契合新经济类公司在公司治理模式上的新特征，以免对公司发展有贡献的管理层在公司后续融资中表决权被稀释而导致控制权旁落，以保持其控制权的稳定性。此次改革在经历了四年多的探讨后，被认为是近年来港交所意义最为重大的上市制度改革。至此，香港的控制权强化机制上市制度经历了从不禁止到抵制再到接受的历程，进入一个新的发展阶段（具体见图 2-1）。

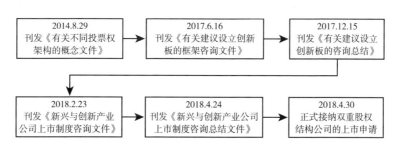

图 2-1 香港新兴与创新产业公司上市制度的改革进程

《总结文件》正式允许符合条件的控制权强化机制公司上市，香港上市公司的控制权强化机制重新被接受，但此次对控制权强化机制的重新接受与之前存在很大的不同。香港联交所建议《上市规则》增订第 8A 章，

---

① SFC："SFC Statement on the SEHK's Draft Proposal on Weighted Voting Rights"，（June 25 2015），http://edistributionweb.sfc.hk/t/ViewEmail/j/C5CD004D12EE9F25/F672ACDCDBF32846942A2DF08F503B7C.

列明不同投票权架构公司的上市资格以及它们必须落实的投资者持续保障措施。① 从整个文件内容来看，香港对上市公司控制权强化机制重新接受的同时，亦对控制权强化机制保持了相对谨慎的态度，对上市公司的类型、条件等作出了严格的限制和约束，同时更加注重外部投资者利益的保护，主要表现为两个方面。

一是赋予了港交所更大的审批、管制权，制定了较为严格的上市申请条件。对控制权强化机制的公司在港上市，港交所保留了绝对酌情权，即使申请人的申请符合文件规定，但如果申请人的差异化表决权架构与常态化的管制极端不符（例如，普通股不具有任何的投票权），则港交所可以该上市申请不适宜为由拒绝该申请人以控制权强化机制上市。同时，如果发行人违反不同投票权保障措施，或触发可能令不同投票权失效的情况，或违反《上市规则》第 8A 章的任何条文，港交所可指令不同投票权发行人的股份停牌或短暂停牌。

二是提出了极为细致的投资者保护措施。该类措施包括对不同投票权的权利施以一定限制、保障"一股一权"股东投票权的机制、强化企业的监管及信息披露的要求；针对差异化表决权股票发行人的股份名称加以特殊标记，以与其他发行人具有更明显的区别；对不同投票权设置"自然"日落条款；等等。

五、新加坡的相关制度演进

（一）新加坡公司法层面关于控制权强化机制的规定

双重股权结构在新加坡公司法的演进中也曾受禁止。从 2006 年《新加坡公司法》第 64 条第 1 款内容来看，新加坡上市公司发行的股票只能采取"一股一权"的股权配置模式，而非类别股的形式，但也有一个例外，即遵循《新加坡报纸和印刷出版法案》之规定，报业类公司可以发行涵盖管理股和普通股两种类别的股份，且在相关事项上管理股拥有远多于普通股的投票权。

---

① 香港交易所：《新兴与创新产业公司上市制度咨询文件》，http：//www.hkex.com.hk/News/Market-Consultations/2016-to-Present/February-2018-Emerging-and-Innovative-Sectors？sc_lang=zh-HK，2018 年 2 月 23 日发表。

伴随着全球资本市场的迅猛发展，资本市场领域的竞争愈发激烈，新加坡也逐步意识到对创新的激励、本国资本市场的吸引力、初创企业的融资需求、人力资本专用性以及实现公司长远发展的客观需求等诸要素的重要性，故而该国立法机构逐渐放松了对双重股权结构公司的限制。2007年新加坡成立了"公司法指导委员会"（以下简称委员会），其主要任务在于对公司法进行全面的审查。委员会指出，双重股权结构的优势在于可以使公司获得资本管理层面的巨大灵活度，而对于该股权结构的适当保障和规制应当根据新加坡证券交易所的规则进行，而非通过法律法规进行。随后，该国政府便启动公司法的修订工作，以取消"一股一权"原则所产生的相应限制。委员会在2011年4月提交了新加坡《公司法修正案》进行审议。在该修正案中，委员会提出应当允许章程规定公司可以发行无表决权股和超级表决权股，但应满足发行类别股的条件并设置相应的保障机制。委员会认为，之所以提出允许公司发行类别股，是因为类别股制度的存在将极大地提高公司在资本管理领域的灵活度。

新加坡财政部在2012年10月接受了指出双重股权结构在新加坡法律中予以规定契合世界主流国家的做法。但为了避免双重股权结构的实施引发系列问题，新加坡财政部对实施该类股权结构提出了限制条件和保障措施，其内容主要涵盖：第一，公司发行类别股应当获得股东大会的特别决议批准；第二，对于各类股份所拥有的表决权，公司应当在相应的会议召集通知中予以说明；第三，公司应当在其章程中对不同类别股票所附带的权利予以规定，并对不同类别的股份进行划分，以便股东能够了解相应类别的股票所拥有的权利；第四，持有无表决权股份的股东对公司清算事项或者涉及该类股份附带权利的变更决议应当拥有同等的表决权。随后，2013年5月及10月新加坡财政部会同会计与公司监管局（ACRA）分两次就《公司修订条例（2013）》进行了公开咨询。2014年10月，议会通过了《公司（修订）条例草案》（第25/2014号），该修正案一改以往的"一股一权"结构要求，转而允许上市公司采双重股权结构，可发行具有不同表决权或不具有表决权的股份。根据修订后的《新加坡公司法》第16.6.3条规定，上市公司可以发行普通股和优先股，后者即赋予这些股票持有者特定优先性的股票，这种优先性可以采用股息或资本回报的形式，例如，优先股的条款可以规定，这些股票持有者有权在公司向普通股持有者支付股息之前获得特定比例的股息。根据《新加坡公司法》第65

条，股东可以通过公司章程约定不同的分红安排，改变支付股息的时间和金额，变更支付股息的顺序，优先、劣后或者不支付股息，以及差异化安排不同股东之间的股息金额。① 根据《新加坡公司法》第64A条，上市公司可以在章程中规定发行一类或多类投票权股份，这些类别股附带的权利包括特别、有限或者附条件的投票权以及无投票权。②

（二）新加坡上市制度的变革

在公司法变革的同时，新加坡交易所和金融管理局（Monetary Authority of Singapore）也展开了对双重股权结构公司在本国交易所上市的可能性的探索。但是基于双重股权结构可能造成的公司控制权被牢牢把持的问题，新加坡证券交易所在其2011年所发布的指南中否定了双重股权结构公司在该交易所上市的可能。不过，对于报业类公司而言，这一禁令是个例外，根据《新加坡报业和印刷出版法案》之规定，新加坡报业类公司应当采取类别股的制度。该法规定在新加坡上市的报业类公司应当发行普通股和管理股两类股票。相较于普通股股东而言，管理股股东在报业类公司的董事或管理层的任免决议上拥有200倍的表决权。③ 但该法对管理股持有者进行了限制，规定管理股只能是由政府所许可的新加坡公民或者法人持有，不仅如此，新加坡政府拥有对管理股持有者身份的撤销权。

与我国香港证券交易所的遭遇类似，2012年本准备在新加坡证券交易所进行上市的著名足球俱乐部——曼彻斯特联合足球俱乐部的上市申请遭到新加坡证券交易所的拒绝，转而向纽约证券交易所提交上市申请并获得上市，最终募集资本2.33亿美元。而新加坡证券交易所彼时拒绝其上市申请的原因在于对双重股权结构控制权把持的考量，认为该结构容易使双重股权结构公司被管理层控制，并削弱新加坡既有的公司治理架构。④ 这一事件的出现引起了新加坡各界的激烈讨论，新加坡证券交易所拒绝该俱乐部的上市申请是因为双重股权结构所造成的复杂公司治理机制可能导致治理困难，这一立场也遭到不少质疑。而阿里巴巴公司2014年在纽交所的上市进一步激发了新加坡各界对新加坡证券交易所放弃双重股权结构

---

① Singapore Companies Act 65.

② Singapore Companies Act 64.

③ Singapore Newspaper and Printing Presses Act (Cap. 206), section 10（1）.

④ 参见陈彬《双重股权结构制度改革评析——新加坡公司法的视角》，《证券市场导报》2016年第7期。

公司在该所上市的利弊思考。

在《新加坡公司法》放开限制之后，新交所开始考虑是否允许双重股权结构公司上市，并将此事提交给上市咨询委员会（LAC）以寻求建议。在 2016 年 4 月 4 日举行的会议上，上市咨询委员会绝大多数委员投票赞成允许双重股权结构公司在新交所上市，但须遵守上市咨询委员会会议商定的适当保障措施，仅有 1 名成员弃权。在仔细考虑之后，上市咨询委员会建议允许双重股权结构公司在新交所上市，但须遵守适当的保障措施。通过将双重股权结构引入新交所，可以使新加坡资本市场更具吸引力，引起更多的企业家关注，从而使投资者能够拥有更加多元化的投资选择。

2017 年 2 月 16 日，新交所发布《双重股权结构上市规则的可能性》的咨询文件，旨在获取公众对新交所引入双重股权结构的反馈意见和建议。①2018 年 3 月 28 日，新交所发出第二份《双重股权结构上市规则的建议》咨询文件，就主板规则的修订提出更为详细的建议。② 从咨询文件所反馈的意见来看，支持双重股权结构引入的占主导地位，同时认为对该种结构应该采取适当的规制措施。2018 年 6 月 26 日，新交所主板上市规则被修订，双重股权结构的公司终于能够在新交所上市。新交所成为继中国香港证券交易所之后接受双重股权结构公司上市的又一重要资本市场。

新加坡双重股权结构上市规则主要包含以下内容。

第一，发行人采取该类股权结构的资格准入。该规则准许公司采取双重股权结构上市，但对于已经采取同股同权结构上市的公司则不可以在上市之后转为双重股权结构，而新交所对于发行人是否符合上市条件要进行相应的评估。

第二，多重投票权股东、一股一权股东的投票权特殊规则。多重投票权股东必须是发行人的董事，多重投票权股东的投票权应限制在每股 10 票以内，同时不允许发行人更改上市后的差额比例，要求一股一权股东持有

① Singapore Exchange："Possible Listing Framework for Dual Class Share Structures"，（December 23，2018），http：//www. sgx. com/wps/wcm/connect/71f41364 - 8584 - 4da0 - b8a5 - 7891dd16e52e/DCS + Consultation + Paper + %28SGX + 20170216%29%28Final%29. pdf？MOD = AJPERES.

② Singapore Exchange："Proposed Listing Framework for Dual Class Share Structures"，（December 23，2018），http：//www. sgx. com/wps/wcm/connect/bc5e0f06 - 26d4 - 4564 - 9445 - e14d79529846/Consultation + Paper + on + Proposed + Listing + Framework + for + Dual + Class + Share + Structures. pdf？MOD = AJPERES.

至少10%的总投票权。不仅如此，在公司首次公开发行股份之时，其应当对持有超级表决权的主体进行相应的披露。如果持有该类股份的主体为团体，公司还应当披露该团体的成员，并且在公司上市之后该团体的成员不得扩大。同时，发行人的重要事项需要经过增强投票程序批准。在特定情况下，采取差异化表决权架构的公司应当遵循更为严格的投票程序。如在公司对独立董事或审计师进行委任或者撤销、改变相关持股人的股份结构、反向收购、清盘或者摘牌之时，应当采取"一股一权"的表决方式进行决议。

第三，日落条款。发行人应当在章程或者其他文件中对表决权自动转换条款进行规定，且发行人应当在首次公开发行之时对表决权自动转换的具体阶段和情形进行说明。当多重投票权股东出售或转让多重投票权股份，或者持股人死亡、丧失履职能力、退休、辞职等，其多重投票权股份将会转换成一股一权股份。

第四，双重股权结构公司治理的特殊要求。该类规则要求差异化表决权公司注重公司董事会委员会的独立性。体现为该类公司的审计委员会、提名委员会、薪酬委员会的大部分成员以及各委员会的主席应当同时由独立董事担任。

第五，投资者保障措施。上市规则对采取该种结构上市的发行人规定了特殊的信息披露制度，要求其在招股说明书、公司章程、年度报告等文件中对涉及双重股权结构的相关信息予以重点披露，对双重股权结构的证券加入特别标识，以提高投资者的认知度。

第二节　域外制度变革的启示与意义

一、域外制度变革的重要启示

世界资本市场竞争与日俱增，制度创新的重要性逐步彰显。理性的法律通过对市场交易提供预期和合法性而支撑着经济活动的开展。[1] 控制权

---

① 参见〔美〕柯提斯·J.米尔霍普、〔德〕卡塔琳娜·皮斯托《法律与资本主义：全球公司危机揭示的法律制度与经济发展的关系》，罗培新译，北京大学出版社，2010，第1页。

强化机制是市场自发形成的制度和秩序，能为经济活动提供坚实的基础，对该机制进行规范的法律制度建设也是支撑市场发展的重要外生变量。

从以上法域控制权强化机制的变革原因以及该机制的法律制度功能来看，控制权强化机制与提升经济绩效密切相关。正如诺斯所言，制度加上所利用的技术，决定了交易和转化成本，因而决定了人们从事经济活动的获利性与可行性。① 控制权强化机制是在自由竞争的市场环境中，作为市场主体的经济人依据市场规律、市场机制以及受利己心的驱使，自由选择、构筑交易结构和交易秩序，与市场实践相生、相伴、相容，具有极富吸引力的制度效益。在微观层面，控制权强化机制对于股东权利保护、公司运营具有积极作用。例如美国的优先股制度、双重股权结构，日本的利润分配种类股、剩余财产分配种类股制度，新加坡的不同分红权股份、多重投票权股份，这些关于分红权和投票权的不同安排，可以分散股东投资风险、保障投资安全；此外，它们在公司控制权争夺与维系、优化公司资本结构和治理结构上亦富有价值。在宏观层面，控制权强化机制在促进市场发展和社会整体繁荣福祉方面发挥着卓越功能。例如欧盟的匈牙利、波兰、西班牙等国政府企业中黄金股份的设置，能够调整产业结构，优化市场资源配置，发展社会公共事业。

从以上法域控制权强化机制法律制度的内容来看，理想的控制权强化机制法律制度应当是兼具实质理性和形式理性的。美国公司证券法律的自由灵活、开放包容的赋权性规范品性和立法技术，为控制权强化机制提供了实质理性的正当基础，使其获得了长足的发展。在公司法中，对控制权强化机制进行立法确认和列举，并允许公司根据发展运营的需要自主设计配置控制权强化机制。例如在美国，公司可以通过章程约定以及董事会授权自由选择发行累积或不可累积、赎回或不可赎回、转换或不可转换等不同权利配置的股份类别；日本、新加坡的公司法通过概括性条款对差异化分红权、投票权予以确认，并允许公司通过章程对控制权强化机制自主选择。在上市规则中，美国双重股权结构的公司如果希望上市，只需要满足证券交易所统一规则的最低标准即可，上市门槛比较宽松。另外，诸法域的立法技术和立法体例所展现的形式理性，有助于控制权强化机制的体系

① 参见〔美〕道格拉斯·C. 诺斯《制度、制度变迁与经济绩效》，刘守英译，上海三联书店，1994，第 143 页。

化整合与规则提炼。在公司法中，诸如日本公司法关于类别股东大会的规定、类别股东投票规则和类别股东大会决议效力规则，有助于类别股东的权利保障和救济。在上市规则中，诸如新加坡、中国香港地区、日本的证券交易所为了达到体系化制度效果，接连针对双重股权结构公司设计了整套上市规则，包括双重股权结构公司资格、公司治理要求、投票权特殊规则、日落条款、特殊的信息披露和投资者保护制度等，为双重股权结构公司上市设立了制度规范。

从以上法域来看，随着经济全球化的发展和市场竞争的加剧，控制权强化机制法律制度在世界范围内出现了趋同化的趋势。比如历史较为悠久的优先股制度可以实现差异化分红权，早在 17 世纪就发轫于欧洲，20 世纪滥觞于美国，逐步演变为世界资本市场上常见的金融工具。此外，尽管双重股权结构对于投票权的差异化设计突破了"一股一权"和资本多数决的默认规则，但可以成为更长期的、稳定的、动态的、发展的、富有远见的、符合公司特质的控制权安排，实现了公司人力资本与非人力资本的完美融合。美国、欧盟、新加坡、日本、中国香港地区的公司法都允许通过公司章程设计差异化分红权和投票权，包括优先股、双重股权结构、金股、单元股等多元化股权配置模式。至于双重股权结构公司能否上市并且在公开市场上融资，也是经过政治、社会多方力量博弈，反复探讨论证，率先被美国三大交易所接纳。随后，新加坡、中国香港地区、日本的证券交易所出于提升市场竞争力、推动创新等因素的考量，对于双重股权结构的态度从禁止、限制到逐步接受的过程，折射出市场活动和商业实践的自生变化与制度变迁的互动与关联。

二、域外制度变革的市场意义

以双重股权结构为代表的控制权强化机制主要是基于移植借鉴而进入我国立法体系的。作为一种非内生的制度，要使其在我国得到恰当的适用，除了根据我国独特的历史文化和制度背景进行优化之外，借鉴其他法域的实践经验亦是吸收移植这一制度的重要考量因素。基于前文对于主要法域控制权强化机制的立法以及实践的分析，相关的控制权强化机制、法律制度变迁对我国的市场实践也具有重要启示。

一方面，主要法域控制权强化机制法律制度变迁是基于增强市场竞争力的考量。经济全球化背景下综合国力的竞争主要表现为经济实力的竞争，资本市场的繁荣程度是国家经济水平的重要衡量指标，通过控制权强化机制保持市场吸引力和增加市场竞争力无疑十分重要。在美国，双重股权结构从纽约证券交易所禁止使用到其基于证券交易所竞争的压力逐步放开，再到最终三大证券交易所形成基本一致的上市标准，反映了市场竞争对允许双重股权结构公司上市的推动作用。近年来，美国更加宽松的上市政策对中国概念股也带来了额外吸引力。2018 年前三季度，赴美上市的中概股前五大新股融资额合计较上年增长 4 倍以上，大多来自中国的 TMT（科技、媒体、通信）行业。① 在中国香港地区，自 2018 年新的上市制度施行以来，容许同股不同权的创新产业公司在香港主板上市令香港迎来了新一波上市热潮。根据香港交易所数据显示，2018 年前七个月有 142 家创新公司上市，较上年同期上升 41%；② 德勤报告显示，2018 年上半年香港 IPO 融资额高居全球榜首，IPO 数量为 158 家，融资额为 2434 亿港元，香港交易所指出了上市制度变革的理由之一是"为了吸引更多高质量、高增长及创新产业公司来港上市，可以维持香港国际金融中心的声誉和地位，与美国、新加坡等国资本市场竞争，保有市场竞争力"。③ 在新的上市制度下，香港的资本市场吸引更多的创新性公司及投资者，大大提高了香港地区资本市场的竞争优势。相反，与美国和中国香港地区同时段比较，中国内地市场新股发行则呈现放缓的趋势，根据德勤报告的数据，2018 年前三季度中国内地新股发行速度大幅减缓，新股发行数量大幅下降。2018 年前三季度融资1163 亿元人民币。在此前中国内地未建立控制权强化机制上市制度的情况下，其他国家和地区基于提升市场竞争力考量进行制度变革，无疑对中概

---

① 前五大新股包括：爱奇艺（24.2 亿美元）、拼多多（16.3 亿美元）、蔚来汽车（10.0 亿美元）、哔哩哔哩（4.8 亿美元）、优信（2.3 亿美元）。参见《中国内地及香港 IPO 市场 2018 年上半年回顾与前景展望》，德勤中国：https：//www2.deloitte.com/cn/zh/pages/audit/articles/2018 - review-and-2019-outlook-for-the-chinese-mainland-and-hong-kongs-ipo-markets.html，第 29 页，最后访问日期：2021 年 2 月 2 日。

② 香港交易所：《综合报告——每月市场概况》，2018 年 7 月，https：//www.hkex.com.hk/Market-Data/Statistics/Consolidated-Reports/HKEX-Monthly-Market-Highlights？sc_lang=zh-hk&select=｛2EA751A5-CB84-41A8-B99D-9C8BC53AA367｝，最后访问日期：2018 年 11 月 8 日。

③ 香港交易所：《概念文件：不同投票权架构》，https：//www.hkex.com.hk/-/media/HKEX-Market/News/Market - Consultations/2011 - to - 2015/August - 2014 - Weighted - Voting - Rights/Consultation-paper/cp2014082_c.pdf，第 7 页，最后访问日期：2021 年 2 月 2 日。

股是非常具有吸引力的，客观上也对中国内地市场的 IPO 数量和融资额造成了一定的影响。由此可见，在市场竞争愈发激烈的当下，控制权强化机制能够增加市场吸引力，符合提高市场竞争力的效益目标。

另一方面，主要法域控制权强化机制法律制度变迁是源于提升市场创新力的需求。控制权强化机制与提升市场创新力和推动经济发展密切相关。创新型公司的管理层通过控制权强化机制设计维持公司控制，获得发展资金，从而创新服务、产品、技术，提升市场的创新活力，推动经济的发展。作为主要的市场创新主体，相当数量的创新型公司采用了不同投票权架构。因为这些公司高度依赖企业家的专业技术、知识，为了防止公司持股摊薄、控制权转移，在上市时会考虑设立不同投票权架构以强化控制权，通过上市融资获得发展资金，实现公司的长期发展。例如新加坡证券交易所在其关于双重股权结构上市可能性分析中指出，双重股权结构上市符合新加坡的创新经济战略，"双重股权结构的初创企业通过 IPO 获得资金来支持公司的发展，双重股权结构允许企业家在孵化期间提高股权资本的同时保持更大的控制权，扩大并专注于增长而不是短期利润，符合新加坡加强创新生态系统和企业能力的经济战略"。[①] 香港交易所允许创新产业公司申请不同投票权股份上市，创新产业公司必须满足核心业务应用新科技、创新理念及/或新业务模式；公司的主要活动是研发；公司拥有独特的业务特点或知识产权；公司的无形资产总值极高；公司业务高增长等系列要求。[②] 香港地区允许满足上述条件的设置不同投票权的创新产业公司上市融资，赋予了创新型公司的创新激励和发展动力，也促进了香港地区市场的创新。

[①] Singapore Exchange："Possible Listing Framework for Dual Class Share Structures" （November 8, 2018），http：//www.sgx.com/wps/wcm/connect/71f41364-8584-4da0-b8a5-7891dd16e52e/DCS+Consultation+Paper+%28SGX+20170216%29%28Final%29.pdf？MOD=AJPERES.

[②] 具体要求为：（a）公司的性质是创新产业公司。（1）公司成功营运有赖核心业务应用了新科技、创新理念及/或新业务模式；（2）研发为公司贡献一大部分预期价值，成为公司的主要活动及占去大部分开支；（3）能证明公司成功营运有赖其独有业务特点或知识产权；及/或（4）相对于有形资产总值，公司的市值/无形资产总值极高。（b）公司业务成功。申请人必须能证明其拥有高增长业务的记录，可利用业务活动、用户、客户、单位销售、收益、盈利及/或市场价值（如适用）等营运数据客观计量，及证明预期可持续的高增长轨迹。香港交易所：《新兴与创新产业公司上市制度咨询文件》第 106 条，https://www.hkex.com.hk/-/media/HKEX-Market/News/Market-Consultations/2016-Present/February-2018-Emerging-and-Innovative-Sectors/Consultation-Paper/cp201802_c.pdf，最后访问日期：2021 年 2 月 2 日。

第三章 控制权强化机制对外部投资者利益的影响

第一节 对外部投资者利益的积极影响

一、减轻两权分离引发的传统代理问题

随着现代大型公司的发展，高度分散的股权结构以及专业化管理人员的出现产生了所有权与经营权相分离的现象，由此引发了传统的代理问题。詹森、梅克林将代理关系视为协议，在此类特殊协议中，一人或者数人（在该协议中为委托人身份）雇佣其他人（在该协议中为代理人身份）替代他们来实施相应行为，例如代理人替代委托人行使部分决策权。在现代公司中，股东雇佣董事和高管代理他们管理财产，但是两者之间的利益和目标并非完全一致甚至可能发生冲突。管理者将孜孜以求自身的福利，与最大化公司的利润未必一致，因为管理者获得的非金钱利益等在职福利无法转化为现金或者为管理者所拥有。另外，管理者可能不会对其工作殚精竭虑。由于人类自身的有限理性和机会主义的约束，以及交易的不确定性，代理成本一直存在。传统的代理成本包括委托人的监督支出、代理人的保证支出、剩余损失。①

现行公司治理实践显示，在大型公司中，股权的分散程度与股东对管

---

① 参见〔美〕迈克尔·詹森、威廉·梅克林《企业理论：管理行为、代理成本与所有权结构》，载陈郁编《所有权、控制权与激励——代理经济学文选》，上海人民出版社，2006，第6~8页。

理者的监控程度呈负相关关系，股权越分散，监控程度越弱。股东本位在此背景下已逐渐让渡于董事本位，更进一步而言甚至有着向管理层本位让渡的趋势，所有权和经营权两权分离而引发的代理问题渐趋严重。因此，现代公司治理中所有权与经营权分离所导致的代理问题是公司法理论与制度所要解决的关键问题。以内部权力的分立与制衡为特征的公司治理架构一直是现代公司制度设计总体框架中的普遍样态。但是，传统股东同质化假定下的权利无差异配置模式在很大程度上限制了现有公司权力制衡机制功能的发挥。因为该类配置模式忽视了股东在经济性权利、参与性权利等方面的差异偏好，进而导致大多数的中小股东丧失了对公司管理者进行监控的动力和能力。另外，根据美国学者戈申和斯凯尔的主张，公司法的代理问题不仅应关注所有权与经营权分离产生的代理冲突成本（由管理人员和投资者之间利益冲突引起），还应考虑被代理人能力成本（由于缺乏专业知识而导致投资者失误）、代理人能力成本（由管理层的诚信错误引起）和被代理人冲突成本（由投资者利益冲突引起）。公司的最优治理结构是将投资者行使控制权产生的被代理人成本和管理者行使控制权产生的代理成本之和最小化。[1] 因此，企业或公司的效率就在于多大程度上降低这些成本。

控制权强化机制有利于减轻两权分离所带来的传统代理问题。其实现路径主要是通过对股权进行差异化配置，这一路径在体现了对股东的异质化偏好及需求尊重的同时，也会激励股东按需选择适合自己的权力结构。最终使该差异化配置模式能够激发起部分股东对公司管理者的监控动机，强化其监控能力。在差异化投票权领域，双重股权结构能够降低代理成本。因为控制股东一旦持有大额的股权，也会面临股权丧失流动性、投资风险集中等问题，这将构成他们监督公司治理的有效激励。[2] 因此，控制股东对公司经营和管理将会投入更多的监督成本，也因此缓和了代理成本。此外，双重股权结构通过赋予企业家强化对公司控制权的方法，能够实现被代理人能力成本和冲突成本降低的目标。作为被代理人的大多数股东也许没有足够的能力和知识去识别能够实现公司价值的经营方案和投资策略，不同的股东在重大事项的决策上也会出现分歧冲突，如果公司采用

---

① Zohar Goshen & Richard C. Squire, "Principal Costs: A New Theory for Corporate Law and Governance", *Columbia Law Review*, Vol. 117, No. 3, 2017, pp. 767-770.

② Ronald J. Gilson, "Controlling Shareholders and Corporate Governance: Complicating the Comparative Taxonomy", *Harvard Law Review*, Vol. 119, No. 6, 2006, pp. 164-165.

双重股权结构，拥有卓越远见和领导才能的企业家对公司的控制将会消解被代理人的成本，代理成本和被代理人成本的共同减少从总体上降低了代理成本之和，使公司治理优化成为可能。在差异化分红权领域，优先股的差异化设计也能构成管理层对公司治理的激励，降低代理成本。优先分红的经济性约束将促使公司经营者忠实勤勉地履行义务，确保公司股东投资价值的最大化以及避免投资风险。例如股份公司可通过发行优先股融资的方式实现对公司的刚性约束，因为优先股的固定股利会对分红形成强制性的限制，如此可实现有效减轻管理层逆向选择和道德风险的公司治理目标。一方面，管理层首先要确保做到按时发放优先股股利，才能实现其他非优先股股东的利益。为了防止陷入分红困境，管理层必然会努力经营公司，优化公司治理和财务指标，从而保障公司实现预期营利和财富积累。另一方面，优先股股东的分红需求会影响管理层的投资决策选择，不仅仅使其在决策时更加谨慎勤勉，而且会促使其投资偏好转向风险较小、收益适中的投资领域。

二、满足异质化股东的个性化投资偏好

一元化、无区别的股份类型设计植根于股东同质化假定，其将抽象意义上的股份平等直接理解为股东平等，仅仅把股东看作无差异资本的载体，没有意识到股东个体的投资偏好差异。在经济全球化、科技日新月异以及资本市场蓬勃发展的当下，股东异质化愈演愈烈。异质化股东在投资风险偏好、投资目标、投资风险承受度、投资专业知识和技能、信息获取消化能力、投资理性判断、投资收益方面存在不同的利益诉求和投资偏好。美国学者阿纳巴塔维将不同利益偏好的股东划分为短线股东与长线股东、多元化股东与非多元化股东、内部股东与外部股东、公益型股东与营利型股东、套利型股东与非套利型股东。[1] 这些类型的股东之间存在明显差异。其一，短线股东与长线股东。短线股东高频率买卖股票，致力于从市场股价短期变动中获得收益。长线股东则倾向于买入并长期持有股票，注重股票的长期增值能力。其二，多元化股东与非多元化股东。多元化股东持有不

---

① Iman Anabtawi, "Some Skepticism About Increasing Shareholder Power", *UCLA School of Law*, *Law-Econ Research Paper*, No. 05-16, 2005, pp. 21-37.

同证券投资产品和金融衍生产品，通过多元化的投资组合来分散风险、保障收益。如美国的机构投资者也被称为"全能所有者"，其特征在于其在非常广泛的范围内持有股票市场中的各类产品。[1] 非多元化股东则将其全部投资金额用于购买某一公司的普通股股份，以获得稳定而持久的红利收益，譬如公司的控制股东和创始人股东。其三，内部股东与外部股东。企业是一个人力资本与非人力资本组成的市场合约，[2] 内部股东往往对公司投入两种资本，也因此需要承担公司更多的风险。内部股东大多是公司的内部管理层和员工，他们在投入资金持有股权的基础上，还投入劳务、知识、技能等人力资本，不似外部股东可以分散多元投资，他们与公司命运更为攸关。其四，营利型股东与公益型股东。营利型股东以单纯的投资收益为目的持有公司股票，公益型股东在投资收益目的之外还承载其他体现一定公益性价值的目标，如中国国企改革中的公益类国企，国家股东出资的背后承载着保障民生、服务社会、提供公共产品和服务的重要使命。

理论而言，每个股东向公司投资，公司为了实现所有股东的共同利益而运营，在此意义上，股东之间具有共同的利益目标，即公司利益最大化。当股东出现了偏离公司利益的特殊利益，情况将变得不同。如果股东的多元化偏好无法满足，可能对公司治理和公司经营产生负面影响。特别是控制股东可能追求自己的私人利益而牺牲公司的整体利益，当控制股东不关注公司的整体和长远利益时，就可能产生降低整体股东福利的寻租行为。异质化股东可能试图说服管理层作出对私人利益有益但是对公司整体利益不利的决策，增加公司的代理成本；在公司进行重大资源分配的时候，甚至可能因争执而产生争议成本。[3] 当我们拨开传统股东同质化假定的迷雾，逐渐接受并认同股东异质化现实之时，再重新审视股东关系，会给我们带来截然不同的启示。因为股东之间并非都有着相同的利益诉求，也并非都是基于同质的利己动机而去行使自己的表决权；恰恰相反，他们之间客观存在差异化的动机和利益诉求，并随时可能因此而导致冲突，所以需

① James P. Hawley & Andrew T. Williams, *The Rise of Fiduciary Capitalism*, University of Pennsylvania Press, 2000, p. 3.

② 参见周其仁《市场里的企业：一个人力资本与非人力资本的特别合约》，《经济研究》1996 年第6 期。

③ Iman Anabtawi, "Some Skepticism About Increasing Shareholder Power", *UCLA School of Law*, Law-Econ Research Paper, No. 05-16, 2005, p. 18.

要通过契约机制和法律机制相结合的方法，在公司法律制度设计层面解决这些冲突。特别应该注意的是通过对股东权利进行多元化配置以拓展自治空间，并构建对中小股东的全面保护机制。通过差异化股权构造，能够实现对股东的个性投资偏好的尊重，降低股东的投资收益不确定性风险（如持有稳定的优先股收益）。易言之，控制权强化机制允许股东对所持有股权的收益分红和投票权作出不同的配置和安排，因此对于这些不同偏好和利益需求的股东，可以通过控制权强化机制分别满足他们的多元化目标。长线股东、多元化股东、外部股东可以通过优先股安排获得稳定分红收益，规避风险，实现长期投资目标；内部股东能够利用双重股权结构实现控制权的维系；公益型股东可以使用黄金股安排来更好地进行社会公益性事业建设。

三、促使企业管理者关注企业长期价值

从商业实践可知，即使通过上市融资获得发展资金对于成长期的公司极为重要，大多数企业家仍旧不愿意用控制权来进行交换。确实，控制权丧失的担忧会迫使大多数企业家寻求其他次优的融资选择，而宁愿放弃从股市融资，甚至暂时放弃公司可获得的快速成长。如上所述，如果无法实现对企业家控制权的保障，将导致就业机会、经济增长、投资创业、市场创新等诸多方面受到不利影响。因此，允许控制权强化机制的存在是解决创业者面临公司成长期公开融资需要以及自身控制权可能性丧失两难局面的一个有效方案。另外，控制权强化机制存在的本身还可以起到保护创业者的商业理念、商业模式的作用，有助于降低成长期企业被潜在的短线投资收购者干扰的概率。这对于创业者来说至关重要，因为当企业面临外部资本收购威胁时，其创业者、内部人为了避免控制权的丧失，通常会消耗更多的资源或精力用于维护其职位，进而相对减少了在有效经营公司上的资源投入。而差异化股权构造可以解决此类"管理者短视"问题（内部人过度耗费资源在排除潜在收购者的短期目标上），因为该构造允许创业者在获得外部融资的同时继续持有控制权，可以持续地将精力投入在公司经营和长期投资上。

企业家拥有通过其经历、管理天赋、知识、性格、本能等要素所塑造的独特的愿景特质，他们拥有专业知识与经验，但是需要长期投入精力和

智慧才能慢慢实现高效的公司管理目标。只有公司管理层明确预知其与公司会存在长期的雇佣关系，且该长期稳定的雇佣关系足以支持管理层获得人力资本投入的回报，他们才会被激励去运用专业知识与技能对公司进行高效管理。控制权可确保企业家拥有在合适的时机实现他们的愿景的能力，允许企业家追求他们认为可以产生的可观市场回报。企业家珍视他们的控制权，因为控制权保护他们的能力或者愿景，避免遭受投资者的怀疑和反对。[①] 拥有稳定且不被挑战的控制权，企业家就拥有了实现愿景的宝贵自由，他们就可能会按照长远规划有条不紊地实现公司经营目标，而不必为提高短期股价采取急功近利的激进投资行为，也避免产生对控制权变动的过度担忧。在依赖合同自由和市场效率的私序模式中，投资者和企业家可以采用现金流和控制权的不同组合来平衡企业家追求其特殊愿景的利益和满足投资者减轻代理成本的愿望。控制权强化机制正是这样一种私序模式，可以保障管理者的控制权，促使他们关注企业的长期价值成长。公司章程中设置控制权强化机制，并赋予管理者多数投票权，将会构成对管理者的潜在激励。有研究者认为，双重股权结构为企业家提供了实现其特殊愿景的最大能力；[②] 另有研究者认为，知情投资者通常会考虑到双重股权结构带来的潜在风险（如代理成本的增加），并对这种控制带来的收益进行权衡（例如降低主要冲突成本和能力成本），在某些公司，特别是那些据称是"有远见的领导者"的公司，控制总成本最小化的最佳方案很可能是采取双重股权结构。劣位股东准备让企业家最大限度地实现他们的愿景，这就解释了为什么这个结构在许多大公司中是由创始人作为控制股东，包括 Snap（Evan Spiegel and Robert Murphy）、Berkshire Hathaway（Warren Buffet）、Alphabet（Larry Page and Sergey Brin）、Facebook（Mark Zuckerberg）、阿里巴巴（马云）、Comcast（Roberts family）。[③] 这些公司高度依赖其管理者的专业技术和市场知识，在某种程度上，通过赋予管理者

---

① Zohar Goshen & Assaf Hamdani, "Corporate Control and Idiosyncratic Vision", *Yale Law Journal*, Vol. 125, No. 3, 2016, pp. 565–579.

② Andrew Winden, "Sunrise, Sunset: An Empirical and Theoretical Assessment of Dual-Class Stock Structures", *Rock Center for Corporate Governance at Stanford University Working Paper*, No. 228, 2017, p. 36.

③ Bernard S. Sharfman, "A Private Ordering Defense of a Company's Right to Use Dual Class Share Structures in IPOs", *Villanova Law Review*, Vol. 63, No. 1, 2018, pp. 14–15.

多数投票权，促使其最大化地发挥专业技能以及作出有效率的经营决策，已经潜移默化地成为保障企业稳定快速成长的流行趋势。2012 年 4 月，在 Facebook 准备以双重股权结构上市之前一个月，其首席执行官马克·扎克伯格作出了一个出人意料的决定，收购仅仅拥有 13 名员工和零收入的应用程序公司 Instagram，[①] 这一决定遭到很多人士批评，但这位 27 岁的首席执行官甚至在与董事会进行购买事宜的协商之前就完成了收购，因为其享有 Facebook 的多数投票权和控制权。[②] 尽管 Facebook 股价在 IPO 后不久就像石头一样下跌，在公开交易后的四个月下跌了 54%，[③] 但是，Facebook 的附属公司 Instagram 的市值估值高达 250 亿~350 亿美元。[④] 如果没有双重股权结构保障扎克伯格对公司的控制权，他可能无法自由地投资那些可能为公司带来商业价值的项目，也将错过实现公司愿景的绝佳机会。

第二节　对外部投资者利益的消极影响

一、导致控制权私利的过度攫取

控制权强化机制在直观上违背了传统的股权平等理念，因此，关于其

① Alexei Oreskovic, "Everyone Thought Mark Zuckerberg Was Crazy to Buy a 13 - Person App for ＄1 billion—Now Instagram Looks Like One of the Most Brilliant Tech Acquisitions Ever Made", BUS. INSIDER（Jan. 30, 2016）, http：//www. businessinsider. com/instagram - zuckerbergs - biggest - win - so - far - 2016 - 1.

② Joe Coscarelli, "Mark Zuckerberg Bought Instagram Without Really Asking the Facebook Board", N. Y. MAG（Apr. 18, 2012）, http：//nymag. com/daily/intelligencer/2012/04/mark - zuckerberg - bought - instagram - without - askingfacebook - board. html.

③ Matthew Galgani, "A Tale of 4 IPOs：Facebook, Alibaba, Snap and Square", INV'S. BUS. DAILY（Oct. 21, 2017）, http：//www. investors. com/how - to - invest/investors - corner/a - tale - of - 4 - ipos - facebook - alibaba - snap - and - square.

④ Yoni Heisler, "Once Mocked, Facebook's ＄1 Billion Acquisition of Instagram Was a Stroke of Genius", YAHOO! TECH（Dec. 29, 2016）, https：//www. yahoo. com/tech/once - mocked - facebook - 1 - billion - acquisition - instagram - stroke - 042604919. html.

优缺利弊的讨论一直未曾停息。实证研究显示，在实行双重类别股权设计的公司中，大多数公司的控制人可以在仅持有 10% 以下股权时仍旧牢握公司的控制权，其中甚至有部分控制人持有 5% 以下股权也可以达到控制公司的目标。① 控制权强化机制的存在使得控制人的投票权不受其实际现金流权制约，这种两权相分离的状况在以下两个维度上影响着管理者/控制股东与外部投资者双方间的代理关系：一方面，正如上文所提及，控制权强化机制可以保护内部人的控制权，避免其频繁经受恶意收购或者代理权争夺等非公司经营层面的问题困扰；另一方面，控制权强化机制的存在会导致管理者/控制股东在公司决策时，考量的自身利益不一定符合传统股东利益最大化的价值取向，有时甚至相背离，为了自身利益可能使其他股东利益受损。② 也有研究表明，双重股权结构本身所特有的优势会随着时间的推移而减少，因为其潜在成本会持续上升，而且其创始人或者控制股东在起始上市时所具有的商业理念、技能和知识也可能随着时间的推移而递减。③

因此，控制权强化机制在有效缓解所有权与经营权分离而引发的传统代理问题的同时，也有可能在股东维度引发新的代理问题，如有表决权股东与无表决权股东之间、控制股东与非控制股东之间等。股东维度的代理问题突出地表现在与股东权行使密切相关的公司独立意志的形成、股东之间平等关系的实现、股东参与权的行使以及公司团队关系的构建等方面。股东维度代理问题的实质也与公司团队生产结果的不确定性息息相关，简言之，就是公司的剩余利润和风险的不公正分配问题。控制权强化机制下的多数投票权股东或者超级投票权股东，由于持有的投票权非常具有数量和比例优势，通常会成为公司的控制股东。这样的安排导致控制权集中在少数股东手中，打破了传统公司法理论所推崇的股东大会、董事会、监事会分权制衡、相互监督、相互约束的公司治理结构，使公司内部治理在一

---

① Lucian A. Bebchuk & Kobi Kastiel, "The Perils of Small-Minority Controllers", *Georgetown Law Journal*, Vol. 107, No. 6, 2019, pp. 1453-1514.

② Federico Cenzi Venezze, "The Costs of Control-enhancing Mechanisms: How Regulatory Dualism Can Create Value in the Privatisation of State-owned Firms in Europe", *European Business Organization Law Review*, Vol. 15, No. 4, 2014, pp. 499-544.

③ Lucian A. Bebchuk & Kobi Kastiel, "The Untenable Case for Perpetual Dual-Class Stock", *Virginia Law Review*, Vol. 103, No. 4, 2017, pp. 585-631.

定程度上形成了一个绝对的权威中心和垄断格局。如果缺乏合理的约束机制和监督机制，控制人可能会在公司一些重大问题的决策上为了自身利益最大化而选择牺牲其他外部投资者的利益甚至公司的整体利益，加剧了利益失衡的风险。具有信息优势和持股优势的控制股东，在公司的重大事项决策和内部事务管理中无须承担与表决权重等比例的经济后果，往往具有采取机会主义的内在动机及为自己谋私利的道德贪婪，长久如此将会影响公司的经营效率和预期利润的实现。

控制权强化机制导致控制权私利过度攫取的观点亦有大量实证研究数据和结果的支撑。如有研究利用人工收集的 1995～2002 年美国双重股权结构公司的数据，分析了现金流权与以行业调整后的托宾 Q 来衡量公司价值之间的关系，结果表明"公司价值与内部人员的表决权成反比，与现金流权成正比"。① 也有研究采用了与前述研究相同的样本，分析双重股权结构公司内部人员股权与投票权分离对代理问题的影响路径。实证显示，"分离的程度越明显，企业现金流权在外部股东价值层面的投入越会下降，管理层越容易获得更高酬劳，越频繁地进行与股东价值最大化背离的收购，但此类型的资本支出无助于提升股东价值"。据此，他们总结认为，这些发现支持了代理假说，并解释了内部人控制权的过度享有程度和公司价值之间呈现的反比例关系。因为通常而言，当管理者自身拥有比现金流权更高的控制权时，其会侧重于追求个人私利，即使明知该私利是以损害股东利益为代价而获取的。②

在市场实践中，控制股东在通过占用公司资产、关联交易、内幕交易等方法获取"控制权私利"③ 的同时，并没有增加其所承担的风险，甚至将原有的风险通过各种渠道逐步转移给中小股东。不论是上市公司中

---

① Paul A. Gompers, Joy Ishii & Andrew Metrick, "Extreme Governance: An Analysis of Dual Class Firms in the United States", *Review of Financial Studies*, Vol. 23, No. 3, 2010, pp. 1051-1084.

② Ronald W. Masulis, Cong Wang & Fei Xie, "Agency Problems at Dual-Class Companies", *The Journal of Finance*, Vol. 64, No. 4, 2006, p. 1697.

③ 迪克和津加莱斯将控制权私利界定为某些"不在所有股东中按照持股比例分享、而由控制方专属享有的价值"。参见 Alexander Dyck & Luigi Zingales, "Private Benefits of Control: An International Comparison", *The Journal of Finance*, Vol. 59, No. 2, 2004, pp. 537, 541. 吉尔森则将控制权私利界定为"不提供给小股东的控制股东的利益"。参见 R. J. Gilson, "Controlling Shareholders and Corporate Governance: Complicating the Comparative Taxonomy", *Harvard Law Review*, Vol. 119, No. 6, 2006, pp. 1641, 1651.

的家族控制型公司还是其他主体控制型公司，在控制权私利获取问题上都具有类似的共性特征。首先，股权结构严重失衡，表现出来的就是"一股独大"现象突出、中小股东边缘化严重；其次，基于上述股权结构样态，其更容易获得控制权私利，且获取的代价更低。目前较为普遍使用的金字塔持股控制的方式可以使上市公司的实际控制人层层获取私利，因为此类公司的实际控制人与上市公司虽然隔着诸多层级，却仍旧能够间接控制公司。实际控制人或者大股东获取私利损害公司利益的例子在我国上市公司中并不少见，例如近些年来爆发的德隆系、格林柯尔系等公司的治理问题。

二、降低控制权市场的治理价值

经合组织发布的公司治理原则特别强调两个方面：其一，"透明和有效是公司控制权市场运行方式的应有之义"；其二，"投资者对自身追索权等权利的把握建立在资本市场诸多规则和程序都应详尽且明确对公众予以披露的基础之上，例如公司重大资产的出售、公司控制权收购以及类似分立合并等特殊交易事项应予以充分披露"。有学者对"一股一权"与公司控制权市场的相互关系进行深入研究后认为，公司的投票权结构、当地法院对该类型收购的态度、管理层可采用的防御性措施等诸多因素对收购行为能否成功有着直接的影响。他们进一步论证得出结论，"一股一权"在特定情况下是最优的投票权结构。① 控制权市场的存在被视为优化公司治理的关键要素，公司控制权市场能够对管理层产生有效约束，如果他们没有带领公司实现最大化股权价值，也将无法实现自身的利益，甚至会失去在公司中的地位，因此控制权市场成为促使管理层谋求股东最佳利益的强有力的外部力量。公司控制权市场存在的基础前提是公司的经营效率与公司股份的市场价格高度正相关，当公司经营绩效低下，其股票价格将相对于同一行业的其他公司的股价或者相对于市场的总体股价而下挫。更低的股价有利于他人通过收购将薪酬优渥而业绩不佳的经理取而代之，并且对于收购者而言，成功地收购一家经营绩效低下的公司，将可能取得惊人

---

① Sanford J. Grossman & Oliver D. Hart, "One Share-One Vote and the Market for Corporate Control", *Journal of Financial Economics*, Vol. 20, 1988, pp. 175-180.

的潜在回报。[①]

控制权强化机制有可能降低公司控制权市场对于公司治理的改善。控制权市场对于低效率经营者的威慑会使公司的经营者努力提高经营效率，但是，当一个目标公司的经营者通过控制权强化机制设计，在公开市场上实施反收购措施，比如大量发行无表决权优先股，稀释公司现有股权时，将构成收购者收购公司的阻碍。随着时间的推移，公司的收购价值将会逐步降低，随之而来的收购溢价渐趋削减，也因此降低了公司控制权市场对公司治理的改善作用。差异化股权构造的反对者认为在此构造下，控制股东会利用其超级投票权股份来获取控制权私利，而不受应有的监督和制约。例如，控制股东可以在管理层人员的任命上任人唯亲，可以出于其自身利益而对提升公司治理能力和股东价值有明显益处的收购要约予以拒绝。

有大量的证据表明敌意收购将会大大增加目标公司股东的财富。一项成功的收购将会使目标公司股东的股票价值平均上升接近30%。[②] 如果目标公司管理层采用了反收购的策略并且目标公司没有被成功收购，那么这些相当可观的投资增值部分将会失去。[③] 也有一些研究结果表明，在管理层试图采取反收购策略的情况下，目标公司的市场价值将会显著下降。比如，有学者研究了目标公司为了反对敌意收购而采取的资产重组、股份增发、股份回购等措施，他们发现当这些变化发生的时候，目标公司的价值将会显著下降，平均降幅2.33%。[④] 因此，上述数据表明，收购会为目标公司的股东带来溢价，而反收购措施，尤其是通过在公司章程中预先的股权差异化设计而发行优先权股份、实施优先回购和优先转换，将会为收购带来障碍，也将使目标公司股东可能获得的溢价削减。管理层尽管通过反

① 参见〔美〕罗伯塔·罗曼诺编著《公司法基础》（第2版），罗培新译，法律出版社，2013，第516页。

② Michael C. Jensen & Richard S. Ruback, "The Market for Corporate Control: The Scientific Evidence", *Journal of Financial Economics*, Vol. 11, 1983, pp. 5, 10.

③ Michael Bradley, Anand Desai & E. Harv Kim, "The Rationale Behind Inter-firm Tender Offers: Information or Synergy?", *International Conference and Exhibition on Electricity Distribution*, Vol. 11, 1983, pp. 183, 194.

④ Larry Y. Dann & Harry DeAngelo, "Corporate Financial Policy and Corporate Control: A Study of Defensive Adjustments in Asset and Ownership Structure", *Journal of Financial Economics*, Vol. 20, No. 1-2, 1988, pp. 87-127.

收购措施保有了公司的控制权和维持公司稳定存续，但是也降低了公司控制权市场对公司治理的改善作用，令股东所期待的公司财富最大化价值无法实现。

三、导致股东间的权义责不对等

控制权强化机制下因股权限制引致的利益冲突比传统的实行"一股一权"构造的公司要更加复杂。① 控制权强化机制将会导致股东之间权利义务的不对等状态。尽管控制权强化机制实现了参与性权利和经济性权利的多元化组合，但是不可否认的是，控制权强化机制也造成了表决权和现金流权之间的剪刀差。许多研究表明，在双重股权结构设计的公司中对具有较低投票权的投资者股票的折扣可能会引发管理层堑壕和私人利益的攫取问题。管理层可能会以牺牲公司外部股东利益为代价换取自身利益。另外，在双重股权结构下，控制股东的投资或者交易可能会偏好于高风险高回报的类型，因为其现金流权比重较小，投资成功可以享有不成比例的高回报，如果投资失败，风险和责任由其他高现金流权股东承担。"持有大量投票权的控股者只承担了他们的行为对公司价值产生的负面影响的一小部分，同时却获得了全部的私人利益。"② 关于投票权和现金流权之间的这种极端分歧的两个著名的例子是 Dodge Brothers Inc. 和 Industrial Rayon Corporation。前者募集了 1.3 亿美元的公共投资，而其控股银行仅以 225 万美元购买了大部分优先投票股份；后者的内部人员控制了全部表决权的相当部分。③ 有研究采取的理论模型表明，随着保留控制权所需的股份经济性权益比例减少，控制股东可以获取更多的私人利益，更容易在投资决策、公司规模和控制权转移方面作出低效的决策。④ 另有研究发现投票

① 参见王湘淳《公司限制股权：为何正当，如何判断?》，《西南政法大学学报》2017 年第 5 期。

② Bernard S. Sharfman, "A Private Ordering Defense of a Company's Right to Use Dual Class Share Structures in IPOs", *Villanova Law Review*, Vol. 63, No. 1, 2017, pp. 18–19.

③ Joel Seligman, "Equal Protection in Shareholder Voting Rights: The One Common Share, One Vote Controversy", *George Washington Law Review*, Vol. 54, 1986, p. 687.

④ Lucian A. Bebchuk, Reinier Kraakman & George Triantis, "Stock Pyramids, Cross-Ownership, and Dual Class Equity: The Mechanisms and Agency Costs of Separating Control from Cash-Flow Rights", *Nber Working papers*, No. w6951, 2000, pp. 301–306.

权—现金流权差异与公司价值之间存在负相关关系。① 控制股东持有公司不成比例的投票权和分红权，他们在拥有大量投票权的同时，却没有与之相对应的分红收益，亦无须承担相关的投资风险和损失，在这种情形下，公司法默认规则框架下应有的激励、约束、监督机制将会失灵。如果说伯利、米恩斯的经典命题"所有权与经营权相分离"是公司内部权力配置中股东所有权与经营者管理权第一次分离，产生了代理成本，那么股东权利中参与性权利与经济性权利相分离则是在此基础上股东权利更进一步的分化并加剧了代理成本。股东的权利、义务与责任相分离，其耗费的成本与享有的收益不对等，在公司内部，控制股东滥用控制权的风险也会加剧，控制股东可能会从事利益冲突的关联交易行为、自我交易行为，侵占、滥用公司资源，剥夺公司商业机会，损害中小股东利益，因此，相较于一般公司而言，控制股东与普通股东间的利益冲突会更为激烈。投票权与现金流权分离时，拥有控制权的控制股东的利益与公司整体利益相分离，这减少了控制股东追求公司财富最大化的激励，同时增加了他们剥夺外部投资者的动力。

第三节 对外部投资者地位的弱化效应

一、外部投资者公司参与权的弱化

因为公司资产的基础为股东出资，作为对价，公司法也相应规定了股东参与决策表决、管理者选举以及资产收益等权利。其中前两类可概括归纳为对公司的参与权，进一步细分可知该权利的下分类别有抗辩权、咨询权、意见权和表决权等。② 传统的股权构造，虽然因其外部股东被边缘化而无法实质参与公司治理的问题一直饱受诟病，但其仍旧具有一定的合理

---

① Paul A. Gompers, Joy Ishii & Andrew Metrick, "Extreme Governance: An Analysis of Dual Class Firms in the United States", *Review of Financial Studies*, Vol. 23, No. 3, 2010, pp. 1051–1073.

② 参见〔德〕托马斯·莱塞尔、吕迪格·法伊尔《德国资合公司法》，高旭军等译，法律出版社，2005，第 102~103 页。

性基础，即这种外部股东无法参与公司治理的被边缘化的程度其实是与外部股东投入公司的资金相对应的，至少在资本层面实现了无差别化的公平。而反观双重股权结构之类的控制权强化机制，会在一定程度上引发公司治理成本和风险的上升，而且该成本、风险的上升幅度往往与控制股东的持股比例成反比关系。因为在该机制下，公司的决策权不再依赖于股东投入公司的资本比例而定，而更多的由类别股份或者类似阿里巴巴的协议控制来决定。站在保护外部投资者的角度看，控制权强化机制的存在会使决策权不再按股份比例配置，因此，即使外部投资者的出资总和占据公司资本的多数比例，也无法获得相当的投票权或者说决策权。如此一来，必然导致其在公司治理中的参与地位受到明显弱化。

（一）参与公司重大决策权利的弱化

参与股东大会是公司股东行使股东权利的重要方式，同时也显著体现了公司股东作为决策参与者的天然地位。传统的股权配比结构下，虽然可能会存在"多数暴政"现象，但该现象背后的决策机制在形式上是平等的，每一个股东对公司重大事项决策权重的取得都依赖于其对公司的资金投入比例。但是控制权强化机制的出现明显违背了该决策机制的形式平等逻辑，表决权权重的取得可以脱离经济利益投入的比例。进一步看实证研究层面，从为数众多的中概股公司股份表决权配置上，我们可以得到最直观的数据。中概股公司中，大量存在一股十权的比例配置，甚至还有部分公司存在一股二十权、一股三十权的配置模式。虽然大多数控制权强化机制下，除了无投票权股份的设置情形之外，外部投资者仍旧享有形式上的表决权，但是实质上该表决权所具有的对公司决策的影响力已经大为削弱。正如有研究显示的那样，高投票权股份的发行无形中加强了控制股东的决策影响，使得中小股东或者说外部投资者在公司决策表决上边缘化现象渐趋严重。[①] 换言之，在控制权强化机制下，由于控制者的决策表决权与经济利益存在失衡，其更愿意进行风险较大的投资及不适当的公司扩张、关联交易等可以为自己谋取私利而将风险转移给其他股东的行为。因此，公司控制权强化机制会导致公司外部投资者的意见更加无法影响公司决策，其弱势地位愈加明显。

---

① 参见张舫《一股一票原则与不同投票权股的发行》，《重庆大学学报》（社会科学版）2013 年第 1 期。

（二）选择管理者权利的弱化

受限于股东人数众多的客观原因，在现代公司中股东通过让渡部分管理权的形式间接管理公司已成常态。据此，选任合适的管理层就成为公司股东实现自身利益以及公司发展的重要途径。相对于股东自己管理，选任代理人管理公司必然产生成本，即所谓公司治理中的纵向代理成本。在企业理论中，代理成本是指制定、监督和执行合约（正式和非正式）的现金支出和剩余损失，即委托人和代理人为了保证合约的执行而耗费的资源。① 代理成本普遍存在于各类公司之中。就股份分散持有的公司而言，没有单一的控制股东，管理者仅拥有比例很小的现金流权利，据此，财务激励对于公司价值最大化的作用是较为有限的。但是，基于控制权市场的存在，如果管理者表现不佳或以其他方式违背公众投资者的利益，那么其往往无法稳坐钓鱼台，随时可能被免职。因此，公司控制市场限制了管理者表现不佳的程度，免职威胁为管理者提供了履行职责的激励，也就反过来降低了代理成本。就具有高比例持股的控制股东的公司而言，虽然控制股东难以被轻易取代，也不太会受到公司控制市场的约束，但控制股东自身投入的巨大股权成本及因此获得的收益会成为促进其为公司价值最大化奋斗的最直接的财务激励。

然而，对于采用控制权强化机制的公司而言，上述提及的控制权市场及财务激励都无法起到应有的作用。一方面，小额持股控制者不用担心被替代的威胁，所以其从事损害外部投资者利益的行为风险会大为提升，控制权市场无法对其起到约束作用；另一方面，在正向激励层面，因为其控制表决权与享有的股权收益权不成比例，所以股权收益的经济性激励欠缺。在实践层面也有相关事实予以印证。采用控制权强化机制的公司中，特别表决权的持有者往往把握着选任公司管理者的权利。例如，在美上市的中概股企业虎牙公司，其章程细则第 62-A 条规定，在首次公开发行完成前，公司董事会的人数不得少于三人，每一名董事享有一个投票权。B类股股东有权任命一名董事，并且只要腾讯公司在公司 IPO 结束之后仍然持有所有的 B 类股，那么腾讯公司有权任命该董事席位；欢聚时代（YY）公司有权任命另外两个董事席位。根据第 62-B 条，在首次公开发

---

① 参见〔美〕迈克尔·詹森《企业理论——治理、剩余索取权和组织形式》，童英译，上海财经大学出版社，2008，第 134 页。

行完成之后，公司董事会至少由五名董事构成，其中独立董事不得少于两名，并且只要腾讯公司及其关联主体共同持有的公司股份不少于20%，其就有权任命一名董事。① 从上述规定中不难看出，公司外部投资者即使在公司中的经济利益占据多数，也无法决定公司董事会多数成员的选任，这种结果必然导致公司外部投资者治理权的弱化。

选任管理者权利的弱化会导致代理成本增加的不良后果。尤其是当控制股东转让股份却不影响其控制权以及发行低投票权或者无投票权股份作为分红方式的时候，必然引发控制权与所有权的进一步分离。有学者从事实层面指出，公司中盲目的并购投资决定、管理层工资的提升、现金储备利用效率的降低等诸多代理成本问题发生的概率都因实施双重股权结构后明显上升。② 另有研究分析此现象背后的根本原因在于现金流权和控制权的分离，当控制人拥有远超于现金流权的控制权时，其会优先考量自己的私人利益，即使该私人利益的获得需要以牺牲外部股东利益为代价。③ 还有研究显示，因为控制权市场无法对实行双重股权结构公司产生效用，其控制者没有被外部投资者替代的威胁，所以在首次公开募股及其后五年内，双重股权结构公司的交易价格都比单一股权结构公司的要低。④ 综上所述，控制权强化机制会在导致控制股东风险大为下降的同时，引发外部投资者所面临的代理风险和成本上升，控制股东和管理层为了获取私人利益而牺牲外部投资者的问题将会更为严重。

二、外部投资者经济性权利的弱化

股东的核心权利除了上文提及的参与性权利之外，还有经济性权利。

---

① HuYa Inc, "Second Amended and Restated Memorandum of Association and Articles of Association of HuYa Inc", (April 9th, 2018), https://www.sec.gov/Archives/edgar/data/1728190/000119312518111659/d494918dex31.htm.

② Henrik Cronqvist & Mattias Nilsson, "Agency Costs of Controlling Minority Shareholders", *Journal of Financial and Quantitative Analysis*, Vol. 38, 2003, pp. 695-719.

③ Ronald W. Masulis, Cong Wang & Fei Xie, "Agency Problems at Dual-Class Companies", *The Journal of Finance*, Vol. 64, No. 4, 2006, pp. 1697-1727.

④ Scott B. Smart, Ramabhadran S. Thirumalai & Chad J. Zutter, "What's in a Vote? The Short-and Long-Run Impact of Dual-Class Equity on IPO Firm Values", *Journal of Accounting and Economics*, Vol. 45, No. 1, 2008, pp. 94-115.

公司股东的经济性权利包括参与利润分配的权利以及参与剩余资产分配的权利等，[1] 在公司存续运营阶段主要是指公司法上所称的资产收益权。[2]尽管公司法对于股东的经济性权利有着明确的规定，但其实现需要依赖公司章程的相关规定和股东大会的决议。在传统"一股一权"结构下，公司股东若要通过决议的方式来获得公司的相关利益，只需要向公司投入相应的资金，便可获得相应的表决权，以此可以影响公司的决议结果。而控制权强化机制下的公司决议并不取决于股东对公司的投资，而是取决于股东所持有的股份类别及其附带的表决权或者其他特殊的协议安排。正如存在控制权强化机制的中概股公司通过一股多权的非比例表决权配置降低了外部投资者对公司决策的影响，进而也必然限制了外部投资者经济性权利的实现。

外部投资者经济性权利弱化的表现之一是其对于公司分红缺乏话语权。通过对比分析，我们发现大部分存在控制权强化机制的中概股公司通过章程将公司红利分配交由公司董事会进行决定，例如，哔哩哔哩公司的章程细则第 124~131 条规定，公司董事会可以决定分红，公司也可以通过一般决议决定分红；董事会可以决定分红的方式、条件。除该公司外，国双公司、陌陌科技、凌动智行以及 500 彩票网等也采取该种方式决定分红。据此可以发现，通过高投票权的设计以及与此相关的分红实现方式的设计，公司外部投资者的经济性权利被大大弱化，外部投资者的经济性权利能否实现在很大程度上依赖于大股东和管理层的意思。

外部投资者经济性权利弱化的表现之二是控制权私利过度攫取的风险提升。控制股东存在的积极影响是可以通过有效的监控来降低两权分离所引发的传统代理成本，消极影响则体现在控制股东有可能利用其控制地位过度攫取"控制权私利"。所谓"控制权私利"，是指那些"不在所有股东中按照持股比例分享，而由控制方专属享有的价值"，[3] 或者称为"不

---

① 参见〔德〕托马斯·莱塞尔、吕迪格·法伊尔《德国资合公司法》，高旭军等译，法律出版社，2005，第 103 页。

② 参见汪青松《论股份公司股东权利的分离——以"一股一票"原则的历史兴衰为背景》，《清华法学》2014 年第 2 期。

③ A. Dyck & L. Zingales, "Private Benefits of Control: An International Comparison", *The Journal of Finance*, Vol. 59, No. 2, 2004, pp. 537-600.

提供给小股东的控制股东的利益"。[①] 存在控制权的公司普遍存在"控制权私利",公司治理要解决的核心问题之一就是如何将这种"控制权私利"限制在合理的幅度内,即将"控制权私利"限制在比控制股东的集中监控所创造的收益要小的幅度内。在存在控制权强化机制的情况下,小额持股控制者在公司中拥有的经济性利益远远低于其控制权的比重,其能够有效控制公司决策,并能够获得这种控制的全部私人利益,而仅需承担其行为可能对公司价值造成的损失的一小部分,这将导致他们为了获得"控制权私利"而去从事损害公司利益的关联交易、自我交易以及篡夺公司商业机会等行为,或者忽视公司经营,以损害外部投资者利益为代价获取管理者的配合。正如有研究指出的,公司价值与内部人员现金流权成正比,与其表决权成反比;[②] 采纳双重股权结构之类的控制权强化机制的公司会出现公司价值降低以及管理层过度攫取个人私利的行为,直观地表现为控制权和现金流权的比例差越大,公司管理层的薪酬越高,而公司的现金储备越少、公司投资收益则越低。因为随着比例差距扩大,管理层更倾向于频繁地进行收购以及资本支出,但是这些对股东价值的提高没有作用。这些发现支持了相应假说,即拥有比现金流权更大控制权的管理者会倾向于在作出决策时为了谋求个人利益而牺牲股东利益,并进一步解释了公司价值在内部人享有过度控制权时会下降的原因。[③]

① R. J. Gilson, "Controlling Shareholders and Corporate Governance: Complicating the Comparative Taxonomy", *Harvard Law Review*, Vol. 119, No. 6, 2006, pp. 1641–1679.

② Paul A. Gompers, Joy Ishii & Andrew Metrick, "Extreme Governance: An Analysis of Dual Class Firms in the United States", *Review of Financial Studies*, Vol. 23, No. 3, 2010, pp. 1051–1084.

③ Ronald W. Masulis, Cong Wang & Fei Xie, "Agency Problems at Dual-Class Companies", *The Journal of Finance*, Vol. 64, No. 4, 2006, pp. 1697–1727.

第四章 中概股公司控制权强化机制与外部投资者保护

第一节 中概股公司控制权强化机制的适用概况

一、控制权强化机制的适用概况

得益于互联网科技的发展，我国近些年涌现出诸多不同于传统企业的互联网创新型企业。例如，我们现在生活已经离不开的 BATJ（百度、阿里巴巴、腾讯和京东）四大公司便是个中典型。该类型公司的共同点在于创始人处于公司核心位置，对公司的发展不可或缺。因此该类型企业中的绝大多数为了使创始人持续保有控制权，采用了各种各样的控制权强化机制。但是当企业持续发展需要引进外部融资和上市时，其面临的是公开市场对于控制权强化机制的诸多限制，由此，融资与控制权强化机制在一定程度上给企业决策者造成了两难困境。由于美国证券市场对于控制权强化机制具有较高的开放包容度，[①] 我国创新型企业在相当长时期内往往会选择赴美上市，这就是中概股群体形成的由来。

根据对新浪财经、搜狐财经中提及的"中概股"信息进行统计，截至 2018 年底，在美上市的中概股公司一共 175 家。再结合美国证监会的

---

① 例如，阿里巴巴公司拟采取"合伙人"制度在香港上市，但因我国香港地区此前一直奉行"同股同权"而不接受其在港上市，随后阿里巴巴选择了美国作为其上市的地点。

电子文件系统披露的公司章程进行筛选，其中存在专门的控制权强化机制的公司共有41家（见表4-1）。

表4-1 主要中概股公司控制权强化机制设计概况

序号	公司简称	股份总数	待发行股份及无表决权股份数量	双重或多重投票权股数额	高投票权设置	高投票权股占总股份比例	高投票权股附带投票权占总投票权比例
1	格林酒店	约1.02亿股	无	34762909股	一股三权	34.1%	60.8%
2	微博	24亿股	4亿股	2亿股	一股三权	8.3%	25%
3	百度	约8.7亿股	1000万股	3540万股	一股十权	4.07%	42.9%
4	无忧英语	15亿股	1.5亿股	3.5亿股	一股十权	23.3%	77.8%
5	趣店	8亿股	8000万股	63491172股	一股十权	7.9%	46.8%
6	58同城	50亿股	无	2亿股	一股十权	4%	40%
7	欢聚时代	100亿股	无	10亿股	一股十权	10%	52.6%
8	世纪互联	7.7亿股	无	3亿股	一股十权	39%	86.4%
9	聚美优品	10亿股	1亿股	6000万股	一股十权	6%	41.7%
10	畅游	约3亿股	无	97740000股	一股十权	32.6%	82.8%
11	途牛	10亿股	1亿股	1.2亿	一股十权	12%	60.6%
12	一嗨	5亿股	无	92671381股	一股十权	18.5%	69.5%
13	简普科技	15亿股	1亿股	345541350股	一股十权	23%	76.6%
14	华米科技	100亿股	1亿股	2亿股	一股十权	2%	17.1%
15	搜房	6亿股	523934245股	25298329股	一股十权	4.2%	83.3%
16	达内科技	10亿股	1亿股	4000万股	一股十权	4%	30.8%
17	红黄蓝	10亿股	1000万股	1000万股	一股十权	1%	9.1%
18	信而富	5亿股	无	5000万股	一股十权	10%	52.6%
19	猎豹移动	100亿股	10亿股	14亿股	一股十权	14%	64.2%
20	搜狗公司	8.5亿股	无	278757875股	一股十权	32.8%	83%
21	中通快递	100亿股	10亿股	10亿股	一股十权	10%	55.6%
22	凌动智行	8亿股	无	2.4亿股	一股十权	30%	81%
23	500彩票网	7亿股	无	3亿股	一股十权	42.9%	88.2%
24	虎牙	5亿股	无	167907544股	一股十权	33.6%	83.5%
25	陌陌科技	10亿股	1亿股	1亿股	一股十权	10%	55.6%
26	万国数据	20.02亿股	200万股	2亿股	一股十权	10%	52.6%
27	好未来教育	20亿股	10亿股	5亿股	一股十权	25%	91%
28	宝尊电商	5亿股	无	3000万股	一股十权	6%	37.5%
29	拍拍贷	300亿股	100亿股	100亿股	一股十权	33.3%	91%
30	爱奇艺	1000亿股	10亿股	50亿股	一股十权	5%	43.8%

续表

序号	公司简称	股份总数	待发行股份及无表决权股份数量	双重或多重投票权股数额	高投票权设置	高投票权股占总股份比例	高投票权股附带投票权占总投票权比例
31	哔哩哔哩	100 亿股	1 亿股	1 亿股	一股十权	1%	9.2%
32	国双	2 亿股	无	2000 万股	一股十权	10%	52.6%
33	凤凰新媒体	10 亿股	无	3.2 亿股	一股十三权	32%	85.9%
34	爱康国宾	35111193 股	24888807 股	805100 股	一股十五权	2.3%	26%
35	寺库集团	1.5 亿股	3000 万股	800 万股	一股二十权	5.3%	58.8%
36	乐信控股	50 亿股	30 亿股	110647199 股	一股二十权	2.2%	52.5%
37	京东	1000 亿股	无	10 亿股	一股二十权	1%	16.7%
38	尚德机构	10 亿股	无	826389 股 B 股 203111416 股 C 股	B 股：一股七权 C 股：一股十权	B 股：0.08% C 股：20.3%	B 股：2.04% C 股：71.7%
39	百世集团	20 亿股	无	94075249 股 B 股 47790698 股 C 股	B 股：一股十五权 C 股：一股三十权	B 股：4.7% C 股：2.4%	B 股：30% C 股：30.5%
40	汽车之家	1000 亿股	无	68788940 股	Telstra 持有公司股份大于 51%，则"一股一权"，当持股小于 51%但大于 39.3%，则表决权为能使 Telstra 获得超过 51%以上投票权的数额	0.07%	
41	阿里巴巴	2571929843 股	1428070157 股	无	"一股一权"	无	无

资料来源：《中国概念股》，新浪财经：http：//finance.sina.com.cn/stock/usstock/cnlist.html，最后访问日期：2018 年 12 月 25 日；《中概股排行》，搜狐证券：http：//q.stock.sohu.com/us/zgg.html，最后访问日期：2018 年 12 月 25 日；《美国证券交易委员会 EDGAR 系统》，美国证券交易委员会：https：//www.sec.gov/edgar/searchedgar/webusers.htm，最后访问日期：2018 年 12 月 25 日。

另外，统计发现，存在控制权强化机制的中概股公司主要集中于互联网科技相关的金融企业，共有 25 家，占比约为 61%；其次为教育类企业，有 6 家，占比约为 14.6%；其他的信息技术类企业也占到 9.8%（见图 4-1）。据此可以发现，采用双重股权构造等特殊机制来强化控制权的做法在互联网创新型企业中较受欢迎，其中原因可能在于互联网科技企业的创始人或控制股东对公司的价值塑造及企业发展起着至关重要的作用，特别是在该类型企业的发展初期，创始人具有不可替代的作用，企业的发展高度依赖于创始人的能力和愿景。[①]

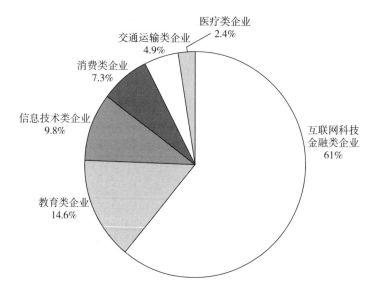

图 4-1　相关公司所在行业分布情况

二、现金流权与控制权间的比例

部分中概股公司之所以采取带有控制权强化机制的股权配置模式上市，是因为该种模式通过将公司现金流权与控制权之间原有的等比配置打

---

① Zohar Goshen & Assaf Hamdani, "Corporate Control and Idiosyncratic Vision", *Yale Law Journal*, Vol. 125, No. 3, 2016, pp. 560-617.

破，对现金流权与控制权之间进行差异化配置，使得公司控制股东、创始人或者管理层在对公司少量投资的同时能掌握公司的控制权。大多数公司在发展之初需要不断的资金投入，特别是互联网创新型公司，但是在公司进行资金募集的过程中无法避免的一个问题就是公司股权被稀释，而控制股东却可能无法进行持续性资金投入，导致自己对公司的控制权旁落，差异化股权配置模式可以有效解决公司资金募集与控制权维持之间的矛盾，故为多数公司控制股东所青睐。为了明确控制权强化机制配置模式之下公司控制权与现金流权之间的差异化配置，我们在表4-1及图4-2予以展示。

从表4-1和图4-2展示的对于中概股公司多重表决权股份所占比例与其所附带的表决权之间的对比关系所作的统计中，能够发现投票权差异安排的公司控制权与现金流权之间的比例差距巨大。现金流权与控制权之间的比例差距居于首位的为信而富及国双两个公司，其现金流权与控制权之间的比例为1∶52.6；其次为搜房网1∶21。比例差距最小的公司为格林酒店，其比例为1∶1.8，随后为500彩票网，其比例为1∶2.1。从以上的数据我们发现，差距最大的国双公司以及信而富公司的控制股东以2.2%的持股比例借助控制权强化机制的设计就可以持有公司52.5%之巨的表决权比例，而差距较小的格林酒店公司，其控制股东也是通过持有34.1%的公司股份控制了公司60.8%的表决权。除此之外，根据我们对于中概股公司所进行的统计结果，采用控制权强化机制配置的公司中，百世集团C类股，一股三十权的表决权设置为目前最高的配置比例；京东、寺库集团B类股，一股二十权的表决权设置紧随其后；多重表决权股份附带表决权比例设置最低的为格林酒店以及微博，其附带的表决权比例设置为一股三权。一股十权为最常见的比例配置模式。

三、控制权强化机制类型与占比

欧盟发布的针对欧盟上市公司中控制权与所有权之间的比例原则使用情况所进行的调查报告表明，控制权强化机制股权配置模式主要存在以下几种类型：无表决权股、投票权限制、所有权限制、黄金股、股东间

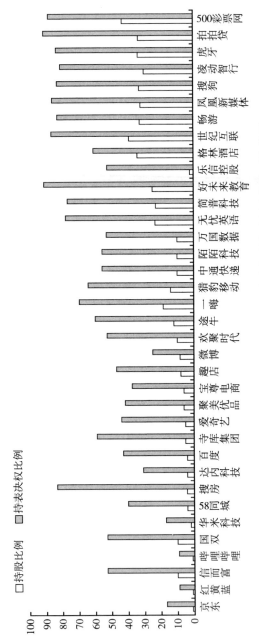

图 4-2 多重表决权股份所占比例与其所附表决权所占比例之间的对比关系

注：就图 4-1、图 4-2 所进行的统计作如下说明。首先，因股东间协议、发行各类多重表决权股份难以统计以及各类多重表决权股份附带表决权数额不同导致的计算比重问题，本书在图 4-2 并未统计阿里巴巴公司、百世集团以及汽车之家等公司。其次，该图统计数据的计算方式为：假设多重表决权股数额为 X，投票权数为 Y，公司待发行股份以及无表决权数股份数额为 Z，公司待发行表决权占总表决权比例计算公式为：X×Y/股份数额为 W，则超级表决权股占总表决权比例计算公式为：X/Z，公司超级表决权附带表决权占总表决权比例计算公式为：X×Y/(Z-W-X) ×1+ (X×Y)。

协议以及超级表决权股等。[①] 控制权强化机制可以通过以上类型的不同设计来实现，但是在中概股公司中，并非所有的控制权强化机制类型都得到运用。控制权强化机制具有多种实现方式，通过对中概股公司的实证梳理，可以将实现方式划分为如下类型。第一种是特别治理安排型，对公司控制权强化机制通过协议安排或者公司章程的形式来实现。第二种是非比例表决权型，这也是目前最受欢迎的控制权强化实现机制，通过表 4-2 也可以看出，采用非比例表决权型的中概股公司占比为80.5%。其主要是通过多重或双重股权结构设置将超过现金流的表决权赋予特定股份以达到强化控制的目的。第三种为结合型，就是结合了上述两种方式的实现机制，既有特别治理安排也有多重或双重股权结构。采用该类型强化机制的公司不多，占比为 17.1%，典型的如万国数据、虎牙公司。

表 4-2 控制权强化机制的类型与占比

数量及比例	非比例表决权型	特别治理安排型	结合型
数量（家）	33	1	7
本类型占所有公司比例（%）	80.5	2.4	17.1

第二节　中概股公司控制权强化机制的实现方式

一、双重股权结构

双重股权结构是指公司通过发行一种或多种附带超额表决权的股份以

---

① European Corporate Governance Institute, Shearman & Sterling & Institutional Shareholder Services, "*Proportionality between Ownership and Control In EU Listed Companies: External Study Commissioned by The European Commission*", p. 20.

实现表决权与控制权分离的一种公司股权配置模式。从上文的分析可知，我国赴美上市的中概股公司中，共计有 40 家公司（阿里巴巴除外）使用该种股权配置模式，其中有 33 家公司仅采用该种股权配置模式来实现公司现金流权与控制权之间的分离。典型的有世纪互联、欢聚时代以及 58同城。通过对 58 同城公司章程梳理可知，其大纲第 8 条规定：公司发行的股份分为两类，即 A 类股和 B 类股，其中 A 类股 48 亿股，B 类股 2 亿股。根据该公司章程细则第 9 条之规定，公司 A 类股股东与 B 类股股东除投票权不一致以外，其他方面均享有相同的权利。公司 A 类股所附带的表决权为一股一权，公司 B 类股所附带的表决权为一股十权。

二、管理层控制型

这里所称的管理层控制型主要是指公司通过章程规定公司的控制人享有对公司管理层的提名权，以此来实现对公司的控制。这种股权配置模式在实务中的具体设计如阿里巴巴公司章程细则所采纳的"合伙人"制度，具体如下。

根据第 83 条规定，只要软银有权任命一名董事，那么董事会成员最少为 9 名，如果软银没有该权利则董事会成员最少为 7 名。董事会成员在任何情况下不得少于 5 人。董事会在股东大会决定同意的最大人数范围内，可以随时增加董事会的人数。

根据第 85 条规定，只要满足"合伙人"条件，不管第 83 条或第 84条有任何相反的规定，在任何情况下如果董事会成员中"合伙人"任命或提名的人数少于董事会成员半数，那么合伙人都有权提名或任命相应人数，以使该数额达到董事会成员过半数。根据第 85 条提名的董事，提名书提交到公司即生效，而无须股东大会再行投票或者决议，公司董事会的人数应当自动增加以适应合伙人的提名条件。

根据第 87 条规定，董事会成员应当以过半数同意的方式来选举董事会主席。

根据第 88 条规定，董事会分为三组，每组成员应当大致相等。根据前款规定，首先，公司的合伙人有权根据第 85 条决定每组成员人数；其次，董事会有权在其他情况下确定每组人数。

根据第 90 条规定，董事被提名人应当由公司年度股东大会以普通决议方式选出以填补任期届满的席位。董事被提名人应满足以下要求：首先，满足"合伙人"条件，合伙人有权提名最多数额的被提名人选，以确保其提名的人数达到董事会成员的过半数。其次，软银有权推选一名董事作为第三组董事成员，前提是软银及其关联实体或者 ADS 持有数额共计达公司已发行股份的 15%。再次，只要满足"合伙人"条件，公司提名和治理委员会有权提名剩余董事的人选以满足剩余董事席位的选举。最后，在不满足"合伙人"条件时，董事会有权提名剩余数量的董事以满足董事会剩余席位的选举。

根据第 91 条规定，如果董事被提名人不再被股东选举成为董事或者董事因任何原因不再成为董事会成员，那么相关方有权根据第 90 条提名相应数量人员填补空缺，直至下次股东大会召开。

根据第 92 条规定，对于被提名的候选人而言，其不再需要经过董事会或者股东大会的二次批准，当其被提名至公司时即告生效。

根据第 94 条以及第 115 条 a-c 规定，首先，只要相关人员不再满足"合伙人"条件，"合伙人"可以以任何理由将由其提名的董事会成员除名且该权利只能由"合伙人"行使；其次，只要软银及其关联主体持有公司已发行股份大于 15%，那么软银将有权以任何理由将其提名或任命的董事除名，该权利只能由软银行使。

从上文阿里巴巴公司章程细则所作之规定可以看出，阿里巴巴控制人控制公司主要是通过以下途径进行：首先，阿里巴巴控制人在公司运作中设计一个"合伙人"团队，该合伙人团队具备提名公司董事会成员的权利，且享有对该名成员的除名权；其次，其提名权的行使不受次数限制，直至该提名人员被选为董事会成员；再次，合伙人的选举由合伙人委员会的选举程序通过，且董事会成员被提名人员应满足合伙人条件；最后，公司董事会实行分期分级制度。也就是说，借由一系列的制度设计，阿里巴巴公司合伙人委员会通过对公司合伙人的控制以及对公司董事会成员的控制以达到控制公司董事会的目的，而且公司其他管理层人员也是由公司董事会进行任命，除此之外，欲对公司章程大纲或章程细则进行修改，应当经过共计持有 95% 以上公司已发行股份的股东表决通过。基于此，阿里巴巴合伙人通过仅持有公司少量股份实现了对公司的稳固控制。

三、结合控制机制

所谓双重股权结构及管理层控制结合型，是指公司在发行双重表决权股份的同时又在公司章程细则中规定，达到公司特定持股份额或者表决权比例的股东可以提名特定数额的董事，以这两种方式来实现对公司之控制的一种控制权强化模式。采用这一模式的公司，典型的如虎牙公司，具体的章程细则规定如下。

根据第 7 条规定，公司股份分为以下几种：249957163 股 A 类股、99007544 股 B 类股以及 17647058 股 A-1 类优先股、4411765 股 A-2 类优先股、64488235 股 B-1 类优先股、64488235 股 B-2 类优先股以及尚未发行的股份。

根据第 8.4 条规定，公司 B 类普通股、A-2 类优先股、B-2 类优先股附带投票权为"一股十权"；A 类普通股、A-1 类优先股、B-1 类优先股附带投票权为"一股一权"。根据第 8.4-A 条规定，在 IPO 成功之后，所有低投票权的优先股转换为 A 类普通股，所有超级表决权的优先股转换为 B 类普通股。

根据第 8.4-B 条规定，除非 75% 以上 B 类优先股股东书面同意以及过半数 A 类优先股股东同意，否则公司不得作出且 Mr. Dong 也不得使公司作出以下决议或同意以下事项：任何修改或改变 B 类优先股股东的权益或对其权利作出限制；任何创设、允许创设权利高于或者类似 B 类优先股股东权利的证券；购买、回赎或者取消其他任何股份而非根据员工持股计划（ESOP）回赎或购买 A 类优先股；修改集团公司的章程，使章程不利于 B 类优先股；采纳、实质更改、终止 ESOP 或其他激励机制等。

第 62-A 条规定了在首次公开发行及交割完成前的董事任命规则。该条首先明确规定了董事会的人数为三人，这三人享有一人一票式的均等投票权。关于如何任命这三人，明确了 B 类优先股股东有权任命一名。因此，符合条件的腾讯公司只要在继续持有所有的 B 类优先股直至公司 IPO 结束后，其便获得任命一名董事的权利，YY 公司可以任命两名董事。

第 62-B 条规定了首次公开募股合格之后的董事会任命规则，此时董事会的构成如下：至少五名董事，且其中独立董事不得少于两名。在此情况下，腾讯公司有权任命其中一名董事，只要其及关联主体持股不少于20%。任何一名持有过半数投票权的股东都有权任命能够构成过半数董事会人数且与其所持投票权相对应的董事人数。

从上文虎牙公司章程细则关于双重股权以及管理层控制机制的设置来看，该种公司的控制权设计就是通过结合二者的优势来实现公司控制股东对公司的控制。在这种结合型的控制权强化机制下，公司控制股东通过持有相应数额的超级表决权股就可以实现对公司的控制，除此之外，控制股东通过持股或者持有表决权达到特定数额也可以实现对公司控制权的维持。

四、股东间协议型

股东间协议型控制权强化机制配置模式，是指公司股东之间通过协议对其所持表决权的行使达成一致。该协议可以是关于公司管理层的选举，也可以是就股东大会决议或者其他特定决议事项的表决权行使达成的相应协议，并以此实现对公司的控制。采用该种控制权强化机制配置模式的公司如搜狗公司，其具体的制度设计如下。

根据第9B（1）条规定，先置条件为腾讯公司与搜狐公司关于表决权的协议有效，则：

（a）腾讯和搜狐都应该根据细则和大纲的约束，参见9B（1）（b）和（c）规定组成符合下述条款的董事会结构行使表决权：（i）在特定时期公司章程生效初始三年内，董事会的组成人员应为七名。其中三人应为纳斯达克证券交易所上市规则所规定的独立董事。在七名董事中，四名董事应当至少有两名符合独立董事的要求而且应当由搜狐提名；两名董事至少有一名符合独立性要求且应当由腾讯提名；首席执行官应当选举为董事。（ii）倘若腾讯一直有权任命至少一名董事，在该三年期限结束后，搜狐公司有权改变董事会的组成且腾讯公司应同意搜狐所作的这一变更，并且遵守投票权协议的规定。

（b）除下文第9B（3）条另有规定外，腾讯第9B（1）（a）条投票或投票表决的公司股份数目为45578896股B类普通股。

（c）根据第9B（1）（a）条规定，搜狐投票或投票表决的公司股份数量为其及关联公司在投票时在公司持有的全部股份。

第9B（2）条规定（董事的除名及替换）：

（a）根据第9A（4）（b）条规定，只要搜狐、腾讯以及其关联主体持有公司表决权总数超过50%，则：

（i）搜狐有权不需要任何理由提名、移除替换任意搜狐公司所任命的董事；

（ii）腾讯有权不需要任何理由提名、移除替换任意腾讯公司所任命的董事；在每种情况下，搜狐或腾讯（如适用）向注册代理机构存放任命或解聘通知（并向主管局提供副本），无须获得任何成员或董事会批准，注册代理人和公司应指示其注册代理人，及时更新公司的董事和高级职员名册。

（b）在章程生效的三年之后的任意时间，如果搜狐决定根据第9B（1）（a）（ii）条改变董事会的组成，搜狐有权增加或减少董事会的规模，并委任至少过半数董事会成员并有权：

（i）在任意情况下向公司注册机关发出解除和替换任何经过任免程序的董事的通知；

（ii）为了使搜狐公司提名董事占董事会过半数，搜狐公司有权移除腾讯公司任命的董事，以实现搜狐任免的董事人数的过半数要求，在任何情况下，这些任免通知都不需要进一步的行动或股东大会的同意，最大董事人数应相应自动增加或减少，公司应或应指示其注册代理人更新董事名册或管理层名册，只要以下条件满足：（x）只要投票权协议有效，腾讯公司应始终有权任命至少一名董事，且（y）只要投票权协议有效，如果在任何情况下公司董事会成员中，腾讯公司所任命的董事多于一人且根据第9B（2）（b）条规定，搜狐公司希望移除一名或者一名以上的腾讯董事，那么腾讯公司有权指定该名被除名的董事或多名腾讯董事。

由上述梳理可知，目前公司股东间协议型的实现路径主要是控制股东之间通过股东间协议达成对公司管理层的控制，进而实现对公司的控制。以搜狐公司为例，其通过与腾讯公司之间的协议来取得过半数董事的任免权，以此在董事会的决议中获得过半数的优势，通过对其有利的决议或使对其不利的决议不通过，从而实现对公司的控制。

第三节 中概股公司中的投资者
保护条款

大多数中概股公司所采取的投资者保护条款，是遵循美国证券交易所的公司上市规则以及美国证券类立法的原则或制度来实现对投资者的保护。① 无论是从促使投资者投资的考量因素出发还是从完善控制权强化机制的切实需要考虑，投资者保护机制的完善程度始终是绕不开的衡量指标。因此，我们将对中概股公司中使用投资者保护条款的情况进行统计，详见表4-3。

表4-3 投资者保护条款在中概股公司中的使用情况

类型	使用数量	占所有公司比例（%）
日落条款①	12	29.3
表决权限制条款	1	2.4
禁止转让条款	1	2.4

注：该12个公司分别为：百度、寺库集团、58同城、欢聚时代、一嗨租车、微博、京东、红黄蓝、中通快递、凌动智行、好未来教育、乐信控股。

根据表4-3所作统计，除了普遍存在的表决权自动转换条款之外，使用最多的股东权利保护条款为日落条款，占比为29.3%。其次分别是表决权限制条款以及禁止转让条款。鉴于投资者保护条款对于投资者权利保护的重要性，下文我们将就这些条款进行简要分析。

---

① 在中概股公司中使用条款最多的类型为表决权自动转换条款。表决权自动转换条款，是指公司股东在违反公司章程细则之规定进行股份转让时，该转让行为不发生效力或者该转让的股份将自动转换为"一股一权"股份，因该种条款几乎在所有公司中都有使用，因此在表4-3中就不再统计呈现。

一、表决权自动转换条款

表决权自动转换条款，是指采纳控制权强化机制的公司在其公司章程中规定，特定情形下超级表决权股将自动转换为每股附带一个表决权的股份。该种条款设计之原因可以从两方面予以展开说明。第一，从公司商业实践来讲，公司之所以设计表决权自动转换条款，是为了维持控制股东的控制权并实现公司控制股东在减少对公司投资的同时，又不至于稀释自身对于公司的控制权。第二，从制度价值来讲，双重股权结构的采纳是基于投资者对持有超级表决权股股东的信赖。如果持有该种股份的所有人将其转让给其他主体，那么前述所称的信赖将不再存在。此外，某些国家也在其证券交易所的上市规则中规定，上市公司应当在其公司章程中规定这类表决权自动转换条款，例如，新加坡证券交易所《上市规则》第 210 条 f 项规定，表决权自动转换条款应当为双重股权结构的发行人所采纳，这样可以促使公司多重表决权在出售或者转让给除章程允许持有该种股份的团体之外的人之后，这些多重表决权股则自动转换为每股附带一个表决权的普通股。根据自动转换条款限制的严格程度不同，我们将自动转换条款分为一般型表决权自动转换条款以及严格型表决权自动转换条款。

（一）一般型表决权自动转换条款

一般型表决权自动转换条款指的是公司章程规定，持有多重表决权股的股东不得将股份转让给与其非属关联关系的主体或者改变该股份的最终受益所有人，否则被转让的股份将自动转换为每股附带一个表决权的普通股。采纳这一类型的表决权自动转换条款的公司如寺库集团，根据寺库集团公司章程细则第 14 条规定，公司的 B 类股（超级表决权股）在股东将其转让给与其没有关联关系的主体时，或者股东在将公司股份抵押、质押或者为第三方设立权利并执行使得股份的所有权发生变更的情况下，公司的 B 类股自动立即转换为 A 类股（一股一权）。猎豹移动也在其公司章程细则第 15 条规定，公司 B 股（超级表决权股）股东将股份转让给与其不具关联关系的主体或者转让给竞争对手时，该 B 股自动转换为每股附带一个表决权的 A 股（普通股）。将 B 股转让、分配或者直接或者间接地将 B 股附带的表决权通过代理协议、律师、其他方式转让给与其不具关联关系的主体时，那么 B 股将自动转换为 A 股。①

（二）严格型表决权自动转换条款

严格型表决权自动转换条款是指公司章程规定，持有多重表决权股的股东尽管可以将其持有的该股份转让给与其有关联关系的主体或者改变该股份的最终受益所有人，但是，在多重表决权股股东将股份转让之后的特定期限内，受让主体不得再次将股份进行转让，否则被转让的股份将自动转换为每股附带一个表决权的普通股。采纳该种类型的表决权自动转换条款的公司如百度公司，根据百度公司章程细则第 8 条 d 项规定，公司 B 股（超级表决权股）股东将其所持 B 股转让给与其非属关联关系的主体时，该被转让的 B 股将自动立即转换为同等数额的 A 股（一股一权）。在该股东将其持有的超级表决权股转让给与其有关联关系的主体后六个月内，若该关联主体再次改变 B 股的最终受益所有人，则被转让的 B 股将自动转换为 A 股。在严格型表决权自动转换条款中，受到限制的不仅仅是持有超级表决权股份的控制股东，还有该超级表决权股份的受让人，其目的是避免受让人在受让超级表决权股份之后再将公司的超级表决权股份转让给其他非控制股东的关联主体，最终目的也是维护控制股东的控制权，以免公司的控制权为他人所获取。

二、表决权限制条款

表决权限制条款主要指公司章程中规定的超级表决权股份的股东所持有的公司股份附带的表决权不得超过特定的数额，如果由非属公司章程规定之主体持有超级表决权股，则该主体所持有的超级表决权股附带的投票权将不得超过特定的比例。例如中概股公司中的信而富公司，其章程细则第 4（b）条规定，公司股份根据表决权配置比例区分为 A、B 两类。A 类股份享有表决权为"一股一权"，B 类股份则"一股十权"。但是在 B 类股份之下进行了特殊的限制，即明确规定了当 B 类股份被王赞恩先生持有时，最多可以行使 37%的附带表决权。否则，B 类股份的持有股东最

---

① Cheetah Mobile Inc，"Fourth Amended and Restated Memorandum and Articles of Association of Cheetah Mobile Inc"，（November 8, 2018），https：//www.sec.gov/Archives/edgar/data/1597835/000119312514152838/d655537dex32.htm.

多只可行使 9.5% 的附带表决权。[1] 也就是说，表决权限制条款主要是为了控制股东实现对公司的控制权，只有在控制股东持有该种股份的情况下，才可以获得超级表决权，如果该类股份被其他控制股东或者创始人之外的股东持有，则其所持超级表决权股份的表决权将受到限制，以免公司为他人所控制。

三、禁止转让条款

禁止转让条款，是指公司章程规定，超级表决权的股份不可转让，一旦发生转让则无效或者不发生效力。该条款的实施典型为畅游公司，其章程第 8 条明确规定，超级表决权股份即 B 股不得转让于其他与其不具有关联关系的主体，如果转让，则该转让不发生效力或者无效。[2]

四、日落条款

日落条款，是指在特定事件出现时，公司部分或者所有超级表决权股自动转换为低表决权股。[3] 日落条款在实际的使用中可分为特定事件触发型、固定期限型日落条款。根据我们对中概股公司所进行的统计，发现中概股公司中使用的日落条款均为特定事件触发型日落条款，而无公司采用固定期限型日落条款。如表 4-3 所示，采用日落条款的公司如京东和寺库集团。根据寺库集团章程细则第 12 条规定，任何情况下，若李日学先生及其关联主体持有的 B 类股票（超级表决权股）不足所有已发行 B 类股的 50%，则所有 B 类股自动转换为 A 类股（一股一权），并且不再发行 B 类股。京东公司章程细则第 14 条则规定了导致日落的 5 类情形。发生以下 5 种情形之一，都会导致超级表决权股东持有的超级表决权股自动转

① Lucian A. Bebchuk & Assaf Hamdani, "Independent Directors and Controlling Shareholders", *University of Pennsylvania Law Review*, Vol. 165, No. 6, 2017, p. 1271.

② "Second Amended and Restated Articles of Association of Changyou.com Limited", (November 8, 2018), https://www.sec.gov/Archives/edgar/data/1458696/000119312509056688/dex31.htm.

③ Andrew Winden, "Sunrise, Sunset: An Empirical and Theoretical Assessment of Dual-Class Stock Structures", *Rock Center for Corporate Governance at Stanford University Working Paper*, No. 228, 2017, p. 13.

换为普通股。分别是：持有超级表决权股份的股东通过各种方式将该股份或者该股份附带的表决权转让给与该股东不具关联关系的第三人；创始人辞任公司董事及首席执行官；创始人非所有已发行的超级表决权股票的受益所有人；创始人非 Max Smart Limited 及其他持有公司超级表决权股票实体的最终所有人；创始人因自身身体或精神上的问题无法管理公司及参加公司董事会决策。

第四节　美国法律下投资者保护的基本框架

一、信息披露制度

投资者保护是证券交易及证券立法历久弥新的重要主题，投资者保护的完善程度是衡量一国证券市场的重要指标。世界交易所联合会（The World Federation of Exchanges，WFE）2018 年 8 月发布的该年上半年市场报告中所披露的数据显示，美国证券市场交易量依然占据首位。美国之所以能够在世界金融市场占据首要位置，主要是得益于其完善而强有力的证券市场监管措施以及完善的投资者保护机制。正如前文所述，控制权强化机制之下的外部投资者处于更易受侵害的状态，在该种股权结构下，外部投资者不论是作为监督者、剩余利益索取者还是作为契约主体的地位都是处于不断弱化的趋势。

信息不对称问题通常会导致外部投资者遭受损失，因为公司管理层及控制股东基于信息优势地位，可以便捷地获取控制权私利。相较而言，外部投资者因为其信息劣势地位，权利难以保障，更易遭受损失。因此，信息披露制度可以帮助外部投资者获得相关信息以及约束控制股东和管理层的不当利用信息行为，同时能增加证券市场的透明度以及证券交易的公平度。美国的信息披露制度主要是通过《1933 年证券法》《1934 年证券交易法》《2002 年萨班斯-奥克斯利法》，纽约证券交易所《上市公司手册》以及纳斯达克证券交易所上市规则得以体现。公司上市是公司融资的重要渠道，也是投资者投资的前提，上市公司的质量关乎投资者权利保护之根本，信息披露是上市公司质量的重要展示路径。美国《1933 年证券法》对证券上市的信息披露，特别是公司上市时应当进行的招股说明书的制作和披露进行了详细的规定。该法在第 10 条对招股说明书应当披露的信息进行了规定，第 11 条规定了虚假登记注册表引起的民事责任，第 12 条规定了与招股说明书有关的民事责任，第 15 条规定了控制人的责任，第 17 条规定了相应的救济机制。除此之外，《1933 年证券法》还在其 C 条例中对证券注册登记进行了十分详细的规定，例如在第 230.403 节对注册登记表的纸张规格、打印、语言等方面的要求进行了规定，第 230.420 节至第 230.433 节从信息呈现注意事项、易读性要求及相关表格规范等方面对招股说明书进行了细致规定。除了上述关于证券的上市条件以及信息披露的详细规定之外，美国《1934 年证券交易法》在第 13 条对公司的定期报告和其他报告进行了细致的规定。除了第 13 条的规定之外，还通过第 13A 条对证券发行人的报告进行了规定，主要是针对定期报告等进行了规定。为了保证上市公司披露信息的真实性，美国《1934 年证券交易法》在其第 13b-2 条对记录的维持和所需报告的编制进行了规定，例如对公司董事以及其他与公司披露信息相关的主体义务进行了规定，要求相关主体不得作出虚假陈述。安然以及世通公司事件的发生使得美国证监会对证券信息的披露更加重视，这种重视主要体现在对于财务报告信息披露相关人员在公司编制财务报告时确保信息真实性的要求。为了确保财务信息的真实性，在《2002 年萨班斯-奥克斯利法》中专设第四分章规定了增强的财务信息披露，该章除了对审计委员会财务专家的披露进行规定之外，还在第 7264 节对高级财务管理人员的道德准则进行了规定。在立法规定之外，美国还通过纳斯达克证券交易所上市规则以及纽约证券交易所《上市公司手册》对信息披露进行了规定，例如纽约证券交易所通过《上市公司手册》第 2 节对上市公司的信息披露和重大信息披露进行了规定。借助《2002 年萨班斯-奥克斯利法》《1933 年证券法》《1934 年证券交易法》、纳斯达克证券交易所上市规则、纽约证券交易所《上市公司手册》以及美国证券交易所有关信息披露制度的相关规定，美国上市公司信息披露监管形成了极为详细完善的制度体系，使投资者在进行投资决策前能够获得关于投资产品完善的信息，在投资过程中能够通过持续性信息披露知悉了解投资产品可能的波动、风险，并有助于在投资权利受损后依据相关法律寻求救济，减少投资过程中的损失。

二、独立董事制度

现代企业不论是在经营规模、组织机构还是投资者数量上都呈现不断扩大的态势。证券市场的出现使得公司在不断从社会募集资金的同时，投资者也日益呈现两极分化的态势：一类是持有公司大量股份或表决权的公司控制股东，另一类是持有公司少量股份或表决权的外部投资者。因外部投资者持股数额以及表决权比例较小，其就成为立法者以及学者研究的重点"关注"对象。为保护外部投资者在公司中的利益以及应对控制股东与公司和外部投资者的利益冲突问题，独立董事制度应运而生。独立董事制度已经成为现代公司制度的重要组成部分，可以保护外部投资者免遭控制股东机会主义行为的损害，这已经逐渐成为各个法域立法者和法院的共识。① 这一制度在美国更是得到了不断发展与完善。2001 年安然公司以及世通公司的财务报表造假导致投资者遭受重大损失之后，美国便通过《2002 年萨班斯－奥克斯利法》对公司董事会、管理层等进行了更为严格的规定，根据《美国法典》第 7211 条第 e 款第 3 项之规定，公司审计委员会的委员不得受雇于任何其他人，也不得参与任何其他职业或业务活动，任何委员不得享有注册会计师事务所（或证券交易委员会通过规则确定的任何其他人）的利润或从其获得支付。纽约证券交易所在其《上市公司手册》第 301A.01 条规定，上市公司董事会应当具有过半数的独立董事，除此之外，该交易所在对该条的注释中指出，公司董事会董事在履行职责时应当进行独立判断，并在第 302A.02 条对董事独立性进行了详细的定义。② 纳斯达克证券交易所则在《纳斯达克股票市场规则》第 4350 条第 c 款对独立董事进行了详细的规定，该款第 1 项明确规定，根据第 4200 条之规定，公司董事会应当由过半数独立董事组成。③

---

① Lucian A. Bebchuk & Assaf Hamdani, "Independent Directors and Controlling Shareholders", *University of Pennsylvania Law Review*, Vol. 165, No. 6, 2017, pp. 1271–1272.

② NYSE, INC., Listed Company Manual, §303A.05 (a), (2017).

③ NASDAQ, STOCK MKT. INC., Marketplace Rules, R. 4350 (c) (3).

三、集团诉讼制度

所谓集团诉讼，又称代表人诉讼、群体诉讼，是指具有同种类法律利益的一方当事人人数众多不适宜一起参与诉讼时，由其选择特定代表人进行诉讼的制度。美国《联邦民事诉讼规则》（Federal Rules of Civil Procedure）对集团诉讼进行了规定，根据该规定，在以下情况下，某一类别成员中的一个或者多个主体可以作为该类别所有成员的代表参与诉讼：（1）该类别成员数量较大使所有成员参诉不可行；（2）该类别成员存在诉讼或者事实上的一致性；（3）代表人的请求或抗辩在集团诉讼中具有代表性；以及（4）集团诉讼代表人将公平、全面维护该团体的利益。根据美国国家经济研究协会经济咨询公司的报告，在美国，每年提起联邦证券集团诉讼的案件数量平均为 200 多件。在证券集团诉讼案件中，2010 年和解案件的赔偿数额达到 116 亿美元，最低为 1996 年的 11 亿美元。2013 年，每个案件的平均赔偿数额是 6800 万美元。[①] 这一数据表明证券集团诉讼在美国的证券投资者保护中起到了相当大的作用。当然，这一制度在美国的实施并非一帆风顺，美国集团诉讼制度是由股东自行发动，容易导致部分投资者和律师结合滥用该制度，由此引发法律上对于证券集团诉讼制度的广泛争论。有鉴于此，美国国会在 1995 年制定并通过《私人证券诉讼改革法案》（Private Securities Litigation Reform Act），此法案提高了证券集团诉讼原告之起诉门槛，并缓和"市场欺诈理论"之滥用，另针对滥诉之原告律师加以惩戒。[②] 为了进一步解决这一系列问题，2005 年美国国会通过了《集团诉讼公平法》，通过这两部法律规定，美国对证券集团诉讼的诉由、赔偿数额以及诉讼律师等方面进行了限制，在一定程度上减轻了证券集团诉讼制度滥用的问题。

四、证券投资者保护公司

除了以上几个重要的投资者保护机制之外，美国还存在证券投资者保

---

① 参见章武生《我国证券集团诉讼的模式选择与制度重构》，《中国法学》2017 年第 2 期。
② 参见吴光明《证券交易法论》，三民书局，2015，第 502 页。

护公司之类的投资者保护机制。美国证券投资者保护公司是基于美国
《证券投资者保护法案》（Securities Investor Protection Act）而建立的一家
非营利性公司，其目的在于对其旗下成员的破产清算进行监管，在发生
《证券投资者保护法案》规定的成员破产情形时给予成员投资者一定的补
偿，且每位投资者补偿额最高不超过 50 万美元。[①] 该公司是美国证券投
资者保护机制中的重要一环，其主要目的在于当其成员公司面临破产或者
陷入财务困境时，尽快归还投资者投资于该成员公司的现金或者证券。

---

① SIPC，"SIPC Mission"（November 25，2018），https：//www.sipc.org/about-sipc/sipc-mission.

第五章 优先股制度的中国实践与外部投资者保护状况

第一节 中国上市公司优先股制度试点基本现状

一、上市公司优先股的制度现状

就当下中国资本市场的客观需求而言，优先股制度是重要的直接融资工具。不论是在提高直接融资比重、防范分散风险方面，还是在促进资本形成和股权流转方面，抑或是激发市场活力、保障投资者权益等方面均有积极作用。2013 年 11 月 30 日，国务院发布《关于开展优先股试点的指导意见》（以下简称《指导意见》），这为优先股股东的权责关系和优先股发行交易等问题提供了明确指引。随后，在 2014 年 3 月 21 日公布施行的《优先股试点管理办法》（以下简称《试点办法》）中，中国证监会进一步为上市公司公开发行优先股与非上市公司非公开发行优先股提供了规则框架，同时规定了优先股交易转让和登记结算规则。在此基础上，我国上海证券交易所、深圳证券交易所、全国中小企业股份转让系统有限责任公司分别对外发布《上海证券交易所优先股业务试点管理办法》《深圳证券交易所优先股试点业务实施细则》《全国中小企业股份转让系统优先股业务指南》等自律规则，为优先股发行和交易提供了交易所层面的具体操作准则。截至目前，不论是在沪、深两市，还是在全国中小企业股份转让系统，上市公司或挂牌公司均可以依据上述规则从事优先股的发行或交易活动。优先股的制度优势显而易见，对上市公司而言，优先股发行在避免对普通股股价造成下行压力的同时，还可以对现有股东的权益产生反稀释效果，同时为上市公司提供更为灵活的现金流。① 在非上市公众公司中，非公开发行优先股可以满足私募投资者获取投资回报的愿望，减轻企业创业初期盈利能力不足以及未知经营障碍引发的投资风险，并通过分红约束企业家和公司管理者的行为，缓解两权分离的信息不对称，减少代理成本。可以说，优先股试点业务的开展是监管者推动市场融资工具创新主动实行的市场制度变革。

二、上市公司优先股的发行现状

自《指导意见》和《试点办法》发布以来，优先股试点的市场实践比较顺利，已有一些企业和公司通过发行优先股获得融资。《试点办法》发布后，陆续有 36 家上市公司或挂牌公司公开发行了优先股。其中，在上海证券交易所发行优先股的企业数量最多，达到 18 家，占比 50%；在全国中小企业股份转让系统（以下简称股转系统）中发行优先股的挂牌公司数量也达到了 14 家，占比 38.89%；数量最少的是在深圳证券交易所发行优先股的公司数量，仅为 4 家，占比 11.11%。这 36 家上市公司或挂牌公司总计发行优先股 47 支，其中上海证券交易所发行优先股 26 支，股转系统发行优先股 15 支，深圳证券交易所发行优先股 6 支，这三家发行优先股支数的占比依次为 55.32%、31.91% 和 12.77%。其中，同一企业发行优先股最多的是在深圳证券交易所上市的公司——晨鸣纸业，该上市公司曾在深圳证券交易所发行三支优先股。此外，据统计，优先股发行支数为两支及以上的公司共计 10 家，其中包括 8 家在上海证券交易所发行优先股的公司，还包括在其余两个交易平台发行优先股的公司各 1 家，这些企业占发行优先股企业总数的 27.78%。从上市公司或挂牌公司所在行业来看，发行优先股的商业银行最多，共有 16 家，总计发行优先股 23 支。较为一致的是，发行优先股的全部 36 家公司都选择了非公开发行的方式，且均规定股东大会在特定条件下可以取消派发当期股息。在优先股股息可否累积的问题上，其中有 14 支是可累积优先股，其余为非累积优

---

① D. Emanuel, "A Theoretical Model for Valuing Preferred Stock", *Journal of Finance*, Vol. 38, 1983, pp. 1133-1155.

先股，占比分别为 29.79% 和 70.21%。由于商业银行的优先股必须被计入一级资本，故我国商业银行相关法规规定商业银行只能发行非累积优先股，而不能发行可累积优先股。通过股转系统发行的非累积优先股共有13 支，约占股转系统优先股发行总数的 86.67%，发行企业涉及通信、制造和影视文化等行业。

在优先股回售条款的设置上，共有 15 支优先股设置了回售条款，这一数量在全部优先股中占比为 31.91%。如前所述，在优先股回售条款上，囿于我国银监会和证监会发布的《关于商业银行发行优先股补充一级资本的指导意见》的特殊规定，商业银行同样无法设置回售条款。但值得注意的是，在赎回条款的设置上，所有优先股都明确赋予了发行人赎回优先股的权利。在优先股能否转换为普通股的问题上，商业银行所发行的优先股全部包含了强制转股条款，而其他优先股则无此类条款。此外，还有5 支优先股赋予了优先股股东参与剩余利润分配的权利。[①]

为了详细考察并了解我国当前优先股试点情况，我们选取了沪、深两市和股转系统共计 20 支优先股发行文件进行分析，特别是对 20 支优先股发行方式、优先股股息支付、优先股回售、优先股转换情况进行了数据统计（见表 5-1、表 5-2）。

表 5-1　20 支优先股发行情况

单位：支

序号	发行公司名称及代码	发行日期	发行方式	股息				回售		赎回	是否有权参与剩余利润分配	是否可转换为普通股
				股息类型	每年股息支付次数	股东大会是否有权取消股息支付	是否累积	是否可回售	回售条款	是否可赎回		
1	农业银行/601288	20141031	非公开	浮动	1	是	否	否	无	是	否	是
2	中国银行/601988	20141121	非公开	固定	1	是	否	否	无	是	否	是
3	浦发银行/600000	20141128	非公开	固定	1	是	否	否	无	是	否	是

---

① 以上数据均来自上海证券交易所、深圳证券交易所、全国中小企业股份转让系统的官方网站。

续表

序号	发行公司名称及代码	发行日期	发行方式	股息				回售		赎回	是否有权参与剩余利润分配	是否可转换为普通股
				股息类型	每年股息支付次数	股东大会是否有权取消股息支付	是否可累积	是否可回售	回售条款	是否可赎回		
4	兴业银行/601166	20141203	非公开	浮动	1	是	否	否	无	是	否	是
5	康美药业/600518	20141204	非公开	固定	1	是	否	否	无	是	否	否
6	中国建筑/601668	20150302	非公开	固定	1	是	否	否	无	是	是	否
7	浦发银行/600000	20150306	非公开	固定	1	是	否	否	无	是	否	是
8	农业银行/601288	20150306	非公开	浮动	1	是	否	否	无	是	否	是
9	中国银行/601988	20150313	非公开	固定	1	是	否	否	无	是	否	是
10	兴业银行/601166	20150617	非公开	浮动	1	是	否	否	无	是	否	是
11	光大银行/601818	20150619	非公开	浮动	1	是	否	否	无	是	否	是
12	中原高速/600020	20150625	非公开	固定	1	是	否	否	无	是	是	否
13	中国交建/601800	20150826	非公开	固定	1	是	否	否	无	是	否	否
14	中国电建/601669	20150917	非公开	固定	1	是	否	否	无	是	否	否
15	中国交建/601800	20150826	非公开	固定	1	是	否	否	无	是	否	否
16	工商银行/601398	20151118	非公开	浮动	1	是	否	否	无	是	否	是
17	北京银行/601169	20151208	非公开	浮动	1	是	否	否	无	是	否	是

续表

| 序号 | 发行公司名称及代码 | 发行日期 | 发行方式 | 股息 | | | | 回售 | | | 赎回 | 是否有权参与剩余利润分配 | 是否可转换为普通股 |
				股息类型	每年股息支付次数	股东大会是否有权取消股息支付	是否可累积	是否可回售	回售条款	是否可赎回		
18	南京银行/601009	20151218	非公开	浮动	1	是	否	否	无	是	否	是
19	华夏银行/600015	20160323	非公开	分阶段调整	1	是	否	否	无	是	否	是
20	北京银行/601169	20160725	非公开	浮动	1	是	否	否	无	是	否	是

表 5-2　20 支优先股发行方式具体数量及占比

	试点情况	数量（支）	百分比（%）
发行方式	公开发行	0	0
	非公开发行	20	100
股息类型	浮动	9	45
	固定	10	50
	分阶段	1	5
每年股息支付次数	1 次	20	100
股息是否可累积	可累积	0	0
	不可累积	20	100
是否参与剩余利润分配	可参与	2	10
	不可参与	18	90
股东大会是否有权取消股息支付	有权	20	100
	无权	0	0
是否可回售	可回售	0	0
	不可回售	20	100
是否可回赎	可回赎	20	100
	不可回赎	0	0
是否可转换	可转换	14	70
	不可转换	6	30

如表 5-2 所示，20 支样本的实证统计结果可以间接反映出我国优先股市场试点的现状。第一，关于发行方式。20 支样本中采用公开发行的有 0 支，非公开发行的有 20 支。第二，关于股息支付。在股息类型上，20 支样本采用浮动股息支付的有 9 支，采用分阶段调整的有 1 支，采用固定股息支付的有 10 支。在股东大会是否有权取消股息支付上，20 支样本股东大会均有权取消股息支付。在股息是否可累积上，20 支样本的股息均不可累积。在是否有权参与剩余利润分配上，2 支样本可以参与剩余利润分配，18 支样本无权参与剩余利润分配。在股息支付次数上，20 支样本每年股息支付次数均为 1 次。第三，关于优先股回购。20 支样本中优先股股东均无回售选择权，但是 20 支样本的公司方均享有回赎选择权。第四，关于转换权。在 20 支样本中，6 支没有转换权，14 支拥有转换权。综合来看，在 20 支样本中，多数发行人将股息约定为不可累积，优先股股东无权参与剩余利润分配，并且发行人股东大会有权取消股息支付，至于发行人浮动股息支付和固定股息支付所占的比例相近。优先股股东均无回售选择权，发行人均享有回赎选择权，大多数发行人享有优先股转换权。

第二节　中国上市公司优先股股东权利条款分析

股东权利条款是对优先股股东权利的明确说明，下面我们以上市公司优先股发行的募集说明书为实证样本，对目前中国上市公司优先股股东权利条款进行具体分析。

一、优先股的发行条款

（一）发行方式的选择

《证券法》规定证券的发行包括公开发行、非公开发行两种方式，公开发行是在公开市场上向不特定对象发行，非公开发行是向 200 人以内合格投资者发行。《试点办法》对上市公司或挂牌公司公开发行优先股采取了更加严格的限制措施，如要求股息率固定、股息累积、强制分红和不参与剩余利润分配等。此外，优先股的公开发行不仅在发行阶段面临严格的限制，在公司治理成本上也会给上市公司带来额外的优先股管理成本。相较而言，非公开发行的条款设计自由度相对较大，发行人和投资者可以对双方权利义务内容进行更多的约定，非公开发行也更容易获得核准，因此成为中国优先股发行的流行模式。实践中多数发行人采用的是向合格投资者非公开发行的方式，例如中国工商银行股份有限公司在募集说明书中写明："本次优先股将根据相关规则，经监管机构核准后按照相关程序非公开发行。"① 前文的实证样本表明，20 支样本非公开发行的比例达到 100%。

不过，即便是在非公开发行优先股的场合，投资者对优先股发行条款的影响力和优先股条款能否体现投资者意志也值得反思。尽管优先股发行条款理论上可由发行人和投资者商定，但所谓"商定"过程能否充分尊重投资者权益或者说投资者有多大发言权不得而知。由于非公开发行的门槛宽松，基于监管考量，如果允许大量发行优先股，可能会造成对普通股市场的冲击，不利于市场稳定。② 优先股的公开发行或许是更具市场化价值的模式。一方面，非公开发行会阻碍优先股的正常流通、转让。优先股由于被限制在 200 人以下，无法在公开市场以竞价交易转让，而只能通过协议转让的方式，转让对象亦被限定为合格投资者，这加剧了优先股股东退出的难度。例如在北京银行非公开发行优先股过程中就对合格投资者的退出障碍进行了重大事项提示：由于本次优先股的投资者不得超过 200 人，故本次发行的优先股在上交所进行交易时存在一定的流动性风险。③ 另一方面，公开发行优先股契合我国市场现状和需求。我国资本市场以外部投资者为主，上市公司股权分散，外部投资者用脚投票、理性冷漠、"搭便车"情况更为多见，其目的仅仅是获得投资收益、控制投资风险。公开发行优先股，不仅可以扩大优先股上市流通范围，增强股份流动性，优化资源配置，而且更为契合外部投资者的需求和偏好，可减少投资风险，保障长足收益。

（二）发行主体的要求

基于对优先股投资者权益保护的考虑，我国相关法规对优先股的发行

---

① 《中国工商银行股份有限公司非公开发行优先股募集说明书》，第 1-1-36 页。
② 参见杨洋《非公开发行不应成为我国优先股发行的主要模式》，《特区经济》2014 年第 8 期。
③ 《北京银行股份有限公司非公开发行优先股募集说明书》，第 1-1-2-iii 页。

主体进行了严格限制，如《指导意见》和《试点办法》都规定了优先股发行人需要满足的限制性条件。尽管优先股投资者权益保护非常重要，但对发行主体资格进行严格限制也存在显而易见的弊端。从表面上看，在发行阶段就通过严格的条件对发行主体进行筛选，有利于从整体上提高优先股发行人的质量，保证证券市场上流通的优先股是质地优良的优先股，以此有效满足资本市场的投资需求。再加上这类股票的性质与债券相接近，故能更好地实现投资者权益保护的目标。[①] 但是，当我们为优先股的发行主体设置了严格的准入门槛，也会导致大量有发展潜力的上市公司无法获得发行优先股的机会，限制优先股整体的发行规模和流通性。由此导致的市场不充分、不完全将会妨碍优先股投资者的投资热情，优先股的流通价值也无法得到充分的实现。因此，优先股股东的权益在此种情况下反而不能够得到充分的保护。从公司的融资需求角度来看，符合现行规定中的优先股发行主体资格的发行人往往具备较强的经营能力和更好的融资能力，实际上并不非常需要通过发行优先股来进行融资。与此形成鲜明对比的是，数量众多的非上市公司通常欠缺相应的融资能力，它们有着强烈的融资需求，却会因主体资格不符合而被挡在优先股发行资格之外。由此可见，对优先股发行人设置严格的限制条件，实际上是与商业实践存在明显的脱节，无法真正展现优先股的制度优势。

　　《试点办法》第三章第一节对发行人的财务要求作出了详细规定。发行人必须具备支付优先股股息的能力，这要求上市公司在发行优先股之时，最近三个会计年度的年均可分配利润应当不少于优先股一年的股息。在优先股公开发行中，《试点办法》还特别规定发行人必须在最近三个会计年度中实现连续盈利，且必须满足第 28 条规定的情形之一。实践中，一些优先股发行人为了体现其满足以上财务要求，会在各自的募股说明书中对公司财务能力和支付股息能力进行详细分析，以体现其对投资者利益的保护。不过，有学者对这些规定的妥当性提出质疑：一是公司在发行优先股之前的财务状况仅具有历史参考意义，并不能说明其在发行优先股后仍能保持良好的财务状况，因而该规定可能对投资者产生误导，进而使其对发行人的经营能力产生误判；二是对发行人设置严格的财务指标将会把大量有实际融资需求的企业排除在优先股市场之外；三是上述规定实际上

---

① 　参见谷世英《论我国优先股股东权利保护制度的完善》，《上海金融》2015 年第 5 期。

与证券市场信息披露规则相重合，本再无须进行上述规定。[①] 从培育成熟投资者的角度来看，严格的发行条件极大地限缩了非上市公众公司的融资渠道，相应地，投资者可以选择投资的优先股数量也大为受限，最终导致投资者资金投向的选择范围狭窄，不利于我国多层次资本市场的构建。故此，不论是公开发行抑或是非公开发行，优先股的制度设计都应当给予融资企业与投资者更充分的条款设计自由，并允许其损益自负、风险自担。

（三）发行对象的要求

优先股也是证券的一种，因此《试点办法》对于发行对象的要求与《证券法》规定一致。优先股公开发行的对象与普通证券的公开发行对象一致，而非公开发行的对象则有如下要求。第一，非公开发行对象的数量不得超过 200 人，这与《证券法》对非公开发行的对象数量要求相一致。此外，《试点办法》还规定相同条款优先股的发行对象累计也不得超过 200 人，如果发行对象是境外投资者，则还需要额外满足国务院有关部门的规定。第二，非公开发行优先股的投资者必须是《试点办法》所限定的"合格投资者"。[②] 所谓"合格投资者"，主要是指具备相应风险识别能力和风险承担能力的符合有关投资标准的单位或个人。在资本市场实践中，合格投资者大多属于企业组织，对个人合格投资者的资产总额要求不低于 500 万元。受限于此，个人投资者中的大多数无缘参与优先股发行交易市场。

（四）发行规模的限制

我国现行法对优先股发行规模采取了"普通股"和"净资产"双重比例的标准。具体而言，《指导意见》第 9 条和《试点办法》第 23 条要

---

① 参见张志坡《论优先股的发行》，《法律科学（西北政法大学学报）》2015 年第 2 期。

② 《优先股试点管理办法》第 65 条规定："本办法所称合格投资者包括：（一）经有关金融监管部门批准设立的金融机构，包括商业银行、证券公司、基金管理公司、信托公司和保险公司等；（二）上述金融机构面向投资者发行的理财产品，包括但不限于银行理财产品、信托产品、投连险产品、基金产品、证券公司资产管理产品等；（三）实收资本或实收股本总额不低于人民币五百万元的企业法人；（四）实缴出资总额不低于人民币五百万元的合伙企业；（五）合格境外机构投资者（QFII）、人民币合格境外机构投资者（RQFII）、符合国务院相关部门规定的境外战略投资者；（六）除发行人董事、高级管理人员及其配偶以外的，名下各类证券账户、资金账户、资产管理账户的资产总额不低于人民币五百万元的个人投资者；（七）经中国证监会认可的其他合格投资者。"

求上市公司已经发行的优先股不得超过普通股总数的 50%，同时要求公司通过发行优先股筹集的资金总额不得高于发行优先股之前的公司净资产的 50%，但是已经被公司回购或者转换的优先股不在计算范围内。尽管该规定能够减少发行人控股股东利用优先股损害其他中小股东的合法利益，但也间接导致优先股发行规模大大受限。从建立多层次资本市场的角度来看，这些规定在事实上会限制投资者选择多种投资方式的可能性，也不利于借助优先股制度进一步扩展多层次资本市场制度目标的实现，更不利于优先股市场本身的充分发展。

二、优先股的股息条款

（一）股息率及股息类型的设置

优先股股息条款是对本次发行优先股的票面股息率、股息支付方式作出界定的条款。若依据优先股股息的不同分配方式对优先股进行类型划分，那么可以将优先股分为如下三组类型：固定股息率优先股和浮动股息率优先股、可累积优先股和非累积优先股、参与优先股和非参与优先股。

现行《试点办法》第 19 条为优先股的股息设定了上限，即必须不高于最近三个会计年度的年均可分配利润。不可否认的是，这一规定在一定程度上避免了优先股股东沦为公司夸大股息分配利益的受害者，同时仍然能对投资者产生投资吸引力。实践中，优先股的股息率是通过市场询价和投资者协商定价的方式确定，均未高于最近两个会计年度的平均加权净资产收益率。类似地，尽管上市公司公开发行的优先股必须是可累积优先股，但由于我国证券市场目前的优先股均是采取非公开方式发行，故而实际上并没有可累积优先股存在。可累积优先股对于公司而言会造成更大的分红负担，但对优先股股东而言，有助于保护其利益的实现。

如果股息是可累积的，那么未支付股息就可以结转到下一年或下几年，优先股股东可以在条件成熟时就未向其支付的累积股息要求公司履行完全支付义务，并且支付股息的行为必须在普通股股东分配股息之前进行。与此相反，非累积优先股的股息如当年未分配则在后期不再分配。[1]

---

[1]　参见〔美〕罗伯特·W. 汉密尔顿《美国公司法》，齐东祥译，法律出版社，2008，第 156 页。

实践中，发行人与投资者之间的股息条款一般约定为当次发行的优先股股息不累积，也就是先前年度中未向优先股股东分配的股息差额将不能累积到下一会计年度，发行人也就无须对此承担违约责任。① 在优先股股东能否参与分红的问题上，参与性优先股股东除有权获得初始分红外，还可以与普通股股东一起参与其他红利的分配。非参与性优先股股东则只能获得初始分红，而无权参与后续普通股股东分配公司剩余利润的环节。② 在实践中，股息条款大多约定为优先股股东在按照约定的股息率分配股息之后，不再与普通股股东一起参与分配公司剩余利润。③

前文的实证数据显示，20 支样本非公开发行的股息条款采用的股息不可累积、非参与性分红方案的数量占有绝对性优势，比例分别达到 100%、90%。这种发行方案的意图显而易见，因为不可累积优先股如果当年未分红，之后就无须再分配，以此可以帮助发行人规避公司日常运营的商业风险、市场的系统性风险带来的无法支付优先股股息的违约风险。而非参与性优先股无权参与公司的剩余利润分配，可以缓解发行人的分红压力，维持甚至增加发行人的盈利水平。但是这样的发行方案忽略了累积性优先股、参与性优先股的市场化需求。累积性优先股的优点是十分明显的，它对投资者更富吸引力，因而客观上也有利于发行人融资目的的实现，发行人在特定情况下可以向优先股股东延迟履行支付优先股股息的义务且不触发违约责任，能给发行人带来极大的现金流优势，从而帮助发行人更好地实现融资目的。④ 此外，参与性优先股将兼具债券和股票的混合型证券的特征表现得淋漓尽致。参与性优先股不仅赋予优先股债券型固定收益特征，而且增加了类似股票的投资性权益凭证的特征，赋予了优先股股东与公司共同分享价值增长的契机。

（二）股息的发放条件及程序

我国《公司法》规定，公司只有在依法弥补亏损和提取法定公积金之后，如果还有可供分配的利润，才可以向股东分配利润。当前，发行优

---

① 《山东晨鸣纸业集团股份有限公司非公开发行优先股募集说明书》，第 1-1-34 页。

② 参见〔美〕罗伯特·W. 汉密尔顿《美国公司法》，齐东祥译，法律出版社，2008，第 156 页。

③ 《牧原食品股份有限公司 2018 年非公开发行优先股募集说明书》，第 4-1-5 页。

④ D. Emanuel, "A Theoretical Model for Valuing Preferred Stock", *Journal of Finance*, Vol. 38, 1983, pp. 1133-1155.

先股的发行人在其优先股募股说明书中也明确提到，在公司依法弥补亏损和提取公积金后，仍有可供分配的利润，则可以向优先股股东派发股息。二者的区别在于对待任意公积金的态度有所不同。《公司法》并未将提取任意公积金作为向股东派发股息的前提条件，而当前优先股发行人的募股说明书则将提取任意公积金作为向优先股股东派发股息的先决条件。由此可见，优先股股东想要获得股息的条件和程序都比普通股股东更为严格。

此外，商业银行发行的优先股在股息派发上仍表现出特殊性，其股息派发条件和程序更为苛刻，利润分配难度也比普通股更大。原因在于，除了要满足上述法规对优先股发行人的要求之外，商业银行作为优先股发行人在向优先股股东派发股息时，还需要满足国家对商业银行资本监管政策的要求。实证研究发现，商业银行的优先股募股说明书对于向优先股股东派发股息设置的条件如下：一是必须确保商业银行满足国家的资本监管要求；二是在向优先股股东派发股息之前，必须先弥补以前年度的亏损；三是要提取10%法定公积金；四是提取一般准备金。另外，部分商业银行还要求只有在母公司报表口径下有可分配税后利润时才可以发放股息。

值得注意的是，有部分优先股发行人在其募股说明书中还载明了强制付息的有关条款，如牧原食品有限公司的招股书便是典型。所谓"强制付息"，是指公司在明显具有支付股息的能力，却以实际行动拒绝支付，由此侵害优先股股东权益时，通过强制发行人向优先股股东履行付息义务的方式来保护权益受损的优先股股东的权利救济方式。在实践中，强制付息义务的触发需要满足两个条件：第一，时间要件，即强制付息触发事件需要发生在股息支付日的前12个月内。第二，发生以下两种强制付息触发事件之一：一是公司以现金、股票或现金与股票结合的方式向普通股股东支付股利，二是减少发行人注册资本，但是不包括因股权激励计划而赎回并注销的公司股份或因发行优先股而被赎回的普通股股份。如果出现以上情况，那么发行人已经构成对优先股合同的违约，但在募股说明书中并未单独约定发行人在此种情况下的违约责任，而仅仅是向优先股股东支付股息而已。另外，在实证数据中，仅有20份募股说明书包含了此类条款，占比约为42.56%，包含此类条款的募股说明书均来源于非商业银行类发行人。由此可以看出，在由发行人主导的优先股合同（包括优先股募股说明书）中，优先股股东明显处于缔约弱势地位。

（三）公司取消发放股息的条件和程序

《指导意见》和《试点办法》都规定，发行人的股东大会可以通过公司决议取消当期股息支付。也就是说，股息分配优先权这一对投资者最具吸引力的权利实际上并未被法律严格保障，优先股股东的股息分配权可能因股东大会决议而被取消。尽管有在不支付股息的情况下优先股股东表决权恢复的条款能够对优先股股东权益起到救济作用，但是此种救济方式仅是一种间接的权益救济途径，无法实际担负起补偿优先股股东利益损失的重任。对于不可累积优先股来说，尽管公司不能延迟支付股息，却可以通过股东大会决议的方式取消支付股息，而无须承担违约责任，也无须对优先股股东进行说明，只需要在股息支付日前的至少10个工作日内按照规定向优先股股东发出通知即可。在优先股的性质是可累积优先股的情况下，发行人也具有迟延支付股息的动机，由于股息数额确定，发行人延迟支付股息相当于获得了"免息贷款"。此外，当优先股股息分配被全部或部分取消后，除会对普通股股东当前利润分配造成限制以外，不会对公司及其普通股股东权益造成其他限制。从救济上看，普通股股东的利润分配请求权在《公司法》和《最高人民法院关于适用〈中华人民共和国公司法〉若干问题的规定（四）》中都有相当细化的救济途径，而优先股股东的权利配置存在明显的不完善之处，特别是权利救济的不完善导致优先股股东与普通股股东在权利保护上存在较大差异。

三、优先股的表决条款

股份的价值不单单体现在股东权利束的财产权之中，表决权也承载了一部分股份价值。[①] 一方面，表决权的聚合形式之一是控制权，毫无疑问，公司控制权可以为控制权人带来一定的经济利益；另一方面，资本多数决之下的公司决议之形成实际上是表决权产生财产性价值的基础。《指导意见》规定，表决权条款包括表决权限制条款和表决权恢复条款这两

---

① 参见王东光《表决权虚化与优先股制度》，载黄红元、徐明主编《证券法苑》第13卷，法律出版社，2014，第399~419页。

种类型。[①] 其中，表决权限制事项指的是对损害优先股股东利益的消极否决权。与普通股股东相比，优先股股东不享有包括表决权、提案权、提名权和股东大会召集权等在内的参与性权利。因此，优先股股东无法通过事先行使参与性权利的方式来维护自身利益，而只能在事后对公司决议效力进行否决。

（一）表决权限制条款

我国对表决权限制的实然法规定体现在《试点办法》第 10 条，该条第 1 款采取列举的方式在第 1 项至第 4 项对表决权限制的范围作出了规定，第 5 项则为投资者与发行人预留了自治空间。之所以要设置表决权限制条款，其法理基础在于优先股股东的利益可能会在约定事项表决中受到侵犯，[②] 因而需要在对此类事项进行表决时赋予优先股股东对此类事项的表决权，以在事先阶段预防优先股股东权益受损情况的发生。不过，《试点办法》第 10 条所规定的四类触发表决权限制的情况均为强制性规定，但是这四种情况并非都会造成优先股股东权益受损的情形。对表决权限制的适用情形以强制性规范为其表达形式，不仅会对公司决议作出的效率产生影响，还会增加优先股股东参与公司决议表决的负担，进而增加公司治理成本。与此同时，优先股股东对其最为重视的股息派发事项却无参与表决的权利。从股份的特点上说，在优先股股东股息派发问题上给予优先股股东参与和表达意见的权利实属必要。从公司法理来看，在优先股股东所享有的表决权尚未恢复之时，尽管其无法参与公司股东大会表决，但是基于权利平等保护的基本原则，应当赋权其参与类别股东大会并了解事关其

[①] 《国务院关于开展优先股试点的指导意见》指出："一、优先股股东的权利与义务……（五）表决权限制。除以下情况外，优先股股东不出席股东大会会议，所持股份没有表决权：（1）修改公司章程中与优先股相关的内容；（2）一次或累计减少公司注册资本超过百分之十；（3）公司合并、分立、解散或变更公司形式；（4）发行优先股；（5）公司章程规定的其他情形。上述事项的决议，除须经出席会议的普通股股东（含表决权恢复的优先股股东）所持表决权的三分之二以上通过之外，还须经出席会议的优先股股东（不含表决权恢复的优先股股东）所持表决权的三分之二以上通过。（六）表决权恢复。公司累计 3 个会计年度或连续 2 个会计年度未按约定支付优先股股息的，优先股股东有权出席股东大会，每股优先股份享有公司章程规定的表决权。对于股息可累积到下一会计年度的优先股，表决权恢复直至公司全额支付所欠股息。对于股息不可累积的优先股，表决权恢复直至公司全额支付当年股息。公司章程可规定优先股表决权恢复的其他情形。"

[②] 参见刘胜军《类别表决权：类别股股东保护与公司行为自由的衡平——兼评〈优先股试点管理办法〉第十条》，《法学评论》2015 年第 1 期。

权利之事项的讨论。此外，从尊重股东知情权的角度看，还应当由董事会成员出席并向其说明取消当期股息派发的原因。在实践中，募股说明书对于表决权限制的条款约定，几乎是以上述《试点办法》的规定为模板，仅在兜底条款上有少部分修改。

（二）表决权恢复条款

优先股股东表决权恢复条款的实然法体现在《试点办法》第 11 条，并且实践中的优先股募股说明书与该规定的内容相一致。《指导意见》和《试点办法》都明确规定，上市公司发行优先股必须是可累积优先股且包含强制分红条款，但对非公开发行的优先股则无此项要求。故而，在非公开发行优先股的情况下，极易发生优先股股东权益受损的问题。正是由于现行规范对非公开发行优先股并无前述特殊规定，发行人可以在其章程中约定优先股股息不可累积，并且不实行强制分红。如前所述，当普通股股东大会连续两年作出不派发股息的决议时，优先股股东的表决权将被恢复，但由于股息不可累积，所以即便发行人在前两年的时间内存在盈利，优先股股东也无法取得这两年的任何股息。

表决权恢复条款的存在，正是为优先股股东在无法获得收益的情况下所设置的权利救济措施。但问题的关键在于，表决权恢复条款真能保障优先股股东获得收益的权利吗？首先，在优先股的制度设计中，表决权并非优先股股东享有的原始权利，表决权恢复仅是特定情况下的例外，适用机会有限。其次，即便优先股股东"恢复"表决权，并有机会参与股东大会表决，仅凭其一己之力也难以扭转利润分配决议对其不利的走向。这是因为，受到发行阶段优先股比例的限制，即便优先股股东恢复表决权行使，也无法与普通股股东的表决权比例相抗衡。最后，实然法中关于表决权恢复的解除条件之规定也并不完善。持有可累积优先股股东的表决权在公司向其全额支付所欠股息时便不再享有，而不可累积优先股股东的表决权恢复状态直至公司全额支付当年股息为止。一旦公司出现一直无法向股东支付股息的情况，则优先股股东的表决权将一直存在，却无法获得收益。即便如此，公司仍然不构成违约。如此一来，表决权恢复条款便为发行人创造了套利空间，即可以在优先股发行前五年内只在间隔年度支付股息，五年之后便可以行使赎回权，发行人在这种情况下既不会构成违约，也不会触发表决权恢复机制，还可实现发行人（或者说普通股股东）利益最大化。

四、优先股的退出条款

（一）优先股的转让

优先股既无明确的到期日，也不可上市交易，所以只能采取协议转让的方式实现对优先股的变现。承前所述，我国优先股的发行方式全部为非公开发行，不论是《深圳证券交易所优先股试点业务实施细则》，还是《上海证券交易所优先股业务试点管理办法》，抑或是《全国中小企业股份转让系统优先股业务指引（试行）》，都规定非公开发行的优先股只可在深圳证券交易所、上海证券交易所和股转系统所指定的交易平台进行协议转让，不能像普通股一样上市交易。此外，优先股转让受限还表现在以下两个方面：一是优先股转让后需要满足优先股持股股东数量不超过200名的限制，还要满足相同条款优先股的持股股东数量不超过200名的限制；二是优先股股东必须符合合格投资者的标准。因此，无论是从转让方式上看，还是从受让人资格限制和转让后优先股股东的数量限制来看，优先股投资者都面临着无法及时且价格合理地对优先股变现的风险。换言之，优先股转让受限的现状使得优先股股东利益更加难以获得保护。

（二）优先股的回购条款

在实践中，优先股的回购条款一般包含回购选择权的行使主体、回购条件、回购价格和赎回期等核心内容。

优先股回购有发行人的赎回模式和优先股股东的回售模式，这两种模式都是在满足一定条件的情况下优先股股东要求公司回购其股份进而退出公司的一种途径。由于优先股本质上仍属于公司股份，所以需要满足《公司法》关于股份回购的规定。我国《公司法》对公司回购股份的态度一直较为严格，股东可以行使股份回购请求权的情形也必须符合法律规定。然而，《试行办法》允许发行人与投资者对优先股回购条款进行自由约定。因此，《试点办法》的这一规定与《公司法》的规定存在一定冲突。此外，在优先股股东与普通股股东之间的平等协商难以真正实现的前提下，授权公司章程对回售或赎回的权利进行约定，无疑对优先股股东权益保护并无实质意义。

股份回赎，是指由公司在特定情况下发起的强制性回购股东所持有的股份，因此又被称为"股份回购"。2018年10月26日，立法者对《公法》中关于公司不得收购本公司股份的原则性要求予以放宽，增加了公司可以收购本公司股份的两种情形。但是，上市公司对优先股的回赎仍未被规定在内。《试点办法》和《指导意见》还规定，只有向优先股股东支付全部股息后，优先股发行人才能要求赎回优先股，但商业银行发行优先股补充资本的情形不适用此规定。

《试点办法》中关于优先股回购条款的规定属于选择性条款，① 发行人可以选择是否设置回购条款。不过，发行人通常只在回购股份对其有利的情况下才会将回购条款写入公司章程或募股说明书。一般而言，投资者要求发行人回购股份主要是因为公司经营状况不佳，其投资收益无法得到保障。在我国优先股制度实践中，已经发行的上市公司优先股并无投资者回售条款，也无功能类似的条款，因此优先股股东并不能要求公司回购其股份，投资者只能依靠协议转让来退出优先股投资。而正如前文所述，我国优先股均为非公开发行，且协议转让存在诸多限制条件，交易受限风险极高，优先股股东的退出之路被再次限缩。

总体而言，我国优先股的投资者回售条款设置率较低，仅有股转系统的部分非上市公司发行的优先股设置了此类条款，上海证券交易所与深圳证券交易所的上市公司优先股均未设置。通常都明确表示"本次发行的优先股的赎回权为公司所有。本次发行的优先股不设置投资者回售条款，优先股股东无权向公司回售其所持有的优先股"。② 发行人的赎回选择权能够降低其财务成本，发行人借助发行优先股的方式赎回普通股也有助于节省资金。同理，优先股的回售选择权对于投资者也很重要，因为它赋予优先股股东在约定条件下强制发行人回购其股权并退出上市公司或挂牌公司的权利。换言之，回售选择权是优先股股东权利保障的重要手段。发行人的发行文件选择不设置回售权条款，这种市场实践结果客观上构成了优先股股东自由退出公司的实质障碍，尤其是在公司现金流变差的情况下，优先股股东变现退出投资更加难以实现。

---

① 《优先股试点管理办法》第13条规定："发行人回购优先股包括发行人要求赎回优先股和投资者要求回售优先股两种情况，并应在公司章程和招股文件中规定其具体条件。发行人要求赎回优先股的，必须完全支付所欠股息，但商业银行发行优先股补充资本的除外。优先股回购后相应减记发行在外的优先股股份总数。"

② 《中国建筑股份有限公司2015年非公开发行优先股募集说明书》，第3页。

（三）转股条款的分析

优先股的转换是指优先股股东在特定情况下将优先股转换成普通股，故优先股转换权利实际上是一种换股期权。《试点办法》禁止上市发行可转换为普通股的优先股。[①] 也就是说，无论上市公司是公开发行还是非公开发行优先股，都不得设置可转换条款。商业银行发行优先股的规定与此不同，考虑到商业银行资本监管的特殊性，监管层允许商业银行在遵守相关规定的前提下，根据资本监管规定非公开发行优先股在触发事件发生时转换为普通股。实际上，优先股转换为普通股的通道一旦被阻塞，优先股的投资价值就与公司债券的收益价值相当。如果优先股不附带换股期权，那么借助优先股融资的优势就无法体现，正如有学者所言，优先股不能附带换股期权，相当于雄鹰折断了翅膀，对于改善资产负债结构不强烈的普通企业来说，融资意义也大为降低。[②] 从利益保护的角度来看，非转换优先股的制度价值在于保护普通股股东的利益，防止优先股股东行使换股期权，使得原普通股被稀释，进而引发控制权争夺危机。不过，优先股性质与债券相类似，而可转换债券早在1996 年就得以开展试点，并在此后的资本市场中发挥了重要的作用。如果说换股期权能够起到摊薄原普通股股东权利的实际效果，那么可转换公司债券的发行或许也会让人有类似的担忧，但可转换优先股与可转换公司债券的适法空间截然不同。实际上，《试点办法》规定优先股的发行决定权在于发行人的股东大会，[③] 普通股股东若对发行优先股持有异议，完全可以在股东大会上直接否决，而无须由法律对优先股股东的转股期权进行强制性的限制。

实践中，除商业银行外，我国上市公司和非上市公众公司发行优先股均未设置转股条款，优先股股东也因此丧失了退出优先股投资的一条

[①] 《优先股试点管理办法》第33 条规定："上市公司不得发行可转换为普通股的优先股。但商业银行可根据商业银行资本监管规定，非公开发行触发事件发生时强制转换为普通股的优先股，并遵守有关规定。"

[②] 参见沈春晖《"断了一条腿"的优先股》，《金融市场研究》2018 年第2 期。

[③] 《优先股试点管理办法》第35 条规定："上市公司申请发行优先股，董事会应当按照中国证监会有关信息披露规定，公开披露本次优先股发行预案，并依法就以下事项作出决议，提请股东大会批准……"第44 条第1 款规定："非上市公众公司拟发行优先股的，董事会应依法就具体方案、本次发行对公司各类股东权益的影响、发行优先股的目的、募集资金的用途及其他必须明确的事项作出决议，并提请股东大会批准。"

重要途径。如果说在优先股试点阶段需要谨慎考虑资本市场的整体稳定因素，那么在优先股制度正式运行阶段，就需要兼顾优先股制度下不同类型股东利益的平等保护。可转换优先股可以大幅增加优先股对证券投资者的吸引力，同时还能为普通股股东与优先股股东搭建投资方式的转换桥梁。

在商业银行发行优先股的情形下，为了保证商业银行资本率充足，要求其发行的优先股必须包含强制转股条款。值得注意的是，这种强制转股条款并非优先股股东的权利，而更接近于一种义务。当前规定的触发强制转股条款的情形包括：第一，当公司核心一级资本充足率降到5.125%以下时，优先股就应当按照强制转股价格被部分或全部转为A股普通股，以使得商业银行核心一级资本充足率恢复至5.125%以上；第二，当商业银行发生二级资本工具触发事件时，优先股应当按照强制转股价格被全额转为A股普通股。其中，所谓二级资本工具触发事件，是指以下两种情形中较早发生的事件：一是经银监会认定的如果不进行转股或减记，公司将无法继续生存；二是有关部门认定如果不进行公共部门注资或提供同等效力的支持，商业银行将无法继续生存。从上述两种强制转股情形来看，当强制转股情形发生时，公司的运营情况并不乐观。基于此，在完全不考虑优先股股东意见的情况下直接将优先股强制转为普通股的做法可能会对优先股股东利益造成损害。

第三节　优先股制度中投资者保护的问题与破解

一、优先股投资者保护存在的问题

（一）优先股公开发行条件过于严格

《试点办法》第28条规定，上市公司公开发行优先股的必备条款是采取固定股息率、强制分红、可累积和非参与的优先股。这是因为，在优先股制度推行前期，监管者出于谨慎尝试和风险警惕的考虑，对优先股公开发行条件设置了若干限制。正如证监会有关人员在解释对公开发行范围进行限制背后的政策动因和监管考量时所提到的，首先，优先股并不是一种只赚不赔的投资方式。与债券相比，优先股没有固定期限，公司破产清算时，无法与债券排在同一顺位进行清算；较之普通股，尽管优先股具备优先分配股息和剩余财产利益的优势，但其难以分享上市公司的经营业绩增长利益；单就股息而言，当公司经营情况恶化时，优先股股东将面临无法获得股息的投资风险。其次，优先股的发行对发行人的公司治理有着较高的要求，涉及复杂的公司治理安排，对公司治理结构的完善度提出了较高的要求。综合这两方面因素，为确保优先股试点的稳步推进，尤其是为了保护外部投资者的利益，证监会在制定规则时对上述公开发行优先股的主体范围予以严格限制，并且决定从公司治理结构较为完善、经营情况更为稳健的上证 50 成分股公司开展优先股发行试点工作。① 但是这种立法目的违背了优先股作为一种灵活的融资工具的制度初衷。② 相反，《试点办法》中没有对非公开发行设定过多条件，非公开发行的门槛宽松，使得发行人纷纷选择更为灵活的非公开发行方式。因此，现有的优先股公开发行制度的设计是低效率的，没有发挥优先股制度应有的功能和效益。

理论上而言，优先股是一种兼具股权和债权性质的混合型证券。当优先股股东的回报可累积以及企业陷入破产而可以主张某些权利时，优先股具有债务担保的性质。当优先股股东试图通过实际的投票程序管理企业或分享企业增值所带来的超额利润时，优先股具有股权担保的性质。优先股实际上是许多权利的组合：有权按固定利率分红、享有股息可累积的权利、享有赎回权、享有转换权。③ 通过允洽的契约安排，在股权和债权两种工具之间自由配置转换，创造出符合公司效益最大化的投资模式。契约自治、赋权性的章程自治是优先股制度的根本价值和动力源泉，我们不能因为优先股存在的风险而因噎废食地否认其应有的功能；对于优先股的风险应当理性面对，运用市场化机制化解而非从制度准入层面设置障碍。

① 参见《中国证监会有关部门负责人就优先股试点答记者问》，中国证券监督管理委员会官网：http://www.csrc.gov.cn/pub/newsite/ztzl/zcjd/201406/t20140604_ 255431.html，最后访问日期：2020 年 12 月 31 日。

② 参见关璐《我国公司优先股的规则构建与修法建议》，《甘肃社会科学》2014 年第 4 期。

③ Richard M. Buxbaum，"Preferred Stock-Law and Draftsmanship"，*California Law Review*，Vol. 42，1954，p. 243.

（二）优先股股东回购机制不健全

《试点办法》第 13 条明确，发行人回购优先股的情形有两种：一是发行人主动要求赎回优先股；二是优先股投资者要求行使回售优先股的权利。不过，这两种情形均需要在公司章程和募股说明书中约定具体的触发条件。实证样本显示，发行人多数选择设定赎回条款而忽略设置回售条款。优先股特有的股权、债权混合证券性质以及优先股发行的章程自治的特征令优先股股东与普通股股东、与公司的博弈尤其显著。优先股股东的回售权可以保障公司分红、改善公司治理、化解利益冲突，因为优先股股东表决权受到限制，当股东利益受到侵害时，可以通过行使回售权退出公司，故此，优先股股东回售权是一项重要的投资者保护制度，是维护股东平等的应有之义。然而，对于发行人而言也有不利情况存在，因为优先股股东随时都可以向其行使回售条款约定的权利，并要求发行人向其支付现金，这无疑会增加发行人资本结构的不稳定性，进而对公司的自由现金流产生重大威胁，因此不宜采用回售权方案。优先股发行允许公司自治，因此发行人基于经济人的趋利性动因规避回售权似乎可以理解。但是针对实践中的制度运行结果的偏离，现有的回购机制并未作出合理的调适和回应。权利的赋予应当伴随保障权利实现的机制，在赋予双方回购权的同时，是否需要考量设定合理的配套措施，化解因章程自治带来的利益失衡，现有制度应当予以回应。

（三）优先股股东分红缺乏制度保障

《试点办法》第 8 条规定发行人必须在公司章程中明确优先股股东的权利义务内容。该条款赋予了发行人对于优先股发行的诸多事项实行章程自治的自由。依据前文分析，发行人为了减少违约风险，在发行文件中设计发行不可累积、非参与分红、发行人股东大会有权取消支付股息等优先股条款，这意味着优先权股东不能共享发行人未来经营业绩增长可能带来的资本红利，换言之，这将导致优先股的固定收益能力被大大弱化，投资风险也会随之增加。《试点办法》第 2 条明确规定优先股股东享有优先于普通股股东分配公司利润和剩余财产的权利，但是在参与公司管理决策上的权利则受到限制。换言之，优先股股东几乎无法参与公司决策，因而无法防御管理层和普通股股东的道德风险。发行人可以通过章程的自主设计规避分红，造成优先股分红权减损，并且依据现有规定，优先股股东对公司的决策权是受到限制的。在该等情形下缺乏足够的优先股股东分红保护机制，随之而来的后果是优先股股东的投资信心受挫，优先股制度的蓬勃活力和市场前景受到抑制。

二、优先股投资者保护难题的破解

任何一项制度在其设计之初都难以达到尽善尽美之程度，制度在理论层面上构建时的出发点也许是可行的，但是在实践过程中难免出现各类问题。上文从制度和实践层面的分析表明，当前我国的优先股制度依然存在较多的问题，而这些问题的破解对于我国将来进一步构建控制权强化机制具有重大的借鉴意义。下文我们将就前面所提到的问题提供相应的破解思路，以期为控制权强化机制的完善提供相应的借鉴。

（一）调整优先股公开发行制度对于章程必备条款的特殊要求，将对章程必备条款的限制转化为对发行主体、发行规模的限制

优先股具有股权和债权的混合属性，法律关系横跨两大私法部门，受到合同法和公司法的共同调整。私法的基本精神是契约自治，因此优先股制度的价值基础也必然是自治和赋权。从比较法考察，《美国示范公司法》第6.02条规定，发行某类别或者某一系列的任何股票之前，公司必须将修正条款提交州务卿备案。经过州务卿备案之后的修正条款就可以成为公司章程的一部分，公司才有权发行优先股。[①] 我国台湾地区"公司法"第156条第1款规定，"股份有限公司之资本，应分为股份，每股金额应归一律，一部分得为特别股；其种类，由章程定之"。上述规定并未对公开发行优先股的章程条款设定限制，建立在赋权与自治基础上的优先股制度也得以保持旺盛的生命力。因此，对优先股发行的章程条款设置严格限制是不符合私法价值和立法趋势的。但是，也应当看到，之所以对章程条款予以限定，是基于降低优先股制度下投资者的投资风险，维护投资安全，在发行人、优先股股东、普通股股东和债权人等各方主体之间找到利益平衡点。其实，更换限制路径，将对章程自治的限制转化为对发行主体、规模的限制，也许更为合理和妥当。监管机构应当取消《试点办法》中关于公开发行优先股必须在公司章程中设置固定股息、强制分红、强制

---

① 参见谷世英《优先股法律制度研究》，法律出版社，2015，第132页。

累积的规定，由发行人根据自身经营状况及市场环境自由选择、设计、调整符合公司需求并满足投资者收益的优先股发行方案。法规制定者可以考虑对《试点办法》第 28 条关于公司章程必备条款的规定作出如下调整。首先，取消对公司章程采取固定股息率条款的限制性规定。其次，放松上市公司必须在有可分配税后利润的情况下才能分配股息的限制，可以修改为"在有可用于分配的税后利润的情况下应当优先向优先股股东分配股息，在优先股股息被完全派发的情况下，才可以向普通股股东分配公司利润"。最后，放宽股息强制累积的限制，以增加投资者回售权的形式来进行替代，建议将"未向优先股股东足额派发股息的差额部分应当累积到下一会计年度"修改为"连续两年或三年未向优先股股东足额派发股息的，投资者可对该上市公司行使优先股回售权"。[①]

监管机关可以对发行优先股的公司设置一定的财务条件。我国台湾地区"公司法"第 269 条规定了对公开发行优先股的限制："一、最近三年或开业不及三年之开业年度课税后之平均净利，不足支付已发行及拟发行之特别股股息者；二、对于已发行之特别股约定股息，未能按期支付者。"如果担心优先股的章程自治会带来利益失衡，有违公平原则，可以考虑将优先股的发行规模限制在已发行股份总数的一定比例之内。《日本公司法典》第 115 条规定："当股份公司发行特别股（包括优先股）时，表决权限制类股（无表决权优先股和限制表决权优先股）的总数超过公司股份总数 1/2 的，公司必须立即采取措施，将表决权限制类股份数量控制在已发行股票总数的 1/2 以下。"《德国股份公司法》第 139 条第 2 款规定："发行无表决权的优先股不得超出股本的一半。"[②]《法国公司法典》第 L228-11 条规定：无表决权的优先股不得占到公司资本的一半以上；在股票准许进入规范市场交易的公司，无表决权优先股不得占到公司 1/4 以上的资本。任何股票发行产生的结果超过以上比例限额时，均得予以撤销。"[③]《韩国商法》第 370 条第 2 款规定："无表决权的优先股股份的总数不得超过发行股份总数的 1/4。"[④] 将优先股发行规模限制在已发行股份总数的一定比例内，不仅可以防止优先股发行数量过多带来的资本市场风

---

① 参见杨洋《非公开发行不应成为我国优先股发行的主要模式》，《特区经济》2014 年第 8 期。

② 《德国商事公司法》，胡晓静、杨代雄译，法律出版社，2014，第 138 页。

③ 《法国公司法典》，罗结珍译，中国法制出版社，2007，第 261 页。

④ 《韩国商法》，吴日焕译，中国政法大学出版社，1999，第 80 页。

险，保障优先股发行安全，还会使优先股的发行方案不受到章程必备条款的限制，较为合理。

（二）完善优先股回购机制保障优先股股东退出的实现

第一，运用表决权限制程序保障优先股股东的回售权。如《试点办法》第 37 条规定，上市公司股东大会在对发行优先股的相关事项进行审议时，应当对回购条款相关事项进行表决，这些事项具体包括回购条件、期限、价格及其确定原则、回购选择权的行使主体等。因此，优先股股东可以通过公司章程将双方回购权设定为需要通过表决权限制程序表决的事项，在表决权限制程序中，优先权股东可以行使表决权，如果公司章程和发行文件中仅仅设有发行人赎回条款而没有优先股股东回售条款，优先股股东有权通过表决权限制程序予以变更，以确保其对回售权的享有。

第二，发行人回购优先股时，必须向优先股股东先支付优先股股息。发行人从优先股股东手中赎回优先股的行为，必须以向优先股股东支付优先股股息为前提。比如在美国，优先股的赎回应当以股息已支付为前提，赎回价格通常包括应计股息，以拖欠股息在内的价格进行赎回。[①] 我国《试点办法》第 13 条也有类似规定，"发行人要求赎回优先股的，必须完全支付所欠股息"。在回售前支付优先股股息，可以保障优先股股东的收益实现。

第三，应当补充发行人赎回优先股的通知义务，通知义务包括及时通知赎回和制作赎回通知书。赎回通知书应包括赎回时间、赎回价格、赎回价款的获得。例如美国《加利福尼亚州公司法》第 1701、1702 条规定了赎回的通知时间。公司可以在其所在城市的报刊上发布任何或所有该等股份的赎回。发布赎回通知书可在连续两周的任何一天，不早于赎回日期到来的 60 日前，也不迟于赎回日期到来的 20 日后。赎回通知书应列出以下所有内容：（a）要赎回的一类或一系列股份或任何类别或系列的股份；（b）赎回日期；（c）赎回价格；（d）股东在交回股票时可获得赎回价款的地点。[②] 向股东发出赎回通知可能意味着他作为公司成员的权利和地位的终结，因此充分详细的赎回通知至关重要，可以令优先股股东对赎回拥

---

① Richard M. Buxbaum, "Preferred Stock-Law and Draftsmanship", *California Law Review*, Vol. 42, 1954, p. 266.

② Richard M. Buxbaum, "Preferred Stock-Law and Draftsmanship", *California Law Review*, Vol. 42, 1954, p. 275.

有合理的心理预期。

（三）利用表决权恢复机制保障优先股股东分红权的实现

表决权恢复机制是指在公司未分红的某些情形下优先股股东的表决权将获得恢复。《法国公司法典》第228-25-5条规定："如果三年会计年度所欠的优先股股息未得到全额支付，相应股票的持有人可以按照这些股份所代表的资本份额比例，获得与其他股东权益相同的表决权。"[①]《德国股份公司法》第140条第2款规定："在一年内未支付或者未全部支付优先款项，并且在下一年度该年度的全部优先利益之外未补付所欠金额的，该金额被支付之前，优先股股东享有表决权。"[②] 国务院发布的前述《指导意见》第6条也规定，如果公司在累计三个会计年度或连续两个会计年度中都没有按照约定向优先股股东支付股息，那么优先股股东将获得出席股东大会的权利，同时，每股优先股股份都将享有章程规定的表决权。该条还规定，股息不可累积优先股股东的表决权恢复至公司全额付清当年股息为止。此外，公司章程可额外约定优先股表决权恢复的其他适用情形。优先股股东还可以与发行人在公司章程中事先约定表决权恢复条款，如果发行人存在限制优先股股东分红和迟延支付股息的行为，优先股股东的表决权将得以恢复，从而达到监督发行人的目的。

---

① 《法国公司法典》，罗结珍译，中国法制出版社，2007，第278页。
② 《德国商事公司法》，胡晓静、杨代雄译，法律出版社，2014，第138页。

第六章 中国科创板控制权强化机制的制度与实践

第一节 科创板特别表决权股份制度的总体设计

2019 年 3 月 1 日，上海证券交易所发布了《上海证券交易所科创板股票上市规则》（上证发〔2019〕22 号）（以下简称《科创板上市规则》），并在 2019 年 4 月 30 日、2020 年 12 月 31 日、2023 年 8 月 4 日发布了修订版。该规则在"内部治理"一章专设了第五节对"表决权差异安排"进行规定，由此形成了科创板上市公司进行特别表决权股设计的基础性制度框架。

一、特别表决权股份的发行条件

（一）发行特别表决权股份的财务指标

公司的市值是申请首次公开发行和上市的重要条件之一。从对主板、中小企业板、创业板、科创板的相关规则的比较来看，对于公司市值的要求呈现不断宽松的趋势。尤其是科创板的设置是为了鼓励和支持科技创新型企业的发展，为满足其公开上市融资的需要，相关规则设定了更低的市值要求。如《科创板上市规则》第 2.1.2 条规定科创板上市的市值指标最低标准是"预计市值不低于人民币 10 亿元"，利润指标是"最近两年净利润均为正且累计净利润不低于人民币 5000 万元"或者"最近一年净利润为正且营业收入不低于人民币 1 亿元"。但基于对设置特别表决权股公司的审慎考虑，科创板的相关规则对存在表决权差异安排的公司申请首次公开发行并上市的，设置了远较普通股公司更高的财务指标。从市值指标看，《科创板上市规则》第 2.1.4 条规定的具有表决权差异安排的发行人的预计市值为其他发行人的 10 倍，即应当不低于人民币 100 亿元；市值加营业收入的双重标准要求，在将预计市值标准降为不低于人民币 50 亿元的同时要求发行人的最近一年营业收入不低于人民币 5 亿元。上述两个标准都远远高于对普通股发行人的要求。

（二）特别表决权股份设置的时点要求

特别表决权股对于股东权利和公司治理具有重要影响，特别是对于上市公司而言，股权设置的变化对于原本在公司中就欠缺话语权的公众投资者难免会产生不利影响。因此，从新加坡、中国香港等法域的普遍做法来看，基本上不允许在上市之后再对股权配置作新的差异化安排。《科创板上市规则》也采取了这种立场，根据其第 4.5.2 条第 2 款的规定，拟上市公司如果想采取表决权差异安排，应当在首次公开发行并上市前进行，在这之前不具有表决权差异安排的，上市后就不能再进行特别表决权股的设置。

（三）特别表决权股份设置的决议要求

从公司法的角度看，既存公司申请首次公开发行，类似于增资行为，属于股东大会的法定职权范围，按照公司法的规定，也应当由股东大会采取特别决议的方式，即应当由 2/3 以上表决权通过。但现行公司法中缺少关于特别表决权股设置的具体规则，为此，《科创板上市规则》首先对特别表决权股的设置权限作了规定，根据该规则第 4.5.2 条第 1 款的规定，发行人在首次公开发行并上市前对股权的表决权作差异化安排的，不仅属于股东大会的职权范围，而且是作为特别决议事项要求经出席股东大会的股东所持 2/3 以上表决权的绝对多数决通过。

二、特别表决权股份的持股资格

从公司法、证券法的一般规定来看，股份主要被视为一种权利的载体，因此对于股东的资格几乎没有作限制性的要求，除了对公司的发起人股东之外，没有对持股的积极性资格（如必须具备的条件、能力等）作规定。因此，包括上市公司在内，几乎所有的民事主体都可以成为其股东，包括无民事行为能力或限制民事行为能力的未成年人。不过，上述立场主要是基于所有股份都是普通股的情形，在公司存在特别表决权股份的情况下，鉴于特别表决权股份对公司经营运作和治理结构具有非常重大的影响，就有必要对其持股主体进行一定的限制。根据《科创板上市规则》第4.5.3条的规定，关于持有特别表决权股份的股东的资格限制主要体现在以下方面：首先是对公司的贡献度，即只有那些对上市公司发展或者业务增长等作出重大贡献的才能够成为特别表决权股份的持股股东；其次是任职要求，即持有特别表决权股份的主体必须在公司上市前后持续担任董事或者由董事所实际控制；最后是持股比例限制，即所有特别表决权股份总计不能低于公司全部已发行有表决权股份的10%。

三、特别表决权股份的权利约束

（一）特别表决权的上限

每一股份能够具有的特别表决权的数量对应的是持股股东在公司事务上的话语权大小。此外，该数量设置也具有以下几方面的意义：一是代表着相应股份所附经济性权利与参与性权利的背离程度；二是表明了普通股股东与特别股股东在股东权利上的失衡程度；三是意味着特别表决权股份的持股股东的经济利益与公司利益偏离的程度。因此，从权利平等和风险防范的角度考虑，特别表决权数量设置的自治空间不应当是毫无限制的。从各个法域的实践来看，基本上都对单一股份能够具有的表决权数量作了上限的规定，尽管具体数量上存在差异。《科创板上市规则》第4.5.4条关于特别表决权股份的表决权数量设置的限制性规定主要体现在：一是要求由公司章程明确规定；二是要求每股具有的表决权数量不得超过10个，即不得超过普通股表决权数量的10倍；三是要求特别表决权股份平等，即所有特别表决权股份应当具有相同的表决权数量，易言之，一个上市公司只能发行一种特别表决权股份。

（二）对股东权利失衡程度的控制性要求

股份所附的股东权利具有多种，类别股在具体股东权利的差异化设置上也存在多种样态。但从实践来看，每一种类别股份的特殊设计一般是体现在某一种股东权利的特殊安排上，与此同时，要保障其他股东权利的平等性，以避免股东权利的过分失衡。科创板的相关规定也坚持了这一原则。根据《科创板上市规则》第4.5.5条、第4.5.6条的规定，对于科创板首次公开发行和上市的公司，其对于股东权利的差异化设计应当遵循以下原则：一是有限的差异化，即仅允许其在股份的表决权上作差异化设计，除了表决权之外，不同类股份应当具有完全相同的其他股东权利；二是上市后不得再进行差异化设计，即股票上市后除了配股转增等情形外不得再发行特别表决权股份或者对特别表决权的比例进行提高，在进行股份回购时也要采取相应措施确保原有的特别表决权比例不升高。

（三）特别表决权股份的转让限制

特别表决权股份作为一种有悖于传统股份平等观念的特殊股份类型，其正当性和可接受性在很大程度上是立基于对企业家精神及其愿景所具有的积极价值创造功能的认同，因此，特别表决权股份与持股人的特定身份密切相关，制度设计上也必须保证其与这种特定身份的关联性。正是基于上述原因，《科创板上市规则》在初始环节对特别表决权股份的持股主体进行了资格限定，与此同时，为了防止后续因转让导致该类股份与特定身份的割裂，该规则也在第4.5.8条明确禁止特别表决权股份在二级市场的自由交易，并通过专门的转让规则确保该类股份能够保持在对公司发展具有重要意义的特定群体手中。

（四）特别表决权股份的日落条款

日落条款即关于特别表决权丧失的强制性要求，是避免特别表决权股份与企业家愿景和能力分离以及避免造成永久性控制的重要机制，也是各个法域用来规制差异化股权设计形成的控制权强化机制的主要手段。《科创板上市规则》在允许特别表决权股份上市的同时，也在第4.5.9条中专门设计了日落条款，主要是基于以下几种情形：一是身份性原因导致的日落，即特别表决权的持股股东不再符合相应的主体资格，不再满足最低持股比例要求，或者死亡、离任以及丧失相应履职能力；二是控制丧失原因导致的日落，即特别表决权股份的实际持股主体失去了对相关持股主体的实际控制；三是表决权转移原因导致的日落，即特别表决权股份被转让给他人，或者该股份所附表决权被委托给他人行使；四是公司控制权变更原因导致的日落，此种情况下所有特别表决权股份都要转换为普通股份。

四、普通表决权股份的股权保障

（一）普通表决权的最低比例控制

表决权是股东参与公司治理的话语权的主要形式，也是股东其他权利实现的重要基础。特别表决权股份的设置，在强化了特定股东对公司的控制权的同时，也会大大弱化普通股东对于公司事务的话语权，进而导致其他股东权利也难以实现。此外，公司法、证券法中对于一些重要的股东权利的行使都设定了相应的表决权比例要求，如提案权、提起股东代表诉讼权等。为此，制度设计在限制特别表决权股份的比例下限以防止其持股主体在公司中的经济利益过低的同时，也需要为普通表决权股份设定一个比例下限以保障普通股东能够行使基本的话语权。《科创板上市规则》第4.5.7条要求在科创板上市的公司中的普通股份的表决权数量应当不低于全部表决权数量的10%，同时进一步明确了单独或合计持有3%以上表决权的股东享有提案权，单独或合计持有10%以上表决权的股东享有召开临时股东大会的提议权。

（二）特殊事项决议时的表决机制

公司法关于公司事项的股东大会决议机制主要规定了两个表决权标准：一是一般事项的过半数通过标准，二是特殊事项的2/3以上通过标准。这种标准设定主要针对的是"一股一权"原则下的股份设计。当公司存在特别表决权股份时，拥有特别表决权股份的股东有可能会实质上控制着所有事项的决议结果，具言之，拥有特别表决权股份的股东可能会随心所欲地左右公司章程修改、公司合并分立等重要事项。为了矫正上述可能的结果，《科创板上市规则》第4.5.10条专门设计了以下机制：一是对特定事项的表决仍然采取"一股一权"标准，包括修改公司章程，改变特别表决权股份所附的表决权数量，独立董事、会计师事务所的聘任与解聘，公司的合并、分立、解散或公司形式变更；二是对特别表决权股份所附表决权数量的改变，除了依规则转换为普通股份的情形外，要求公司章程明确规定此种改变的决议应当采取绝对多数决的通过标准。

五、信息披露与监督机制的强化

（一）强化公司的外部信息披露义务

特别表决权股份的安排将导致股东权利配置不平等，而这也是关乎股东利益保护的重要事项，必须充分保障普通股股东对这种特殊表决权设置的知情权。特别是上市公司要面对非常广泛的公众投资者，公司对特别表决权股份的充分披露是公众投资者作出自愿妥当的投资选择的重要基础。

《科创板上市规则》对上市公司在特别表决权股份设置上的披露义务作了专门规定：首先是要求对表决权差异安排所可能引发的风险与公司治理等信息作充分、详细披露；其次是要求对特别表决权股份转换为普通股份的转换信息进行及时通知和详细披露，包括导致转换的具体情形、转换的发生时间、转换股份的数量等信息；再次是要求在定期报告中持续披露，包括表决权差异安排的实施和变化，投资者合法权益保护措施的实施情况等；最后是要求对相关事项的重大变化或调整进行及时披露。

（二）强化公司的内部监督

监事会是公司的法定内部监督机构，负有对公司的董事高管的履职状况和公司经营管理活动进行全面持续监督的法定职责。按照中国现行公司法的规定，监事会或监事的职权主要包括两部分：一部分是法律明确列举的职权，如检查公司财务、监督董事高管履职、保障股东会会议召开与提出提案、对董事高管提起诉讼等；另一部分是由公司章程另行规定的其他职权。为了进一步强化发行了特别表决权股份的上市公司的内部监督机制，《科创板上市规则》第 4.5.12 条专门规定了监事会专项意见制度，要求监事会在定期报告中，就持有特别表决权股份的股东及其表决权行使、特别表决权股份的表决权比例以及是否依规转换为普通股份等事项出具专项意见。

第二节　科创板特别表决权股份制度的市场实践

一、优刻得的特别表决权股份设计

2020 年 1 月 20 日，优刻得科技股份有限公司（以下简称"优刻得"）在上海证券交易所科创板正式挂牌上市（证券代码 688158）。该公司从申请公开发行到正式上市，历时达 9 个月，经历了 4 轮往返问询，最终成为中国境内首家公有云计算的上市公司，更是境内首家具有特别表决权股份的上市公司。优刻得本次发行 5850 万股，发行价为 33.23 元/股，募集资金超过 19.44 亿元。

（一）优刻得的双重股权架构

优刻得成立于 2012 年 3 月 16 日，主要从事网络科技、云服务支持等，主要创始人是季昕华、莫显峰和华琨。在本次首次公开发行之前，优刻得的三位创始股东和共同实际控制人合计直接持有优刻得全部股份的 26.8347%。2019 年 3 月 17 日，优刻得股东大会通过设置特别表决权股份的议案，将三位创始股东和共同实际控制人所持有的公司股份设计为 A 类股份，其他股东（包括拟公开发行对象）所持有的股份为 B 类股份，A 类股份每股所附表决权数量为 B 类股份的 5 倍。优刻得首次公开发行 5850 万股，在发行完成后，三位共同实际控制人合计持有的公司股份比例为 23.1197%，基于特别表决权的设计，他们合计拥有的表决权比例达到 64.71%。这一表决权比例基本上保证了三位创始股东能够对公司的经营管理以及对需要股东大会决议的事项具有控制权。

（二）优刻得的一致行动协议

优刻得的三位创始股东季昕华、莫显峰和华琨先后于 2018 年、2019 年签署了一致行动协议和两份补充协议。设置一致行动协议旨在增强三位创始人的共同控制及一致行动关系，相关协议对三位创始人未来继续保持对公司的共同控制地位作了一致行动安排，在协议各方内部将按互相之间少数出资额服从多数出资额的原则确定一致的表决意见。为了在优刻得上市之后继续稳定三位创始股东的共同控制地位，一致行动协议特别约定了长达 36 个月的协议有效期，即在公司股票上市交易后的 36 个月期间，各方均不得解除一致行动协议或退出一致行动关系。

（三）风险提示

优刻得的《招股说明书》也提示了相关风险，指出受特别表决权的影响，中小股东的表决能力将会受到限制，由于代表的利益方不同，中小股东利益有受到损害的可能性。

上交所第一次问询时的第一个问题就是要求优刻得充分披露特别表决权的内容、影响并作出充分风险揭示和重大提示。对此，优刻得回复其已在《招股说明书》"第七节 公司治理与独立性"之"二、特别表决权安排"和"第四节 风险因素"之"五、公司治理风险"之"（一）特殊公司治理结构导致的风险"中披露，并在"重大事项提示"中补充披露"十二、设置特别表决权的发行人特殊公司治理结构"（原申报稿中没有）。但这种笼统照搬规定的做法明显未达到上交所的充分披露要求，上交所认为这样的提示不够，在第二次问询中专门要求优刻得说明其他股东对股东大会议案的影响程度、特别表决权股份设置对中小股东可能带来的具体影响、公司在保护中小股东利益方面采取了哪些具体措施，并直接明确要求优刻得在《招股说明书》的显要位置作出重大事项提示。优刻得对此详细列出了三名共同实际控制人外的其他股东在发行前后的持股比例和表决权比例以及其他股东分别在股东大会普通决议程序和特别决议程序下对议案通过的影响，列举了中小股东享有的提案权、召开临时股东大会权，阐述了现金分红优先、每年现金分红最低比例、独立董事制度、监事会专项意见制度、拓宽投资者沟通渠道等保障措施，并将特别表决权相关内容从"重大事项提示"之"十二"提到了"重大事项提示"之"一"的显要位置。此后的第三次问询未再涉及此问题。

二、精进电动的特别表决权股份设计

精进电动科技股份有限公司（以下简称"精进电动"）成立于2008年2月25日，主要从事与汽车相关的技术开发与服务，公司控股股东为菏泽北翔新能源科技有限公司。2020年5月31日召开的公司2019年度股东大会审议通过了首次公开发行和科创板上市的议案。但由于精进电动存在特别表决权股份，2017年至2019年持续亏损且存在累计未弥补亏损，截至2019年12月31日，精进电动累计亏损超过4亿元，因此，精进电动此次首次公开发行和上市特别选择了《科创板上市规则》第2.1.4条所规定的第二套标准，即"预计市值不低于人民币50亿元，且最近一年营业收入不低于人民币5亿元"。

（一）特别表决权股份的设置决议

2019年10月14日，精进电动临时股东大会审议通过了《授予菏泽北翔新能源科技有限公司（原正定北翔动科技有限公司）所持股份特别表决权的议案》，北翔新能源所持有的股份每股拥有的表决权数量为其他股东所持有的股份每股拥有的表决权的10倍。在首次公开发行之前，北翔新能源直接持有精进电动公司股份的数量为69677522股，占公司总股份的比例为15.74%。依靠特别表决权安排，北翔新能源所拥有的表决权所占比例达到65.13%。精进电动的实际控制人为自然人余平，其通过北翔新能源、赛优利泽和Best E-Drive合计控制的表决权比例达到

67.47%，能够实现对精进电动重大事项的绝对控制。

（二）特别表决权股份的持有人资格

根据《科创板上市规则》第 4.5.3 条的规定，特别表决权股份的持有人应当满足对公司发展或业务增长的贡献度以及任职等条件。精进电动的控股股东为北翔新能源，实际控制人为余平，由华泰联合证券出具的发行保荐书在"十三、关于特别表决权股份的核查结论"中认定了北翔新能源和余平均符合《科创板上市规则》对特别表决权股份的持有人的资格要求。

（三）特别表决权股份的表决权安排

根据精进电动 2019 年 10 月 14 日召开的临时股东大会作出的决议，同意将控股股东北翔新能源所持有的 69677522 股公司股份转换为特别表决权股份，其余 372989145 股为普通股，特别表决权股份每股的表决权数量为普通股每股表决权数量的 10 倍。如前所述，在首次公开发行之前，北翔新能源直接持有精进电动的股份占公司总股本的比例为 15.74%，借助特别表决权股份设计，其所拥有的表决权占公司全部表决权的比例达到 65.13%。精进电动首次公开发行股份数量为 147555556 股，北翔新能源在首次公开发行后合计持有精进电动的股份比例为 11.81%，所拥有的表决权比例为 57.24%。

1. 特别表决权的表决事项范围

精进电动根据 2019 年 10 月 14 日临时股东大会决议对其公司章程相关条款进行了修订，规定普通股股份每股享有一票表决权，北翔新能源持有的特别表决权股份每股享有 10 票表决权。同时，公司章程也按照《科创板上市规则》第 4.5.10 条的要求，明确了对于公司章程修改、特别表决权数量改变、独立董事的选任、负责审计的会计师事务所的聘任解聘以及公司合并分立、组织形式变更等事项，在股东大会进行决议时，特别表决权股份每一股能够行使的表决权与普通股份每一股的表决权数量相同。另外，也特别明确了对于改变特别表决权数量的决议，除了按照《科创板上市规则》规定情形所引发的特别表决权股份必须转换为普通股之外，应当由全部出席股东所持表决权的 2/3 以上通过。

2. 特别表决权股份的限制性规定

根据《科创板上市规则》的规定，精进电动也对其所设置的特别表决权股份作了相应的限制性规定。首先，不得增发特别表决权股份。公司股票在证券交易所上市后，除同比例配股、转增股本情形外，不得在境内外发行特别表决权股份，不得提高特别表决权比例。公司因股份回购等原因可能导致特别表决权比例提高的，应当同时采取将相应数量特别表决权股份转换为普通股份等措施，以保证特别表决权比例不高于原有水平。其次，特别表决权股份转让限制。特别表决权股份不得在二级市场进行交易，但可以按照证券交易所有关规定进行转让。最后，特别表决权股份的转换。出现下列情形之一的，特别表决权股份应当按照 1∶1 的比例转换为普通股份：（1）拥有特别表决权股份的股东不再符合公司章程规定的资格和最低持股要求，或者丧失相应履职能力、离任、死亡；（2）实际持有特别表决权股份的股东失去对相关持股主体的实际控制；（3）拥有特别表决权股份的股东向他人转让所持有的特别表决权股份，或者将特别表决权股份的表决权委托他人行使；（4）公司的控制权发生变更。发生前述情形的，特别表决权股份自相关情形发生时即转换为普通股份，相关股东应当立即通知公司。公司应当及时披露具体情形、发生时间、转换为普通股份的特别表决权股份数量、剩余特别表决权股份数量等情况。发生前述第四项情形的，公司已发行的全部特别表决权股份均应当转换为普通股份。

第三节　科创板特别表决权股份制度存在的问题

一、所有权激励失灵矫正制度及其不足

对公司资产的终极所有权是控制人与公司之间的重要连接，控制人以公司利益行事的原因之一也在于所有权激励，[①] 控制人在公司资产中占比的多少将直接影响其对公司利益与私人利益关系的处理。差异化股权结构公司不同于股权集中型公司，股权集中型公司中控制人与公司具有利益上的一致性，控制人对公司强烈的所有权动机会促使其从公司利益最大化角

---

① Lucian A. Bebchuk & Kobi Kastiel，"The Perils of Small-Minority Controllers"，*Georgetown Law Journal*，Vol. 107，No. 6，2019，p. 1453.

度行事；而差异化股权结构中控制人控制权的弱资本性决定了其只需要持有少量的股权便可掌握控制权，这将导致控制人与公司之间的财产性连接被弱化，控制人的所有权激励可能失灵。如果控制人一直不断地减少其所持有的股份，当其所持有的公司股份低于一定的比例时，投票权和现金流权差异增大，由此发生的行为扭曲异化的风险和潜在代价也是巨大的。控制权与现金流权之间的背离将使得控制人的利益与作为整体的公司或全体股东之间的利益同样发生背离，控制权人更可能利用控制权谋取私人利益。[①] 当出现某种交易使控制人利益和公司利益产生分歧时，若控制人能从该交易中获得的私人利益大于其从公司中获得的收益，就可能出现控制人以损害公司和公众投资者利益的方式行事。因为控制人可以只承担其行为对公司价值产生的负面影响的一小部分，却可以同时获得全部的私人利益。[②] 实际上，在非差异化股权结构下，利用控制权攫取公司利益的行为原本就不鲜见，经过差异化股权结构对控制权的强化，控制人进行关联交易和自我交易的行为将更加便利，这无疑会加剧对公司和其他股东利益侵害的发生可能性。虽然企业家愿景理论认为，控制人基于对公司的特殊愿景会促使其以公司利益最大化行事，但是特殊愿景对控制人的激励作用是主观的，并不像经济性权利那样具体实在，其特殊愿景难以向其他股东进行展现，无法获得其他股东的信任。因此，仅依靠特殊愿景来加强两者间的紧密关系似乎是不太可行的，股东之间利益的薄弱连接将成为滋生利益侵占、非公允关联交易等行为的温床。

在应对所有权激励失灵上，上市规则主要通过设置享有特别表决权的持股门槛以及与持股比例相关的日落条款的方式予以调整。《科创板上市规则》第4.5.3条首先规定了持有特别表决权股份的股东应持有公司全部已发行的具有表决权股份10%以上的股份。同时，为了避免在IPO后特别表决权股持有者因股权稀释或者转让股权等导致持股比例过低，降低其与公司之间的利益相关性，该规则在第4.5.9条中还规定，持有特别表决权股份的股东不再符合第4.5.3条规定的资格和最低持股要求的，其特别表决权股份应当按照1∶1的比例转换为普通股份。这两种调整方式主要

---

① 参见朱慈蕴、神作裕之、谢段磊《差异化表决制度的引入与控制权约束机制的创新——以中日差异化表决权实践为视角》，《清华法学》2019年第2期。

② S. S. Bernard，"A Private Ordering Defense of a Company's Right to Use Dual Class Share Structures in IPOs"，*Villanova Law Review*，Vol. 63，No. 1，2017，pp. 1-35.

集中和侧重于特别表决权股东的持股比例，并强调了持股比例的最低限度以及最低持股比例的持续性。

立足于降低代理成本，保持持股人与其他股东以及公司利益的一致性，对特别表决权股持有人的持股比例进行限制是必要的。将中国香港联合交易所和新加坡证券交易所上市规则相比较可以发现，在中国香港允许不同股权架构时，其上市规则也采取了类似的措施，同样要求在 IPO 时为保持不同表决权股东与其他股东的利益一致性，不同表决权的受益人应持有不少于已发行股份总额 10% 的股份。[①] 但不同的是，除 IPO 时具有的持股比例限制外，港交所并未对 IPO 后不同表决权股东的持股比例进行任何限制，在其日落条款中也未加规定。同时，新加坡证券交易所的上市规则中甚至未对超额表决权股东的持股比例进行限制。[②] 为何会出现此种差异，以及差异的合理性何在呢？公司采用差异化股权结构的重要原因在于该种股权结构能够破解股权稀释和控制权困境，使控制人在公司融资时避免因股权稀释而丧失对公司的控制权，以及满足控制人分散风险的需求。因此，如果强制性要求控制人持有一定数量的股份才能享有控制权，那对于控制人来说适用差异化股权结构的优势可能不复存在，适用差异化股权结构的必要性可能也不复存在。有鉴于此，《科创板上市规则》中对多重表决权股东的持股比例的刻板限制可能会损害差异化股权结构的适用基础，影响差异化股权结构的适用优势。

二、市场监督替代机制的设计及其不足

企业家重视控制权，因为控制权允许他们以其认为合适的方式追逐和实现其愿景。[③] 在不受外界及股东干预、相对稳定的公司运营环境下，其可充分自由地运用自身卓越的经营能力去实现一系列自己制定的目标。但

---

① 香港交易所：《咨询总结——新兴及创新产业公司上市制度》，https：//www.hkex.com.hk/-/media/HKEX - Market/News/Market - Consultations/2016 - Present/February - 2018 - Emerging - and - Innovative-Sectors/Conclusions- （April-2018）/cp201802cc_ c.pdf，最后访问日期：2021 年 2 月 18 日。

② Singapore Exchange，"*Proposed Listing Framework for Dual Class Share Structures*"，2018，pp.1-24.

③ Zohar Goshen & Assaf Hamdani，"Corporate Control and Idiosyncratic Vision"，*Yale Law Journal*，Vol.125，No.3，2016，pp.560-610.

另一方面，也不能让控制权完全存在于无监管的真空环境之中。在一般情况下，当控制人基于能力或者态度无法纠正公司治理问题而使公司逐步滑向治理不能的深渊时，市场这只无形的手会通过该运行不良公司被收购、无能管理者被替换等方式进行纠偏。这种市场外部无形之手纠偏力量的存在，会督促控制人努力经营公司，促使公司价值最大化。在此背景下，自然界优胜劣汰的竞争法则也适用于公司经营发展。经营效益好的公司，才能生存下去不被兼并收购，其管理层才能持续管理公司不被替换。但是特殊表决权结构的应用将可能造成控制人享有不受市场监管的过度控制权，进而打破了优胜劣汰的竞争法则。相较于传统的股权分散型公司而言，特别表决权结构下的控制权自动屏蔽了来自其他股东及市场监督的压力，自然也就没有办法督促控制人始终以公司利益最大化为首要的经营原则，控制人几乎完全享有控制权的状况可能将市场监督排除在外。所以，特别表决权机制在有利于控制人自由实现公司愿景的同时也可能会导致控制人消极懈怠、损害公司利益的情况发生，将促进公司良性发展的市场监督手段如管理人替代威胁、善意收购警告等都拒之门外。这将导致正常情况下市场拥有的对公司进行自动纠错的功能失灵。

任何权力只要脱离了监督和制约都有可能走向异化的深渊。因此，缺乏了常规股东和市场监管的特别表决权结构需要引入其他监督途径予以衡平补正。以《科创板上市规则》为例，其引入了多元化的监督机制。通过对监督主体的划分可知，《科创板上市规则》中涉及的监督方式主要有以下两种：其他主体的外在监督和内部控制人的自我监督。首先是其他主体的外在监督。该上市规则的第 4.5.7 条和第 4.5.10 条类别化地明确了持股比例达 3% 以上表决权股东的提案权、普通股股东对于临时股东大会的召开提议权，以及普通股股东在特定事项上享有的与特别表决权股东同等的表决权。通过上述规定可知，普通股股东不仅可以在股东大会上发表意见，还可以在某些特定重要事项的公司决策上行使权利。除此之外，《科创板上市规则》第 4.5.12 条赋予了监事会对控制人进行监督的权利和义务，监事会需要定期对持有特别表决权股份的股东持股资格以及所持有的股份进行监督并出具专项意见。第 4.5.13 条直接赋予了上交所对于控制人损害投资者权益的监督权，使投资者保护得到进一步加强。其次是内部控制人的自我监督，主要是通过对特别表决权股份持股人身份进行限制来实现的。《科创板上市规则》第 4.5.3 条将特别表决权股份持有人限制在一个特定的范围，只有满足在公司上市前及上市后持续担任公司董事的人员或者该等人员实际控制的持股主体才可以持有特别表决权股份。通常而言，股东并不负有忠实勤勉义务，上市规则通过上述主体范围限制，其实是将董事这一特殊身份附加于特别表决权股持股人，也因此就是将董事的忠实勤勉义务施加于特别表决权股持股人，这样持股人不仅有股东身份更有董事身份，其在履行职责时就需要优先考虑公司的利益，不得损害公司利益。在违法追究层面也将变得更具可操作性，当控制人违反董事的忠实勤勉义务时，其他股东有权依据公司法对其进行追责，这也赋予了其他股东进行监督的途径。

尽管上述提及的监督制度可对特别表决权结构引发的市场监督和替代威胁失效问题予以一定程度纠正，但其纠正效果并不一定理想，上述措施的本质是限制控制人积极损害股东及公司利益的行为，因此其可能之功用在于减少控制人滥用控制权，不积极进行损害股东和公司利益的行为。但这些措施并不能激励控制人积极创造价值，提高公司业绩。据此，《科创板上市规则》在应对差异化股权结构所带来的控制人消极懈怠的作用是有限的。

三、弱化人身依赖性制度设计及其不足

不论是理论上还是实践中，差异化股权结构对控制人都具有高度的人身依赖性。差异化股权结构的基本理论依据是投资者对企业家的信心和信任，[1] 即所谓特殊愿景理论和卓越控制人理论。换言之，投资者之所以愿意支持公司采用差异化股权结构，是因为其对于控制人卓越才能和远见的信任。一旦控制人的能力下降或者愿景消失，将对该类型公司造成致命打击。矛盾的是，即使控制人自身的经营能力和特殊愿景也会随着时间的流逝而改变。控制人作为一个"人"，其内生性的特征已经决定了其愿景和管理能力必然会随着时间而变化。从正常的商业实践观察可知，控制人几乎不可能从一而终地保持一致的愿景和能力，大概率的事件是公司由控制人掌握经营数年后，其便逐渐失去了曾经在首次公开发行时拥有的初心愿景及能力。这种情况在科创板上市的创新型企业中尤为常见，因为该类型

---

[1] Singapore Exchange, "*Proposed Listing Framework for Dual Class Share Structures*", 2018, pp. 1-24.

企业无论是内在环境还是外在环境的变化都更为迅猛。这将导致在该类型企业中保持控制人初心愿景及能力更为不易：一方面，很可能曾经优秀的控制人随着时间的推移会逐渐失去黄金触觉，经营能力下降；另一方面，控制人的愿景也随着时间推移而萎缩，即使在首次公开发行时拥有强烈的愿景推动工作，但是后续可能被其他各种因素介入而逐渐磨灭。或许即使控制人存在初心愿景及能力基本维持不变的小概率可能，但是随着时间推移，差异化股权结构公司自身的成熟发展也会对控制人的领导力进行反向侵蚀，这个时候不再需要控制人的领导力，控制人机制同样面临失灵的境况。最终将导致差异化股权结构丧失存在的现实基础，此时公司将排除掉真正有愿景和领导才能的人而被其他不在乎公司发展或者不具有引导公司发展能力的人掌控。

差异化股权结构的理论基础是创始人愿景理论以及卓越创始人理论，基于此，特别表决权股的持有人不应该是随意的，其范围应该是被限制的。立足于控制人应是具有特殊身份的人，参考并借鉴中国香港上市规则，上交所科创板股票上市规则也限定了特别表决权股的持有人。《科创板上市规则》第4.5.3条规定的持有人需要满足以下两个限定条件：一是必须对上市公司业务增长或者公司发展作出重大贡献；二是需要在公司上市前及上市后持续担任公司董事人员或该等人员实际控制的持股主体。毋庸置疑，该限定条件通过对特别表决权股持有人的贡献程度及持续一线管理经历要求可以筛选出熟悉且了解公司经营活动的人，在一定程度上保证了采用差异化股权结构公司的初期拥有优秀的控制人。但正如美国机构投资者委员会在向纳斯达克证券交易所主张要求公司发行时在章程中规定日落条款的信件中所说的，"企业在中长期发展中所会面临的一系列问题才是不平等股权结构需要面对和解决的核心问题"。[1] 因为在公司首次公开募股的时候，创始人的领导力和愿景能够产生较高估值溢价，可以抵消掉双重股权结构所带来的代理成本，在初期阶段产生的是正向积极的影响。但是通过上述分析可知，该初始估值溢价会随着时间推移而下降直至消失。因此，即使通过对控制人限定条件的方式可以起到积极作用，但是该作用发挥的空间也有限，还是无法解决控制人卓越才能和远大愿景随着时间推移而逐渐消失的根本问题。

---

① The Council of Institutional Investors，"*CII Petition to NASDAQ on Multiclass Sunsets*"，2018，pp. 1-5.

虽然《科创板上市规则》还规定了在控制人不具有履职能力时，其特别表决权股份转换为普通股份以保证控制人的履职行为，但我们必须认识到，具有履职能力并不等同于具有远大愿景和卓越才能。研究显示，控制人卓越才能和远大愿景的能力会随着时间发展渐趋弱化。该弱化与创始人仍旧具有相应的履职能力共存并不矛盾，但此时的创始人丧失的是最初愿意支撑其选择差异化股权结构的愿景。此种情况下，控制人的控制权是否依旧值得保留需要仔细考量。综上，在差异化股权结构本身具有的对人身高度依赖特性所引致的缺陷弥补层面，上交所科创板上市规则仍有较大提升空间，未认识到作为"人"的内生性特点，即控制人的能力和愿景不可能一成不变。

第四节　科创板特别表决权股份制度的完善思路

在利用差异化股权结构的时候，不能只看到其优势而忽略其可能带来的危害。针对差异化股权结构下控制权强化后所引发的机制失灵现象，各法域都有相关应对措施。其中最为显著的便是独立董事、监事制度和日落条款。独立董事、监事制度因其具有明显的防止公司内部利益侵占、降低代理成本的效果，可被视作一种有效的事中监督加强措施。日落条款因其本身所具有的丰富样态及灵活设定可被视作一种事前威慑、事中警示以及事后救济的措施。因此，二者的结合有利于构建一个多层次多元化的控制权制约机制，能够有效平衡差异化股权结构下的控制权强化功能。

一、将日落条款作为主要的控制权制约机制

（一）日落条款对上市规则制度设计的弥补

日落条款制度主要指公司章程或者立法中明确规定采用控制权强化机制的公司在符合法定或者约定的条件时，终止该控制权强化机制的制度。根据触发日落而发生投票权转换条件的不同，各类日落条款在公司治理中发挥的作用也不尽相同。从美国机构投资者委员会对纳斯达克证券交易所的建议信中可以看出其对日落条款效用的认可。该建议信指出："现在通

过市场实践及学术研究，我们已经拥有了一个使市场不会遭受持久或永久的差异化股权结构的妥协方案，就是在不平等的股权结构上设计简单有效的日落条款。"[1] 因为日落条款本身灵活性的特征，其可以有效应对差异化股权结构导致的各种机制失灵。

1. 弥补所有权激励失灵的日落条款

撤资日落和稀释日落主要是针对所有权激励失灵的状况。二者共同点为当控制人的持股比例达到某一特定数值时，特别表决权股份会转化成普通股股份。二者的区别点在于计算特定数值的基数不一致：撤资日落计算的特定数值基数为控制人所持有的特别表决权，只关注该部分持股比例；而稀释日落还会关注低投票权股东持股数量变化，其基数为所有具有表决权的股份总数。以动机论，撤资日落着重强调与公司的关联性减少是较为主观的，而稀释日落则侧重于强调与公司关联性减少更多是因为客观的因素。因而如果需要在二者之间进行取舍，撤资日落更具合理性。因为其强调的是主观，对于控制人而言，其证明自己与公司价值最大化保持一致的最具说服性理由是其在主观上至少要与公司保持一致。而这个能通过撤资日落来实现，因为其可以量化控制人通过出售公司利益置换自身多元化投资选择的利益节点，当该利益节点已经清楚显示控制人对企业剩余承诺不足时，其失去公司控制权便变得理所当然。但是反观稀释日落，低投票权股份的增加或者高投票权股份转换为低投票权股份归因于其他目的，例如是为了投资者增资、公司收购、员工激励，该类情形导致的股份稀释则并不能合理化控制人因此失去控制权的现象。

2. 弥补市场监督替代机制失灵的日落条款

绩效日落是指在公司章程中约定，如果公司的绩效指标不理想，如公司的收益或者股票价格持续一段时间低于首次公开募股时的价格时，控制人持有的高投票权股份则转化为低投票权股份的条款。公司的绩效指标可以是多种多样的，这通常并不由法律加以强制规定，而是由公司章程约定。绩效日落条款的设计并不仅仅满足于防止控制人损害公司利益，更重要的是通过规范控制人决策时的利益衡量，促使控制人考虑股东和公司利益，进而作出对公司有利的决策，提升公司价值。这种条款以约定绩效指标的方式激励控制人，可以有效解决控制人懈怠问题。绩效日落带来的挑

---

① The Council of Institutional Investors，"*CII Petition to NASDAQ on Multiclass Sunsets*"，2018，pp. 1-5.

战是激励"企业家—控制者"作为经理必须以成功经受绩效考验的方式管理公司业绩。在外部市场监督失灵、替代威胁失灵时，在一定程度上绩效日落可以成为市场监督机制的一种替代机制发挥作用。

3. 弥补控制人失灵的日落条款

固定时间型日落是指在公司章程中约定，在双重股权结构公司首次公开发行一定年限后自动将超级投票权股份转换为低投票权股份。固定时间型日落是实践中最常用的日落条款，因为其可以灵活适用于各种各样可能引发损害的情形。相对于不具备日落条款的差异化股权结构公司而言，采用固定时间型日落公司的非控制股东不至于处于完全劣势地位，不会只有用脚投票离开公司这么一种被动的无奈选择。采用固定时间型日落公司的非控制股东可以在日落时间到来之际，重新享有对公司的决策参与权。因此，固定时间型日落条款的存在不仅可以解决控制人的控制权缺乏制衡问题，还可以解决当公司面临运行效率低下但是控制人利用差异化股权结构形成的优势地位拒绝退出公司经营的问题。

（二）日落条款的适用形式及类型的选择

综观各法域的立法和实践能够发现，日落条款并未被广泛应用，仅有少部分法域的证券交易所有相关规定。在差异化股权结构应用最为广泛且最早的美国，机构投资者委员会多次建议纳斯达克交易所或纽交所要求采取差异化股权结构公司明确规定七年或七年以下的日落条款。[①] 但是截至目前，纳斯达克交易所及纽交所都没有作出任何具体性的日落条款规定，公司仍旧自主决定是否适用日落条款以及适用何种日落条款。

从全球来看，日落条款主要有两种类型化模式：一种是新加坡的强制模式，另一种是美国的自治模式。我国在日落条款模式的适用选取上必须结合实际情况予以考量。美国由公司自治决定是否适用日落条款的规定，似乎并不能保护其他股东。最根本的原因在于公司章程中的公司治理协议本质上是最终"接受或者拒绝"的附合合同而非议定合同。可以设想，当公司控制人执意不在章程中规定日落条款，那么外部投资者除了放弃这个投资机会或者接受章程承担风险这两种选择之外别无他法。而这两种选择明显都将投资者置于资本市场中的劣势地位。在我国现行制度中，《科创板上市规则》对少数几种日落条款予以了强制性规定，其他的都属于

---

① The Council of Institutional Investors, *"CII Petition to NASDAQ on Multiclass Sunsets"*, 2018, pp. 1-5.

非强制要求。所以，在实践中其他非强制的日落条款几乎都遭遇了如出一辙的命运，那就是并不会被控制人采纳使用。无论是从我国股东对差异化股权结构的熟悉度还是从制度构建的可适用性而言，都应该选择更侧重于强化对中小股东保护的方式。因此，借鉴参考新加坡、中国香港地区的立法经验，通过法律将多数日落条款作为采用差异化股权结构上市公司的股份强制转换条款加以明确规定是比较合适的。

虽然《科创板上市规则》对持股比例日落、丧失履职能力日落、离任或死亡日落、丧失控制日落、转让转换日落、控制权变更日落条款进行了规定，但美中不足的是其遗漏了最重要的固定时间型日落。前述的几种日落条款都是事件型日落，其自身触发条件是特定事件的发生，因此很大程度上都可以被规避。但与此相反的是时间型日落，因为时间是规律流动且不可逆转改变，所以不可被人为规避。其必然要求在特定的时间内控制人及其经营成果接受其他股东的考察与检视。综上，为了加强对中小股东利益的保护，我国需要在维持完善目前已有日落条款的基础上，补充固定时间型日落条款。"允许公司采用固定时间型日落条款的这种安排为控制人提供了一个适当的承担责任的时刻。同时这种安排也为股东提供了一个机会，来重新评估超级投票权股份持有人在一段合理的时间内是否具有任何潜在优势以继续享有控制权。"①

同时，要注意到固定时间型日落条款不仅会淘汰掉效率低下的差异化股权结构公司，也可能会淘汰掉有效率的差异化股权结构公司。因此，在设计固定时间型日落条款的时候，并不能一刀切地要求所有公司都适用强制性转换股份的固定时间型日落条款，而是应该从平衡中小股东和公司利益的角度出发，在日落条款中规定当日落条件成就时，将是否继续采用差异化股权结构的选择权交给中小股东。附转换条件的日落条款更能灵活应对期满后出现的各种情况。当控制人表现良好时，可以继续选择采纳差异化股权结构，保持控制人的控制权更有利于提升公司价值。如此，在避免公司被控制人长期控制导致损害中小股东利益的同时也可以防止错误拆除对提升公司价值有用的治理结构。

---

① The Council of Institutional Investors，"*CII Petition to NASDAQ on Multiclass Sunsets*"，2018，pp. 1–5.

二、将监督机制作为补充性控制权制约机制

（一）增强监督制度独立性对上市规则制度设计的弥补

《科创板上市规则》对采用差异化表决机制公司设计的监督模式为双重监督模式，监督权分别由独立董事和监事会享有。独立董事负责监督上市公司的交易事项，监事会负责监督差异化股权结构相关事项。如将日落条款规范与独立董事、监事会的监督加以比较，我们可以得出如下结论：日落条款主要是基于控制人规范，可以对控制人起到直接的威慑和激励作用；与之相对，独立董事、监事会的独立性增强的规范建设，直接立足点是独立董事和监事会的职权，对控制人产生的威慑和激励效果通过独立董事和监事会的履职实现。

1. 增强监督利益侵占的独立董事的独立性

如前文所述，差异化股权结构可能带来的弊端主要在于控制人在地位固化以及所有权与公司现金流权不匹配的情形下可能进行谋取私利的行为，如其可能在进行对外交易、重大经营或者关联交易等行为时，为了获取私利而损害公司利益。此时传统的外部市场监管及所有权激励措施面临失效。但是独立董事的监督功能在差异化股权结构下可以为我们提供一种控制人控制权强化的制衡机制。因为根据《科创板上市规则》，独立董事的定位就是上市公司对外担保、重大投融资活动、并购重组、关联交易的监督者，主要是对控制人可能进行的损害公司利益行为进行监督。因此，控制权强化机制对我国独立董事的监督能力提出了更高的要求，正在反向倒逼公司提升独立董事的监督水平及增强独立董事的独立性。

2. 增强监督差异化结构特殊事项的监事的独立性

差异化股权结构独特的制度设计使其相对于"一股一权"结构而言具有控制人失灵、市场监督失灵、所有权激励失灵等风险，因此，为了降低风险，对其特殊的制度设计展开监督是应有之义。与此同时，差异化股权结构的特殊事项往往与日落条款的触发条件相关，不管是离职日落、持股比例日落、股份转让转换日落等都需要审核特别表决权股比例、特别表决权人持股比例等方面内容，用以判断是否触发日落。日落条款的适用有赖于监事会对差异化股权结构特殊事项的监督和审核。因此，增强监事会的独立性也是非常必要的。

（二）监督制度独立性增强的途径选择

1. 独立董事独立性增强的途径选择

通过对各法域实践及学理的梳理，我们可以发现独立董事独立性增强主要存在以下几种形式。第一，提名委员会制度。主要是通过董事提名委员会，筛选推荐提名的董事，最后由股东采取一股一权的方式表决选举。第二，否决权制度，赋予普通股东对董事选举的否决权。第三，双重表决制。上市公司控制股东以及上市公司非控制股东需要同时同意独立董事的初次选举及再次选举，独立董事才可以产生。第四，赋权式。公司采取提名制度进行选举，股东要想获得董事提名权须符合最低持股标准。上市公司向公众投资者开放至少选举一名董事会成员的权利。

目前，《科创板上市规则》为了保证非控制股东对独立董事选举的作用，对独立董事的选举和更换采取一股一权方式进行。但是，由于控制人仍旧掌握着对于董事候选人的决定权，普通股东只能在控制人选择的董事候选人中行使表决权，最多是在其中选择独立性更强的董事而已。现有独立董事选举制度中，控制人仍然对独立董事选举享有绝对控制权，这破坏了董事作为监督者的效力。此种董事委任制度下选举的独立董事的独立性值得商榷。研究显示"相对于依靠控制人选举的独立董事，依靠独立性增强的董事可以更好地保护公司的投资者"。[①]

因此，在我国内地现有的独立董事的选举制度基础上，最简便的增强独立董事独立性的方式可能是设立董事提名委员会，借鉴中国香港成功经验，排除控制人对董事候选人的控制，保证筛选审核董事的独立性。

2. 监事会独立性增强的途径选择

在差异化股权结构下，以下两种模式成为限制控制人控制权的有效路径。第一，监事会专门监督制，即由监事会对差异化股权结构相关的特殊事项进行专门监督管理。第二，企业管治委员会监督制，即成立由独立董事组成的企业管治委员会，专门对差异化股权结构的特殊事项进行监督管理。

目前，我国科创板采用的是第一种模式，即监事会专门监督制。根据《科创板上市规则》第 4.5.12 条之规定，监事会对公司特别表决权股东

---

① Lucian A. Bebchuk & Assaf Hamdani，"Independent Directors and Controlling Shareholders"，*University of Pennsylvania Law Review*，Vol. 165，No. 6，2017，pp. 1271-1315.

资格、控制人是否滥用特别表决权、特别表决权比例、特别表决权股份转换等情况进行监督。与独立董事的独立性有待增强的机理相似，同样，作为控制人控制权之监督者的监事的独立性也应该受到重视。而在《科创板上市规则》中，没有监事会的特殊选举规定，甚至在普通一股一权的表决事项中也未见涉及监事委任和解雇事宜的规定。此种前后不一致的规定耐人寻味。故差异化股权结构下监事选举制度的设计亟待完善，监事独立性保障的缺陷有待弥补。

在增强监事会独立性的道路选择上，可以参照独立董事独立性增强的路径。从监事的提名、表决等基础权利出发，将监事候选人的筛选及提名权交由专门委员会承担，从股东权利中独立分离出来。同理，涉及监事的选举表决也应区分于普通经营事项，可以考虑的最简单方式是与独立董事选举表决规定一致，作为特殊事项，由全体股东采取一股一权的方式进行决策。

第七章 中国股份公司控制权强化机制的法律规制

第一节 现有制度下控制权强化机制的规制障碍

一、公司法层面的规制障碍

第一，"一股一权"原则阻碍了控制权强化机制多元化的可能。从我国《公司法》规定来看，公司所发行的股份应满足一股一个表决权之要求，表明了我国公司法遵循"一股一权"原则，原则上要求股票的投票权与股东资格不得分离。从传统理论观点看来，"一股一权"原则是股份平等的体现，即公司股份作为集自益权和共益权为一体的整体性的权利是不可分离的。[①] 同时，"一股一权"也强调了股份中包含的投票权与收益权是成比例的，不可能通过强化其中之一而导致二者出现非比例化配置的状态。[②] 这两个要求都建立在股东同质化假定基础之上，而今，股东异质化的现实已然对其提出了挑战。不同的股东因身份或持股目的差异，在事实上会存在异质化的利益需求，而不同的股东作出决策、

---

① 参见卢文道、王文心《双层股权结构及其对一股一权规则的背离——阿里上市方案中"合伙人制度"引起的思考》，载黄红元、徐明主编《证券法苑》（第 9 卷），法律出版社，2013。
② 参见汪青松《论股份公司股东权利的分离——以"一股一票"原则的历史兴衰为背景》，《清华法学》2014 年第 2 期。

参与管理的能力亦不会出现同质化的情形。[①] 所以，股东自身存在的这些差别使得他们在行使表决权时会受到自身立场及利益偏好的影响，这导致以股东平等为追求的"一股一权"原则却最终产生了不平等的结果。控制权强化机制的目标是实现实质平等，通过不同种类的股权设计来最大化地兼顾不同类型股东的利益，所以《公司法》的"一股一权"原则不能完全满足市场主体的差异化需求，甚至在一定程度上是与控制权强化机制的要求相背离的。由于该规范是一个强制性规定，即使《公司法》关于章程应当载明的事项中并没有禁止对类别股事项进行约定，但股份公司仍然无法在章程中作出关于类别化股权的约定，这就限制了控制权强化机制在实践中应用的可能性。所以，下一步应当将《公司法》一股一权规定由强制性规范修改为默示性规范，允许公司章程另行作出规定，以此为控制权强化机制在我国的实施提供立法上的支持。

第二，控制权强化机制制度供给不足。从我国《公司法》规定来看，授予了公司在类别股设置上的相应选择，为控制权强化机制的发展提供了制度空间。但类别股并不是一开始就有，而是在各个法域的历史发展过程中演变而来，其中掺杂着各自国家或地区的历史、社会与文化等不同的本土要素，以至于类别股在不断适用的过程中其种类由一元走向了多元化，更加贴合不同地区的实践所需。在我国公司法制定的开始阶段，资本市场发展尚不成熟，投资主体单一，投融资市场并未呈现对类别股制度的强烈需求，也就缺乏制度存在的社会基础。当下，我国投融资市场的飞速发展推动了市场要素的激变，市场主体需要日益多样化，各自的偏好和利益追求也可能不一样，并且市场实践对于控制权强化机制的需求愈来愈多，因此，类别股制度的构建就显得十分必要。我国公司法虽然承认不同类别股份的存在，但相关的政策性文件以及证监会、交易所规则关于特殊表决权股的规定仅能适用于科创板上市公司，范围较窄，所以，下一步应当对类别股增加制度供给。

---

① 参见冯果《股东异质化视角下的双层股权结构》，《政法论坛》2016 年第 4 期。

二、证券法层面的规制障碍

公司既是投资、融资与创造财富的工具，又是投资者的集合体。[①] 公司在满足不同投资者利益的同时，作为融资主体，也创造了多元化的融资渠道。伴随资本市场的不断发展，新的市场要素和需求亦不断生成，传统的股债种类愈发难以满足实践所需，在这两类基本融资范式的基础上，实践中衍生出大量与其类似的融资模式，如可转换债券、类别股等。不过，我国证券法上缺乏对类别股的具体规定。证券法的规制内容包括股票的发行条件、程序等各方面，但现行规定仅仅建立在公司单一股权制度之上，如《证券法》第 11 条关于设立股份有限公司公开发行股票的规定，默认股票只有普通股这一种类型，并未对其进一步细化规定。相对而言，公司控制权与所有权的分离赋予了类别股在融资功能上的极大优越性，通过两权分离，使股票所承载的投资者与公司的控制权和经济性利益呈现多元化配置的可能。通过类别股制度的运用，市场参与主体可以建构出极为丰富的公司控制权模式，实现股东之间利益与风险的合理化配置，最大限度地契合多元偏好投资主体的不同需求。因此，公司的单一股权结构已经无法满足投资者的差异化需求，一味追求形式上的股权平等反而会导致公司融资受限且无法适配资本市场投资者需求多元化的现实，进而促使一些投资者通过法外空间来满足自己的需求。长此以往，无疑会引发整个资本市场的混乱。法律必须跟上现实社会需求的脚步，虑及我国资本市场投融资实践现状已经展现了类别股制度在本土实践的现实需求，如科创板开启了差异化股权结构公司上市的实践，我国证券法就应考量资本市场投融资实践，并探索以更加包容审慎的态度推动该种实践制度化和规范化。从制度供给上看，证券法不仅应当承认类别股存在与上市的正当性，也应当为不同类别股作出相应的具体规定。具体来讲，诸如类别股的分类、类别股发行人的资格限制、类别股的发行条件和程序、类别股相关事项的信息披露等，都是证券法需要补充或者进一步完善的内容。

[①]　参见朱慈蕴、沈朝晖《类别股与中国公司法的演进》，《中国社会科学》2013 年第 9 期。

三、专门法层面的规制障碍

在《国务院关于开展优先股试点的指导意见》的指引下，2014 年公布施行的《优先股试点管理办法》是我国在控制权强化机制方面作出的重大突破。该文件以规范化的形式为我国确立了有别于以往"一股一权"模式的股票类型——优先股（前文已经对我国优先股试点的现状与问题进行了充分的说明和分析）。在优先股制度文件出台后，《上市公司章程指引》《首次公开发行股票并上市管理办法》也相应地进行了修改。《上市公司章程指引》针对优先股可能造成影响的内容，如发行限额、分红权、回购权、表决权等各个方面进行了比较详尽的补充规定，其中第 16 条对公司股份发行应遵循的原则进行了规定，第 20 条对公司股份总数和股本结构进行了定义，还有第 79 条的注释"若公司有发行在外的其他股份，应当说明是否享有表决权"。从这些规定的内容和拓展性来看，该指引表明公司未来依然有发行其他种类股的制度空间，为之后建立更加完整的控制权强化机制留下了余地。而《首次公开发行股票并上市管理办法》第 32 条规定的发行人股东大会应对本次发行股票的种类和数量作出决议，也为不同种类类别股的设立留下了余地。

科创板上市规则虽明确了特别表决权股可以上市，但其并非关于特别表决权股的专门性规定，故仍显粗陋。诸如双重表决权股份等制度，仍需要在公司法、证券法以及行政法规层面予以更为细致具体的制度设计。

第二节　规制控制权强化机制的基础性规则建构

一、公司法层面的概括性规则设计

从我国《公司法》规定的演进可以发现，控制权强化机制不仅需要从概念等概括性规则上予以进一步明确，还要修改其他关于公司章程、治理结构等的规定，通过一定限度地限制特别股股东的权利和增加外部投资者保护的特殊规定，建构系统的控制权强化机制。通过比较法考察并结合我国实际情况，从公司法层面完善对控制权强化机制的基础性规则的重点主要包括以下方面。

第一，以"股份有限公司的股份发行和转让"的"股份发行"的相关规定作为兜底条款，同时增加对类别股的界定：

国务院可以对公司发行本法规定以外的其他特殊类别的股份，另行作出规定。

特殊类别股份是指在股份所对应的权利上具有特殊安排的股份。

第二，在"股份有限公司的设立和组织机构"关于"股东大会"的相关条文中，补充增加差异化表决权股份：

除公司章程另有规定外，每一股份附有一个表决权。

公司章程中可以规定附有多个表决权或者无表决权的特别股，也可以规定享有与股权资本比例无关的特别决策权或者否决权的股份。

无表决权股份持有人应享有除表决权以外的其他所有股东权利。但是，就股东大会上关于修改无表决权股份所附权利的决议，无表决权股份持有人享有每股一票的表决权，该决议应当以该类表决权的过半数同意方为通过。

第三，在"股份有限公司的股份发行和转让"部分的"股份发行"中，补充界定股份类别并增加特别股规定：

除公司章程另有规定外，所有股份在公司内享有平等的权利。

公司章程可以授权发行一个或者多个类别的股份，不同类别股份可分为普通股和特别股，同类别的每一股份应具有同等权利。

同次发行的同种类股票，每股的发行条件和价格应当相同；任何单位或者个人所认购的股份，每股应当支付相同价额。

普通股是指在公司的经营管理和财产的分配上享有普通权利的股份；特别股是指与普通股持有人的权利不相同的股份。

公司在发行特别股时，应在公司章程中明确特别股的权利和义务，如：特别股分派股息及红利的顺序、定额或定率；特别股分配公司剩余财产的顺序、定额或定率；特别股的股东行使表决权的数量、顺序、限制或无表决权；特别股权利、义务的其他事项。

第四，在"股份有限公司的设立和组织机构"部分的"股东大会"中，增加对可能损害特别股股东权利特殊事项的决议程序：

公司已发行特别股的，若其章程变更将损害特别股股东权利的，应由股东大会进行决议。该决议适用特殊事项决议程序，应同时经出席会议股东所持表决权过半数以及特别股股东所持表决权过半数同意方为通过。

第五，在"股份有限公司的设立和组织机构"的"设立"相关条文基础上，增加规定将特别股作为章程的必要记载事项：

发行特别股的公司应在其章程中列明特别股的种类及其权利义务。

第六，在"股份有限公司的设立和组织机构"的"设立"中关于招股说明书的规定基础上，增加一款作为招股说明书的必要记载事项：

发行特别股的公司应在其招股说明书中列明特别股的种类及其权利义务。

二、证券法层面的基础性规则设计

在证券法关于股份发行、上市的具体规定中，诸如优先股、特别表决权股等控制权强化机制基本阙如。据此，应当在证券法层面作出以下几方面的完善。

（一）关于《证券法》修改建议

第一，在第二章"证券发行"中，对于股份公司公开发行股票所需报送的文件中，特别明确增加关于股份类别的法定要求。可在现有《证券法》第 11 条所列举事项中增加一项"股份类别"作为第四项，其他序号相应顺延：

设立股份有限公司公开发行股票，应当符合《中华人民共和国公司法》规定的条件和经国务院批准的国务院证券监督管理机构规定的其他条件，向国务院证券监督管理机构报送募股申请和下列文件：（四）股份类别；

第二，第四章"上市公司的收购"第 64 条中，对通过证券交易所交易的特别股在投资者达到法定持有比例时，应当提交的书面报告和公告中增加一项作为第五项：

（五）持有的特别股种类及数量。

第三，第五章"信息披露"第 80 条中，对于上市公司必须向我国证券监督管理部门和相关证券交易所报送的公司临时报告并予以公告的重大事件，在现有规定已经涵盖"公司股权结构的重要变化"的基础上，进一步明确增加针对不同投票权架构公司的特别事项：

股东转让其持有的超额表决权股份可能对上市公司股票交易价格产生较大影响的，视为重大事件。

（二）关于《首次公开发行股票注册管理办法》

第一，在第二章"发行条件"的"主体资格"中增加条款，明确规定采用同股不同权的双重股权结构公司可以公开发行股份，在其满足发行条件的情况下，可以申请公开发行股份。

第二，在第二章"发行条件"的"主体资格"中规定了发行人的股权应当清晰，但未列明股权结构清晰的具体要求。可在其后增加款项，要求股份有限公司发行特别股的条件应当包括"公司章程必须明晰股权结构"。

另外，在该条款中可对此作出详细规定，要求公司章程对以下情况进行列明：首先，公司的股权结构是采用每一股份享有相同权利的单一股权结构还是采用每一股份享有不同权利的双重或多重股权结构（即该公司是否存在特别股）；其次，如果采用双重或多重股权结构，应分别列明普通股及特别股的具体类别、分类标准和相应的权利义务，一个股份不得存在可能同时归于两种或两种以上类型的情况；最后，该公司不得在公司章程规定之外发行其他类型的股份。

第三节　规制控制权强化机制的专门性规则建构

一、公司范围与实施条件

从域外来看，目前纽约证券交易所和纳斯达克证券交易所并未对双重股权结构等控制权强化机制施加任何具体要求，它们仅禁止可能造成现有股东权利被稀释而产生不平等的情形下采用强化控制权的范式。[1]

---

[1] Andrew Winden, "Sunrise, Sunset: An Empirical and Theoretical Assessment of Dual-Class Stock Structures", *Rock Center for Corporate Governance at Stanford University Working Paper*, No. 228, 2017.

在港交所关于上市规则的修订中也有着类似的规定，即交易所仅考虑新申请人以不同投票权架构上市的申请。[①] 两者规定的目的都是保护现有股东所持的表决权，原因在于通过发行特定种类的超级表决权股份将造成该部分股份被某类特定群体股东持有，由此将导致其他股东所持股份表决权遭到严重稀释，进而极大降低这些股东所持的表决权比例，导致权利失衡的情形出现。因此，在缺乏足够的保障措施保护上市公司原有股东的权利之时，对控制权强化机制公司的适用范围进行限制是合理且适当的措施。

控制权强化机制的适用范围是否应以上市公司所在行业类别进行划分，在学界有着不同的观点。在双重股权结构适用已久的美国、加拿大等国，并未出现限制特定行业公司适用双重股权结构的情形，但从双重股权结构的适用实践来看，科技创新型互联网企业是采用该机制的主体，而这也受该行业的特性影响。在科技创新型互联网企业中，公司控制群体具备的领导力、业务能力以及特定的愿景等因素是推动公司长远发展必不可少的要素，可以说，公司控制群体如创始人所具备的这些要素是推动公司发展的极为重要的动力。控制者所具有的特定技能对公司的长远发展极为重要，这类技能能够明确公司的最佳长远利益所在。从该行业的主要特征来看，其所拥有的实物资产占比并不多，而是体现为人才、技术和创意等无形性的要素，且该类无形资产占据公司资产的绝大部分，而这也限制了初创型企业发展壮大的资金来源。公司控制权强化机制通过将所有权和控制权相分离的方式，使公司在获取支撑其进一步发展的资金的同时，能使控制人的控制权不至于被稀释，既满足了该类企业的融资需求和控制人对公司控制权的偏好，又为投资者提供了更加多元化的投资渠道，能够满足其分散投资风险之目的，具有较大的实践需求。就我国在境外上市的众多公司而言，采用双重股权结构的公司很多，大多是互联网行业的巨头，比如百度、京东、阿里巴巴等，这些公司都发展势头强劲。据此，对于刚刚尝试接受双重股权结构的中国来说，在借鉴这些先行先试的公司经验的基础上，通过在科创板进行试点，以科技和互联网初创行业为限，逐步开始双重股权结构制度的建立与完善是可行的途径。

由于采用差异化投票权结构上市的公司与以往采用"一股一权"上

---

① 香港交易及结算所有限公司：香港《主板上市规则》修订，第 8A.05 条。

市的公司具有完全不同的治理结构，二者的上市条件应有所不同。1976年，美国证券交易所在允许 Wang Laboratories 采用双重股权结构的模式上市时提出了几个要求，这些要求成为美交所应对此类上市申请的处理政策，并对后来各个国家、交易所上市规则产生了深远的影响。这些要求即所谓的"王公式"，主要包括以下内容：（1）限制投票权的股份作为一个投票类别至少有权选举不少于 25%的董事会成员；（2）超额表决权的股份与限制投票权的股份之间的投票权比例不得超过 10：1；（3）不得创建可能以任何方式削弱现有投票权股份表决权的额外股票；（4）如果超额表决权股份的数量低于总股本的某个百分比，那么超额表决权股份应该丧失其特殊性；（5）强烈建议低投票权类股份具有股息优先权。随着时代的不断发展，"王公式"与公司和资本市场相结合，在实践和立法中逐渐发展演进，目前各国的立法实践以及各大交易所的相关规定主要从以下几个方面对双重股权结构公司上市予以规制：（1）公司的股本；（2）超额表决权股份持有人资格；（3）超额表决权股份持有人持股比例与转让限制；（4）最大投票权差异的限制；（5）信息披露制度；（6）独立董事制度；等等。

另外，从主流法域的制度实践来看，控制权强化机制得到它们接纳之原因主要在于其能够通过保持控制人对公司控制权的方式，借助该群体所具备的特定能力、愿景等来推动公司实现长远发展。但这一考量因素并不足以使我们忽视该机制在外部投资者利益保护上存在的弊端。故而，从制度化的角度来看，循序渐进地予以内化才是我们应贯彻的理念，通过循序渐进的方式，将该股权配置模式之适用范围限制于特定领域，在减轻制度弊端的同时，也能积累有益经验。从我国香港地区实践来看，香港联合证券交易所当下仅将该制度的适用范围限制于新申请上市的公司。[①] 由此，我国在纳入有关制度时，也应尽量降低该制度对外部投资者可能造成的冲击，对采用该种强化机制公司的发行和上市予以一定的限制。从目前我国科创板的相关制度性规定看，主要体现为以下几个方面：第一，适用控制权强化机制的公司应限于新申请上市的公司，而对已上市公司采取限制采用的模式；第二，采用控制权强化机制进行上市的公司应该满足相关文件对于公司规模、盈利状况等条件的规定；第三，采用控制权强化机制进行

---

① 香港交易及结算所有限公司：香港《主板上市规则》修订，第 8A.05 条。

上市的公司应为科创板上市的创新型公司，例如互联网科技型公司，目的在于既能体现对商业模式创新的支持，也能为我们在相关的制度完善方面积累有益经验。

二、股份持有人资格要求

有别于单一股权结构类型的公司，控制权强化机制通过赋予特定群体超级表决权的方式实现该类群体对公司的控制和管理，由此，公司在内部权力的配置上相对较为集中。在采取该种股权配置模式的公司中，公司的控制和经营管理主要为超级表决权股份持有者所控制，由他们指引公司的发展方向和决定公司的经营策略。从这一层面来说，超级表决权股东具有身份上的重要性与特殊性，因此，实有必要对该类群体的相关资格进行适当限制。

从股东异质化理论的视角来说，公司股东在利益诉求、投资目的和能力等方面并不相同。普通外部投资者对于公司的运作与发展并不了解，也不具备公司治理和管理等方面的专业知识，在这些方面，他们既缺乏足够的能力，也缺乏相应的动力，显然经济性利益的获取更契合其所求。而根据企业家特殊愿景理论，对于公司的创始人而言，对企业的复杂情感和强烈的所有权欲望对于他们有着强烈的激励效果，推动着这些企业家为公司的发展壮大和实现长远经营尽职尽责，在以实现公司利益最大化为目的行事的同时，借助企业家们对相关行业和本公司的了解，公司的决策将更具合理性。故而，实践中出现的超级表决权股持有者一般为公司创始人及其家族成员。当然，市场的迅猛发展使竞争愈发激烈且专业，公司治理、公司决策越来越专业化，市场瞬息万变，在公司决策上必须更具效率才能抓住商业机遇，凡此种种均对公司决策者本身在相关领域具有专业知识、市场分析能力和判断能力等提出了更高的要求。由此，我们可以发现实践中持有超级表决权股份的主体除创始人及其家族成员外，还有具备专业知识与相关技能，且对公司的治理需求和公司发展历程了然于胸的专业管理层。

三、持有比例与转让限制

从控制权强化机制所带来的积极意义来看，控制权强化机制的出现缓解乃至解决了部分公司融资难的问题，使公司创始人、控制股东等相关群体对公司的控制权不至于在融资时遭到稀释，使公司既能获得足够的资金发展，又能保留控制股东的控制权，实现投资者投资多元化，减小集中投资的风险。但存在的弊端是，如果控制群体不断地减少所持有的股份，当其所持有的公司股份低于一定的比例时，股份所附带的投票权和所有权之间的差距将逐渐增大，进而导致制度适用违背预期。① 在投票权和经济权利发生较大分离的情况下，如果出现某种交易使控制者私利和公司利益产生分歧时，若控制者能从该交易中获得的私人利益大于其从公司中获得的收益，控制者可能会以损害公司和公众投资者利益的方式行事。因为控制者可以只承担因不当行事给公司所带来的损失中的很小一部分，却能获得很大的私人利益。②

　　将少量持股控制股东所控制的公司、多数持股控股股东所控制的公司与股权分散公司进行比较可以发现：在股权分散公司中，管理层只拥有小部分的现金流权，因此所有权动机所引发的激励效果是有限的。但公司所有者可以随时决定替换表现不佳的管理层，因此，替换危机可以促使管理层产生履职动力，激励管理层为公司利益最大化服务。在多数持股控股股东所控制的公司，控制人与公司具有利益上的一致性，所以控制人对公司强烈的所有权动机会促使其从公司利益最大化角度行事。但是，在少数持股股东控制的公司中，缺乏一种使控制者与公司利益保持一致的机制来保障公司和公众投资者的利益，控制者不会受到替代威胁或者所有权动机的约束，容易作出不利于公司和公众投资者利益的决策。有鉴于此，通过为控制者持有的股份设置最低比例限制，在其与公司之间建立一定的经济关联关系，在一定程度上保持两者间的连接性和利益的一致性，可以限制和约束控制人进行利益侵占，无疑是激励控制人以为公司谋求利益的方式行事的有效途径之一。

　　另外，普通的投资者是否进行投资某一公司通常是基于对公司控制人的能力与才能的权衡判断。如果公司超级投票权股份的持有者可以随意转让其所持有的超级投票权股份，则超级投票权所附带的公司日常经营管理权也将转移，而这将导致公众投资者预期目的难以实现，也扭曲了公司控

①　Lucian A. Bebchuk & Kobi Kastiel，"The Untenable Case for Perpetual Dual-Class Stock"，*Virginia Law Review*，Vol. 103，No. 4，2017，p. 621.

②　Zohar Goshen & Richard C. Squire，"Principal Costs：A New Theory for Corporate Law and Governance"，*Columbia Law Review*，Vol. 117，No. 3，2017，pp. 791–801.

制权强化机制适用的制度价值。同时，超级表决权股份的自由转让可能会导致控制权的流出，使创始人丧失对公司的控制，这也与公司采用控制权强化机制的初衷相违背。所以，在实践中为了将控制权保留在创始人集团中，使控制人能不受限制地发挥其能力实现特殊愿景，对于超级表决权股份的转让有着各种限制。

常见的限制包括以下几种。（1）转让自动转化：超级表决权股份可以自由转让，但是当超级表决权股份进行转让时将自动转换为无投票权或者低投票权股份。（2）限制受让对象：超级表决权股份可以自由转让，但只能向章程规定的特定受让对象进行转让。而关于特定受让对象，不同的公司有不同的规定，主要包括以下几种：家族成员、现有的持有超级表决权股份的股东、控制超级表决权股东或者由超级表决权股东控制或共同控制的附属公司或实体等。（3）保留转让：超级表决权股份可以自由转让，但超级表决权股东必须保留被转让给不同法人实体的股份的决定权和投票权。（4）经批准转让：根据公司章程规定，超级表决权股份在对外进行转让时，必须经过股东大会或者其他超级表决权股份持有人的同意。根据不同的公司现状以及市场状况，不同的公司可以选择和设计不同的限制方法以达到其目的。

四、公司治理的特殊规则

（一）独立董事制度

双重股权结构等控制权强化机制的采用使公司的投票权相对集中，赋予了公司控制人对公司决策的自由裁量权，也意味着董事的选举由控制人控制。在这种情况下，一般的董事会很难避免其管理不受到干涉，因此，为了应对可能发生的管理问题，可以通过设立独立董事来进行解决。独立董事被公认为一项关键的公司治理工具，可以通过防止管理层的利益侵占和自我服务行为来降低代理成本。[1] 同时，独立董事还可以作为公司和公众投资者利益的代表对管理层进行监督，在全球的公司治理中发挥着重要作用。由于独立董事制度对于控制权强化机制下外部投资者保护的重要性，我们将其置于后文进行详细论述。

---

[1] Anita Anand, "Governance Complexities in Firms with Dual Class Shares", *The Annals of Corporate Governance*, Vol. 3, No. 3, 2018, pp. 184–275.

（二）信息披露制度

证券市场的投资者被视为理性的经济人，"买者自慎"是一般的交易原则，但"买者自慎"的前提是公司必须按照法律法规和公司章程履行披露义务，向公众投资者提供充足的信息以供其进行权衡判断。在控制权强化机制下，少数股东控制着董事会，董事会为了维护少数股东的利益，在某些对少数股东不利的事项上，很可能出现不披露或者隐瞒的情况，从而造成信息不对称的局面，使得投资者无法作出正确的决策，损害公司和公众投资者的权益。所以，控制权强化机制在加强了控制人控制权的同时，更需要通过特定的机制设计加强对公众投资者的保护。信息披露是投资者获取投资信息以了解投资对象并作出投资决策的重要保障，完善的信息披露机制是投资市场实现透明化不可或缺的要素。在缺乏强制性信息披露制度的情况下，发行人可能不会如实披露信息或有可能披露误导性信息来干扰投资者的判断。美国证券交易委员会下设的"投资者顾问委员会"在一篇文稿中，针对双重股权结构下的两权背离程度、公司治理变更风险、利益冲突或上市风险等问题，提出应当要求双重股权结构公司以及其他控制权强化机制的公司遵循下列规则。第一，该类公司应清晰且显著披露：（a）在公司董事会或类似公司机构选举中能够控制或指示5%以上普通股或与该数额相等的所有者权益；（b）该类主体所拥有的投票权或控制的投票权。第二，该类公司应清晰且显著地披露（a）拥有高投票权股的股东可能使用其高投票权股来增加两权背离程度的风险；（b）该主体可以不需要公司其他股东表决同意而通过决议的高投票权股的最低持股数额。第三，该类公司应清晰且显著地披露因其所拥有的公司控制权而使公司被主要指数排除或限制的风险及影响，以及限制公司股票流通或价值的潜在影响。第四，该类公司应清晰且显著地披露证券交易所根据州法或者其他组织法之规定，当公司控制股东行使表决权以增加自身表决权或减少其他股东表决权时将该公司予以退市的风险。第五，为实现信息披露的目的而对普通股重新界定，以将"一股一权"结构下的普通股与减权股（Diminished-rights Stock）相区别。①

---

① SEC, "Discussion Draft Re: Dual Class and Other Entrenching Governance Structures in Public Companies", （December 17, 2018）, https://www.sec.gov/spotlight/investor-advisory-committee-2012/discussion-draft-dual-class-recommendation-iac-120717.pdf.

1. 信息披露的特点

控制权强化机制具有控制权和表决权相分离的特性，控制股东只需要通过少量的投资便可获得大多数的表决权，故而该种结构下的外部投资者更容易受到控制股东的不利损害，因此，相对于一般的"一股一权"结构公司，该种结构下的公司信息披露应当具备其特殊性。

第一，该种结构下的公司信息披露应当以体系化来呈现。该种结构下的公司的信息披露不仅应当与一般上市公司的信息披露相区别，还应当在信息披露上体现其体系性。首先，该种结构下的公司在提交上市申请之前应当将股票类别、权利内容、采纳该种结构对投资者的影响、股东间与控制权强化机制相关的协议以及持有该种股份股东的道德、职业历史以及比例等在公司招股说明书或者公司其他相关公告上予以披露。其次，在公司的股票正面应当明确使用特定的符号表明该种股份为控制权强化机制的股票，此外，公司发行该种股份之后，在上市交易时应当使用特定的技术将该种公司予以凸显。最后，在公司上市之后，为了避免出现股东中途改变公司持股数额的情况，应当对公司持有超级表决权的股东持股数量的变化，以及该种变化对于外部投资者将造成何种影响，该股东持有的超额表决权股份的比例应当维持在何等限度才能避免对公司中小投资者造成损害等信息进行持续披露，为公司中小投资者行使选择权提供相应的决策参考。

第二，该种结构下的公司信息披露应当具备即时性。股票交易市场瞬息万变，即时的信息披露对于公司外部投资者的保护极为重要，特别是在控制权强化机制下的公司变化对于投资者的权益保护更为特殊。因此，在控制权强化机制下的公司信息披露制度设计上应当构建一套能够实现公司信息即时发布的重要机制，以此来保护外部投资者的知情权和选择权。此外，要求上市公司就相关事项进行即时公布可以有效防止大股东滥权或者大股东抽回投资导致公司控制权和现金流权之间的比例相差过大的情况出现。

第三，该种结构下的公司信息披露应当通俗化。相较于证券市场与金融活动较为发达的地区，中国大陆地区的众多普通投资者对于双重股权结构等控制权强化机制还比较陌生，对外部投资者群体来说，信息披露的专业程度越高，投资者理解该种信息的难度就越大。在控制权强化机制下，关于现金流权和控制权之间的比例、该种比例对于股东权利的影响以及股票投票权设计合理性的详细介绍，对外部投资者权利的保护都极为重要。因此，上市公司在进行信息披露时应当避免过度专业化，应当使用通俗易懂的语言，以使投资者能够有效利用该信息。

2. 信息披露的内容

控制权强化机制下的公司信息披露应与一般公司的信息披露有所区别，在控制权强化机制下，公司信息披露的内容除了一般公司应当披露的内容外，还应当包括以下内容。

（1）在股票正面、招股说明书首页显著标明股票类别；

（2）公司采取何种控制权强化机制，该种结构对股东权利的影响；

（3）为保护股东权利，超级表决权股份占总股份最低限度的比例数额；

（4）股东间协议，以及该种协议对于公司控制权的影响；

（5）超级表决权股份持有人的相关信息；

（6）公司超级表决权持有人持有的股份变化，以及此种变化对于公司外部投资者会造成的影响。

3. 控制权强化机制下信息披露制度的运作机制

在我国完善控制权强化机制的制度建构过程中，信息披露制度的完善可以从以下几方面展开。首先，在公司的招股说明书、中期报告、年度报告、公司章程以及临时性的信息披露文件中，就公司采取的控制权强化机制的构造类型、采纳该构造的原因以及该种构造对于股东权利的影响进行披露。其次，披露公司持有高投票权股股东持股数额的变化，该股东为维持公司控制权可以持有的最低股份的数额，该股东持股数额变化对于公司和股东的影响以及公司股东间协议的变化对于公司和股东的影响。再次，在公司的简称中用特定符号表明该公司上市交易的股份为特定类别股份。最后，该类公司应当披露持股结构变化对公司存在的各类影响以及潜在的风险。

根据《上市公司信息披露管理办法》第7条的规定，信息披露文件主要包括招股说明书、募集说明书、上市公告书、定期报告和临时报告等。就控制权强化机制下的上市公司招股说明书和募集说明书的信息披露而言，上市公司应当在公司发行和上市之前进行充分细致的信息披露，因为招股说明书和募集说明书提前对有关控制权强化机制的相关信息进行披露有助于投资者们在了解该种特殊的股权架构后选择是否进行投资。如果在公司上市之前投资者并不了解该种股权架构，将不利于投资者的权益保护。

在控制权强化机制下的公司定期信息披露可以根据证监会发布的《上市公司信息披露管理办法》相关规定进行，但是信息披露的内容应当结合上文所讨论的内容进行相应的修改。根据《上市公司信息披露管理办法》的规定，年度报告应当在每个会计年度结束之日起 4 个月内，中期报告应当在每个会计年度的上半年结束之日起 2 个月内，季度报告应当在每个会计年度第 3 个月、第 9 个月结束后的 1 个月内编制完成并披露。

公司上市之后的具体情况瞬息万变，若不建立合适的临时信息披露制度将不利于对投资者知情权的保护以及投资者救济途径的选择。根据《上市公司信息披露管理办法》第 33 条的规定，上市公司应当制定重大事件的报告、传递、审核、披露程序。董事、监事、高级管理人员知悉重大事件发生时，应当按照公司规定立即履行报告义务；董事长在接到报告后，应当立即向董事会报告，并敦促董事会秘书组织临时报告的披露工作。就控制权强化机制下的投资者保护而言，对投资者权益将产生重大影响的信息披露至关重要，因此在该种股权结构下的上市公司信息披露应当特别注意涉及股东权益信息披露的即时性，如上市公司控制股东所持股票的变化、该种变化的影响以及为保护控制权和现金流权之间合理的比例而应当持有的股份限额等。

第四节　存在控制权强化机制的公司股份上市规则

一、类别股份挂牌交易可行性

（一）类别股份挂牌交易的理论基础

根据私序理论的基本逻辑，双重股权结构通过允许一家公司根据自己的特定品质和属性构建其内部事务来促进高效的私序。[①] 双重股权结构公司上市交易是一种自发形成的市场交易行为，是成本最低、效益最优的自发秩序，允许其挂牌交易具有正当性和可行性。在契约自由以及自由市场

---

① Bernard S Sharfman, "How DCS in IPOs Can Create Value", Columbia Law School's Blog on Corporations and the Capital Markets (August 1, 2017), http://clsbluesky.law.columbia.edu/2017/08/01/how-dual-class-sharesin-ipos-can-create-value/.

的环境下，可以通过各种股份投票权、现金流权的配置来实现公司价值最大化和投资者保护的目标。投资者拥有选择投资或不投资的自由。控制权强化机制所产生的成本、风险被市场定价为 IPO 的股票价格，市场有能力评估和定价这些风险。企业家愿意在 IPO 时接受公司较低的价值，投资者愿意以市场价格购买股票，以便从企业家特殊的愿景实现中获益并达成公平交易。双重股权结构是市场主体自主选择的结果，无疑是成本最低廉、效益最优越的，因此，我们没有理由拒绝这样一种可以为市场带来巨大财富效应的控制权强化安排。同时，企业家的特殊愿景也可以对类别股份上市的正当性作出合理的解释，当企业家或者公司创始人拥有新颖的想法、卓越的才能、珍贵的特质并希望将其转化成为产品投入市场时，如果他们的创意、技能能够获得投资者青睐和市场的肯认，投资者会选择接受在 IPO 时的控制权强化机制设计。通过 IPO 时的控制权强化机制赋予企业家或者创始人更多的控制权，不仅公司上市之后可以获得充沛的资金，而且企业家可以通过稳定的控制权用心经营以实现公司的长期价值和目标。与之相反，如果企业家和创始人的商业创意和智识无法产生吸引力并创造价值，那么投资者、市场亦可选择不接受控制权强化机制的安排。此外，我们应当认识到采用控制权强化机制上市的公司也存在潜在风险和危机，企业家控制权的集中可能会加剧两权分离导致的代理问题，在公司上市之后，管理者可能滥用控制权，从事利益冲突交易、侵占公司资源、篡夺公司机会、损害公司和其他股东利益等行为。这类风险的防范就需要我们精心构建一套控制权强化机制规则体系，通过合理的制度安排和规则设计，发挥制度激励的功能，赋予企业管理者实现特殊愿景的自由和激励，并降低代理成本，实现投资者保护。最佳的控制权强化机制将受特定情况的要素驱动，并应在首次公开募股之前通过各方协商，考虑公司的性质和企业家愿景特质的优势、企业家的能力、公司所处行业、公司的资本状况和支出要求、上市替代的可行性，以及考虑公司进入公开市场条款的各方认为重要的任何其他因素。一种模式并不适合所有公司，我们应该允许各个公司根据市场的具体情况设计符合其需要的具体方案，总的来说，应当实现企业家和投资者在效益和控制权的分离上最佳的资源分配。①

---

① Andrew Winden, "Sunrise, Sunset: An Empirical and Theoretical Assessment of Dual-Class Stock Structures", *Rock Center for Corporate Governance at Stanford University Working Paper*, No. 228, 2017.

（二） 类别股份挂牌交易的实践需求

从我国当下的市场环境和法律制度来看，在过去的一段时间，尽管我国市场化改革卓有成效，多层次资本市场格局已经形成，证券品种类型繁多，市场交易蓬勃开展，但是就 A 股 IPO 而言，上市标准严格，审核程序冗长，已经无法满足众多新兴科技公司的客观需求，相当多创新型、科技型公司基于开阔市场、便利融资、创始人控制权维系等考虑，纷纷另辟蹊径，寻求国外资本市场上市融资。比如，我国的科技创新公司前些年曾掀起"出走华尔街"的热潮，远赴境外上市形成中概股群体。又如，阿里巴巴申请上市港交所被拒，转而上市美国，这些市场现象背后折射的是资本市场对于双重股权结构的强烈需求。在过去若干年，禁止双重股权结构公司上市大大降低了中国资本市场的吸引力和竞争力，抑制了市场创新的动力和市场发展活力。从世界其他国家和地区关于双重股权结构的市场经验来看，尊重市场投资者和企业管理者的自主选择和安排，允许双重股权结构上市已然成为趋势和潮流。

二、类别股份上市的特殊规则

类别股份的上市规则属于证券交易所的自律规则，根据前文的比较法考察，美国纽约证券交易所、纳斯达克交易所对于双重股权结构有着非常灵活宽松的上市规则，新加坡证券交易所、中国香港联合证券交易所等关于双重股权结构是否上市的争论也渐渐平息，相继修改已有的上市规则，控制权强化机制适当的规则框架已经成型。中国证监会、证券交易所也已经允许控制权强化机制公司首次公开发行并上市，下一步应当构建完善合理的规则体系，来降低控制权强化机制引发的控制权集中的代理成本，和保护企业家对公司的愿景、实现公司价值的平衡。在现有的监管规范和上市规则基础上，特别要对控制权强化机制上市的公司从资格准入、投票权规则、日落条款、公司治理、投资者保障等方面完善其体系化规则。

（一） 发行人的资格条件

首次公开发行上市的发行人可以选择采用双重股权结构等控制权强化机制，但是已经以"一股一权"结构上市的现有公司不允许在上市后转换为双重股权结构。具有双重股权结构的上市公司除非通过股东大会特别决议批准，否则在上市之后不得发行任何新的超额投票权股份。发行人应当符合证券交易所上市规则已有的资格要求，同时发行人应当符合一定的市值要求或发行人的商业模式应当具有增长前景，超额投票权股东应当对公司具有独特的作用和贡献。证券交易所拥有对发行人是否符合上市条件进行评估的权力，如果发行人上市申请涉及新问题或者存在争议，证券交易所应当提出改进方案，要求发行人增加规范控制权强化机制的保障措施。

（二）超额投票权股东、普通投票权股东投票的特殊规则

超额投票权股东必须是发行人的董事，超额投票权股东的投票权应限制在每股 10 票以内，同时不允许发行人更改上市后的差额比例。

持有普通表决权股票的股东所持有的投票权至少应占 10%，普通投票权股东持有至少 10% 的投票权必须能够提议召开股东大会。

涉及发行人的重要事项必须通过股东大会的特别投票程序批准，在特别投票程序中，超额投票权股东只能通过一股一票的方式行使投票权。发行人的重要事项包括但不限于以下情形：第一，修改发行人的公司章程；第二，双重股权结构权利配置的变更；第三，任命和罢免独立董事；第四，任命和罢免财务审计人员；第五，结束发行；第六，发行人退市。

（三）公司章程的"日落条款"

目前，双重股权结构作为一种能够有效实现控制权强化的典型机制，在许多国家或地区被广泛使用，公司的实践经验也已经表明其在公司治理中发挥着积极、良好的作用。因此，对于双重股权结构可取性的辩论已无关宏旨。相反，随着上市时间的推移，双重股权结构的潜在优势（允许具有企业愿景和卓越领导技能的创始人保持对公司的控制，从而带来诸如降低代理成本和关注长期增长等好处）往往会逐渐减弱，而其潜在成本（损害外部投资者利益、管理层侵占公司利益等）往往会上升。[1] 据此，对于控制权强化机制持续性的辩论变得举足轻重。控制权强化机制的持续性是指双重股权结构能在公司持续存在的时间。控制权强化机制在公司持续时间的长短通常是通过在章程中规定日落条款来实现的。如果没有日落

---

[1] Bebchuk Lucian A. & Kastiel Kobi, "The Untenable Case for Perpetual Dual-Class Stock", *Virginia Law Review*, Vol. 103, No. 4, 2017, pp. 767-829.

条款，控制权强化机制的生命周期将是永久的，而这种无限的持续时间很可能会随着时间的推移产生越来越大的风险和成本。

日落条款是指在公司章程中规定发行人不再拥有超额投票权的情形，包括基于时间的日落、稀释日落、撤资日落、死亡和无行为能力日落、转让日落等。发行人如果寻求双重股权结构上市，公司章程中应当列明超额表决权股份转为普通投票权股份的情形。当全部的超额表决权股份逐渐转化为普通投票权股份时，双重股权结构也就被拆解转化为单一的股权结构。在实践中常见的日落条款包括但不限于以下情形。①

第一，期限式日落条款。基于时间的日落要求在首次公开发行后的一定年限内自动将超额表决权股份转换为普通投票权股份。通常很多公司将上市的周年纪念日作为转换日，转换年限从几年到数十年不等。在实践中，运用此种日落条款的公司很多，如罗克韦尔自动化公司（Rockwell Automation，Inc.）于1987年上市，规定的日落时间为7年；德克萨斯公路公司（Texas Roadhouse，Inc.）于2004年上市，规定的日落时间为5年；Groupon公司于2011年上市，规定的日落时间为5年。

第二，稀释型日落条款。稀释型日落是指通过公司章程预先规定最低限度的公司超级投票权股份占公司超级投票权股份与普通股股份的数量总和的比例，当公司超级投票权股份占比低于公司章程所规定的这一比例的最低限度之时，公司的超级投票权股份将自动转换为普通表决权股份。从实践来看，Yelp公司章程规定了这一类型的日落条款，2016年该公司超级投票权股份低于章程所定10%的最低限度，致使该公司超级投票权股份自动转换为"一股一权"的股份，而公司也相应地从双重股权结构转化为同股同权的股权结构。

第三，撤资日落。与稀释日落相似，撤资日落同样关注超额表决权股份的数量，不同的是撤资日落是将创始人或控制人所持有的超额表决权股份数量与所有已发行在外的超额表决权数量相比较，当两者之百分比小于章程事先规定的比例时即触发自动转换条款。

第四，死亡和无行为能力日落。当超额表决权股份持有人死亡或者变为无行为能力人时，其持有的超额表决权股份将自动转化为普通投票权股

---

① Andrew Winden, "Sunrise, Sunset: An Empirical and Theoretical Assessment of Dual-Class Stock Structures", *Rock Center for Corporate Governance at Stanford University Working Paper*, No. 228, 2017.

份。在实践中，该条款在各个公司的实际运用中存在一定差异。有的公司对持有人的范围进行了限制，只规定非创始人的持有人持有的超额表决权股份在发生上述情形时需要进行转换。有的公司对转换的时间进行规定，比如规定创始人持有的超额表决权股份在其去世九个月后才发生转换。此外，有的公司还规定自动转换股份的覆盖范围不仅限于相关个人直接持有的股份，还包括其在生前转让给他人的股份。

第五，分离日落。分离日落是指当公司的创始人、控制人或者特定的人员不再担任公司的某种职位或者不再管理公司时，其所持有的超额表决权股份将自动转换成普通投票权股份。Moelis & Co 在其章程中规定，创始人/首席执行官/控股股东肯尼斯·莫里斯持有的股份为超额表决权股份，每份股份享有 10 个投票权。如果肯尼斯·莫里斯被判有违反美国联邦或州的证券法的行为，构成重罪，或构成涉及道德败坏的重罪，那么其对 Moelis & Co 的超额表决权股份也将失去额外的投票权。

第六，转让日落。当超额表决权股份持有人将其所持有的超额表决权股份转让时，其所持有的超额表决权股份将自动转换为"一股一权"的普通股股份。当然，为了对该种自动转换机制进行相应的限制，公司章程会规定当向特定受让人进行转让时予以转换豁免，被转让的股份仍具有超额表决权。特定的受让人通常包括创始人或控制人及其家族成员、现有的持有超额表决权股份的股东、控制超额表决权股东或者由超额表决权股东控制或共同控制的附属公司或实体等。更为宽松的转让日落在受让人为附属公司或者实体时，对附属公司或者实体的资格未作限制，只是要求在转让时保留投票权和决定权。在实践中，除期限式日落外，转让日落的适用最为频繁。

实际上，在 20 世纪，双重股权结构公司的超额表决权股份的自由转让是常态，在 20 世纪进行上市的 44 家公司中，有 30 家允许其超额表决权股份的自由转让。[①] 谷歌在 2004 年采用双重股权结构上市，在其章程中规定了超额表决权股份转让日落条款。谷歌对超额表决权股份转让的限制对在其后采取双重股权结构上市的公司产生了很大的影响。其转让日落条

---

① Andrew Winden, "Sunrise, Sunset: An Empirical and Theoretical Assessment of Dual-Class Stock Structures", *Rock Center for Corporate Governance at Stanford University Working Paper*, No. 228, 2017.

款主要规定如下。

除转让给以下实体外，B 类普通股的每股股份在转让时应（无须进一步行动）自动转换为一份全额支付和不可评估的 A 类普通股。

（1）从创始人或此类创始人的许可实体转让给另一个创始人或者此类创始人的许可实体。

（2）B 类股东是以下任何许可实体的自然人，且是从以下任何被许可实体的自然人到此类 B 类股东和/或由 B 类股东设立或为此类 B 类股东设立的任何其他实体。

其他实体主要包括：（a）为 B 类股东的利益而非为任何其他人的利益的信托；（b）B 类股东对该信托持有的 B 类普通股股票拥有唯一的决定权和独家投票控制权的信托；（c）B 类股东拥有唯一决定权且拥有对该信托持有的 B 类普通股股份有关的独家投票控制权的信托；（d）根据《国内税收法》规定，个人退休账户、养老金、利润分享、股票奖励，或者其他 B 类股东作为参与者或者受益人并满足根据《国内税收法》质量要求的计划或信托；（e）B 类股东直接或者间接通过一个或者多个许可实体持有的具有足够投票权股份的公司，或具有法律上可强制执行的权利，以使 B 类股东保留对该公司持有的 B 类普通股股份的唯一决定权和独家投票权的公司；（f）B 类股东直接或间接通过一个或多个许可实体拥有合伙权益，并在合伙企业中拥有足够的投票控制权，或具有法律上可强制执行的权利，使 B 类股东保留由该合伙企业持有的 B 类普通股股份的唯一的决定权和独家投票控制权的合伙企业；（g）B 类股东直接或间接通过一个或多个许可实体，在有限责任公司拥有足够的投票控制权的会员权益，或者具有法律上可强制执行的权利，使 B 类股东对该有限责任公司持有的 B 类普通股股份保留唯一的决定权和独家投票控制权的有限责任公司。

（3）作为合伙企业的 B 类股东或合伙企业的代理人，该合伙企业在有效时间内实际持有已发行在外的 B 类普通股总股本的 5% 以上，对于任何个人或实体来说，在有效时间内，根据其在合伙企业中的所有权权益以及任何适用的合伙企业或类似协议的条款，按比例成为合伙企业的合伙人。

（4）作为有限责任公司的 B 类股东或有限责任公司的代理人，有限责任公司在有效时间内实际持有已发行 B 类普通股股份总数的 5% 以上，对于任何个人或实体来说，在有效时间内，按照其在公司的所有权权益按比例成为该有限责任公司的成员。

从上述谷歌章程对转让日落的规定来看，谷歌日落条款对受豁免的受让人资格进行了严格的限制，引入了保留投票权和决定权的要求，强调了受让人是许可实体，强调许可实体的独家投票权和唯一决定权直接或间接由 B 类股东所持有。谷歌的转让日落旨在尽可能地限制首次公开发行时持有股票的创始人和超级表决权股东的控制权。

（四）公司治理的特殊规则

独立董事制度作为舶来品，在我国上市公司中已历经 20 多年实践。我国独立董事制度相关内容最早可上溯到 2000 年 9 月《国务院办公厅关于转发国家经贸委国有大中型企业建立现代企业制度和加强管理基本规范（试行）的通知》。当然，从该文件第一部分第（七）条来看，规定稍显笼统且缺乏细化规定。而在 2001 年中国证监会发布了《关于在上市公司建立独立董事制度的指导意见》，从该文件内容来看，独立董事制度得到了进一步的细化规定，极大地增加了制度可行性，该文件对独立董事的各项具体内容的规定更具系统性。到了 2013 年，国务院办公厅发布了《关于进一步加强资本市场中小投资者合法权益保护工作的意见》，该文件增加了独立董事在外部投资者权益保护上的规定，独立董事应就公司的利润分配政策是否会损害公司外部投资者合法权益发表明确意见。随后，2018 年证监会发布修订版《上市公司治理准则》，对于独立董事制度予以进一步完善。虽然独立董事制度在我国不断得到重视和推行，但是其改善公司治理的实际效果仍然有待加强。特别是在控制权强化机制的背景下，应当进一步增强独立董事制度对外部投资者利益的保护功能。采用控制权强化机制的发行人应当保障董事会成员的独立性，强化董事会专门委员会中独立董事的职责，董事会专门委员会中独立董事应占据成员的大部分比例，独立董事应当诚信与勤勉地履行监督职权，确保存在控制权强化机制的发行人的经营决策、公司治理、对外投资等商业活动符合所有股东的利益且合法合规。

在引入双重股权构造等控制权强化机制的同时，应相应地完善独立董事任免机制的规定。从中国证监会发布的《关于在上市公司建立独立董事制度的指导意见》中独立董事提名和选举的内容来看，独立董事的提名主体可以是公司董事会、监事会、单独或者合计持有上市公司已发行股份1%以上的股东，而独立董事的选举则由公司股东大会决议进行。不难看出，表决权比例依然是董事会选任中的决定性因素，而依照这一传统做法，独立董事选任机制本质上将为超级表决权股东所控制，可想而知，该种模式下产生的独立董事之独立性难免存疑，难以发挥其保护外部投资者的重要作用。故而，对于采取类似双重股权结构等控制权强化机制的公司来说，应当注意传统规则的迭代更新。简言之，对于采取该种模式的公司，可以考虑通过对独立董事的选任、连任等事项适用双重通过制度的方式来适当规制，即以股东大会过半数加外部投资者2/3多数决的方式进行表决，以保持独立董事的专业性与独立性，且不至于使控制股东失去对公司日常经营管理的控制。[1]

（五）投资者保障措施

一方面，应当为类别股份的信息披露设计特殊规则。发行人应当在其公司章程、招股说明书中加入突出声明，披露类别股份等控制权强化机制可能存在的风险，采用控制权强化机制的理由，需要增强投票程序表决的事项，并在公司的年度报告、中期报告、季度报告持续披露，表明发行人是具有控制权强化机制的公司。

另一方面，证券交易所应当明确区分控制权强化机制的发行人的证券，并以独特的方式标识，及时对投资者进行教育，以提高投资者对控制权强化机制的认识和理解。

---

[1] Lucian A. Bebchuk & Assaf Hamdani, "Independent Directors and Controlling Shareholders", *University of Pennsylvania Law Review*, Vol. 165, No. 6, 2017, pp. 1271-1315.

第八章 控制权强化机制下的外部投资者保护之完善

第一节 外部投资者弱势地位与保护需求

一、控制权强化机制对外部投资者弱势地位的加剧

在采纳控制权强化机制的公司中，公司控制股东往往不是持有公司已发行股份最多的股东，而是通过各种机制安排（多重表决权股、股东间协议、管理层控制等）使自己掌握绝大部分表决权的股东，以此来实现对公司的控制。因此，该种股权结构下的外部投资者的地位并不一定通过股东对公司的投资数额来决定，而是根据其持有的公司表决权来决定。相对于"一股一权"结构的公司而言，该种结构下的外部投资者处于更加弱势的地位，基于公司章程的特殊规定，公司超额表决权股不可自由转让，加之公司控制股东持有的超额表决权股或股东间协议形成的机制安排，使得公司现金流权与控制权之间相分离，外部投资者在该种情况下的地位呈现进一步弱化的趋势。

（一）作为公司监督者的地位弱化

投资者通过向公司进行投资以获得公司股东之地位，在"一股一权"结构之下，公司股东以其持股的多少来决定其所持有的公司表决权数额，而在控制权强化机制之下，公司股东所持有的表决权不再仅仅由其所持有的公司股份进行决定，甚至在某些情况下，持股最多的股东却不一定是公司的控制股东。在控制权强化机制下，公司股东所持有的表决权比例主要

是根据公司所采纳的控制权强化机制的类型来决定。在采纳双重股权结构的公司中，表决权的多少取决于股东所持有公司股份的种类；在采纳股东间协议的公司中，表决权的多少取决于是否参与这种股东间协议。但是无论采用何种机制，股东通过参与公司股东大会并行使表决权，从而形成对公司的运作以及管理层行为的监督这一事实是不变的，也即"公司表决权制度是公司的监督机制之一"。① 之所以说公司外部投资者在控制权强化机制之下的监督者地位弱化，是因为在该种公司结构中，由于公司股权结构的特殊设计，外部投资者持有的股份表决权是"稀释过"的。在公司采纳多重表决权的情况下，例如京东集团所设计的 A 股"一股一权"，B 股一股二十权的股权配置模式下，A 股股东相对而言只是持有 B 股股东 1/20 的表决权，而在采纳"一股一权"结构的股权配置模式中，股东持有的公司股份所附带的表决权则是一致的。因此，在控制权强化机制模式之下，公司外部投资者的表决权是处于弱化状态的，表决权弱化使得外部投资者作为监督者地位也呈现弱化之势。

（二）作为公司利益索取者的地位弱化

投资者向公司进行投资的目的无非是实现自身的利益，而这种利益最主要体现为经济利益，也即投资者意图通过对公司的投资实现经济收益。公司股东的经济利益主要通过对公司的股息、分红以及公司剩余利益索取的权利来实现。股东在"一股一权"结构下的表决权数量由其在公司中的投资比例决定，股东在公司的表决权数额决定了该股东对于公司决议所产生的影响力大小，这种表决权数额的决定作用在采纳控制权强化机制的公司中也是如此。易言之，"一股一权"结构下股东持股多少对于自身利益的维护力影响较大，而控制权强化机制下的公司股东维护力与"一股一权"结构公司的股东却不相一致，这种差异主要体现在持股多少对于公司决议的影响力并不起决定作用。除此之外，在大多数公司中，持有少量现金流权的管理层对于实现公司价值最大化都存在激励不足的现象。② 这种现象的存在，使得采纳该种结构的公司更易于引发代理成本问题。故而，在该种结构下的公司股东作为利益索取者的地位也呈现弱化状态。

① Frank H. Easterbrook & Daniel R. Fischel, "Voting in Corporate Law", *The Journal of Law and Economics*, Vol. 26, 1983, p. 416.

② Lucian A. Bebchuk & Kobi Kastiel, "The Perils of Small-Minority Controllers", *Georgetown Law Journal*, Vol. 107, No. 6, 2018, p. 8.

（三）作为委托人一方地位之弱化

公司自产生以来不断发展完善，不论是在规模还是在影响上都得到了长足的发展，相应的公司制度自然也是如此。在不断发展过程中，随着经营规模的不断扩大，公司不断进行融资，同时股东数量也不断呈现上升之势。虽然公司在不断扩大过程中，公司管理层也不断扩大，但是基于现代公司股东会和公司的规模，所有股东都参与公司治理活动显然并不现实。因此，公司大多数股东只能通过选任代理人的方式并将自己的部分权利让渡出来，将其赋予公司管理层以提高公司的经营管理效率，而这一行为使得公司股东成为委托代理关系的一方当事人（委托人），有权要求代理人为委托人利益行事，不得作出损害公司以及委托人利益的行为，并有权更换不合格之管理层人员。在控制权强化机制之下，公司股东持有股份类型的不同导致其所持股份附带表决权的不一致，而这种表决权差异股份的设置、股东间协议的存在或者管理层控制机制的存在使得公司股东本应在"一股一权"结构之下享有的表决权不再平等，在这些机制之下，公司股东即使持有公司大部分股份，也不一定能够对公司的相关决议或管理层有所影响或起到决定作用。易言之，公司股东不再对公司的管理层或者决议事项具有与其持股数额相当的影响力，虽然管理层的选任、分红决议或公司其他决议也是公司股东通过决议决定的，但是，基于公司特殊股权结构的设计，股东相较于传统公司的委托人地位发生重大变化，不再具备"一股一权"公司股东相应的影响力。因此，在这一公司股权配置模式之下的股东，其作为委托人的地位呈现明显的弱化之势。

二、控制权强化机制下外部投资者保护的特殊需求

（一）理论层面

投资者保护制度的完善程度不仅是证券市场良性发展的重要基础，也是我国证券市场在国际金融市场有效竞争的条件之一。投资者是证券市场的主要参与者，投资者保护机制的设计是投资者进行投资时考虑的因素之一，也是公司选择上市地时会考虑的因素。在公司不断发展壮大的过程中，其对于资金的需求不断扩大，而实践中，最有吸引力的资金筹集方式便是通过公开发行上市的方式进行筹资。公司的公开发行上市所带来的结果便是公司的股本数额逐渐扩大，公司的股东也不再局限于成立之时的少

数股东，而是加入了机构投资者、个体投资者等外部股东，公司的股东数量在上市之后将大幅增加。股东结构呈现控制股东以及持有少数股份的外部投资者等多元化样态，而外部投资者由于投资数额相对较少以及股东行权成本的巨大，产生了股东之间的集体行动问题，并进而导致"搭便车"现象的产生。集体行动问题在股东权利救济过程中主要表现为当事人股东在诉讼中无法避免其他股东"搭便车"的行为，这最终会导致股东维权积极性下降，使得公司股东对其权利维护采取冷漠淡然的态度，进而发展到没有人愿意采取维权措施和有利于集体的行动。[1] 推而广之，由于股东可以坐享任何其他股东行使监督权的成果，这就导致任何个体股东都不会有太大的动机去花费额外的成本对管理层进行监督。[2]集体行动问题的存在使公司控制股东不断将公司控制权集于手中而无须担心外部投资者的挑战，这一现实使控制股东可以在花费极少成本的情况下掌握控制权并不断攫取控制权私利。外部投资者则受限于投资数额稀少而行权成本巨大及其存在的"搭便车"心理，极少去积极行权和维权，由此导致实践中外部投资者权益受到损害的情形不断上演。上述理论分析表明，特别是在现金流权和控制权出现分离的控制权强化机制配置结构的公司不断涌现的背景下，少量投资便获得公司控制权的控制股东牺牲公司和中小投资者利益以获取个人私利的可能性大大增加，应当在立法上不断加强对于外部投资者的保护。

（二）现实层面

除了理论层面研究得出外部投资者需要特殊保护的结论之外，实践层面存在的现实问题也表明应当注重对外部投资者利益之保护。2016 年 8 月，上海证券交易所与中证中小投资者服务中心有限责任公司（以下简称"投服中心"）联合发布的《投资者权益知识调查报告》显示，有55.35%的投资者从未行使过与持股比例或持股期限相关的股东权利，甚至有21.2%的投资者未行使过任何股东权利。[3] 这一调查结果并非一家之言，根据深圳证券交易所发布的《2017 年个人投资者状况调查报告》的

---

[1] 参见李激汉《证券民事赔偿诉讼方式的立法路径探讨》，《法学》2018 年第 3 期。

[2] Daniel R. Fischel, "Organized Exchanges and the Regulation of Dual Class Common Stock", *University of Chicago Law Review*, Vol. 54, 1987, p. 134.

[3] 参见周松林《投资者希望成立代理机构代表散户维权》，《中国证券报》2016 年 8 月 22 日，第 A12 版。

调查结果，借助网络渠道行使投票权的投资者比例仅有 25.2%，借助电话或网络行使股东知情权以了解上市公司情况的投资者比例也仅有 22.4%；行使其余各项权利的投资者比例都处于 10% 以下，甚至有 52.5% 的投资者从未行使过任何类型的股东权利。[①] 上述数据反映了我国外部投资者行权意识明显不足的问题。行权成本和"搭便车"心理是导致这一问题产生的重要原因，因此，应当在制度层面考量如何更好地设计外部投资者的行权方式并降低外部投资者行权成本。

第二节 加强外部投资者保护的总体思路

一、充分尊重投资者自由选择权

控制权强化机制是对资本平等、股权平等原则的补充，实质是股东异质化的现实情况下部分股东主要权利（例如投票权）的让渡，主要权利的让渡必然进一步加剧外部投资者的投资风险。在股东异质化的现实状况中，外部投资者的权利偏好更加侧重于投资收益，因此，外部投资者的权利偏好必然使其更加慎重考虑投资控制权强化机制公司存在的风险。2019年 4 月，香港交易及结算所有限公司发布《上市规则》修订 8A.37 条及 8A.38 条就是通过主动公布告知准股东投资不同投票权架构公司存在的风险，以警告提醒准股东审慎决定投资，在充分告知风险的基础上充分尊重股东的自由选择。因此，在对控制权强化机制公司予以特别明示的基础上，尊重投资者的自由选择，可以让那些具备相应知识、经验并具有相应投资风险承担能力的投资者成为控制权强化机制公司的股东，通过自由选择进而有效降低外部投资者盲目投资风险。

在我国现行公司法制度框架下，股份公司的股权配置模式仍为"一股一权"结构，然而，已成共识的是，此种股权结构模式已经难以满足

---

① 参见深圳交易所《2017 年个人投资者状况调查报告》，http：//www.szse.cn/aboutus/trends/news/ t20180315_ 519202.html，最后访问日期：2018 年 10 月 10 日。

实践中股东的多元化需求。① 尽管在我国公司实践中，已经存在诸多不同形式的控制权强化机制，但双重股权结构在公司法层面的制度供给一直不足。基于此，《公司法》应当对此不断加以完善。例如，可以借鉴美国《特拉华州普通公司法》第 151 条的立法模式，不仅赋予公司发行一种及以上股份种类的权利，每类股份也可以发行一系列或多系列股份。

二、对控制权强化机制适当限制

控制权强化机制的优点之一是通过特别的约定赋予部分股东较大的控制权，以促进公司的快速发展，但是如果不对差异化股权制度下股东身份、股权比例、行使条件、权利转换等作出适当限制，基于外部投资者权利的弱化，存在控制人损害外部投资者权益增大的风险。境外允许控制权强化机制的国家和地区，无不对控制权强化机制进行了相应的限制，主要体现在以下几个方面。

一是控制权强化机制公司资质准入限制。控制权强化机制并非可以适用于任何公司，做好公司资质的审查可以有效降低投资者的风险。例如，创新产业对控制人的个人能力需求较传统产业更加迫切和关键，要求具备一定市值规模才能公开上市可以增加投资者的机会，分散潜在的风险。新近接纳控制权强化机制公司上市的新加坡和中国香港都对该类型公司的资质作出了严格的限定，新加坡规定公司市值不能低于 5 亿新加坡元，中国香港则限制在创新产业公司且市值不能低于 400 亿港元。

二是对超额投票权股的持有人权利设置"日落条款"。享有超额投票权的持有人应当符合控制权强化机制公司发展的现实需求，其权利具有一定的人身属性，对其身份及权利延续作出限制，才符合控制权强化机制公司的设置初衷。因此，享有超额投票权的股东应当是对公司发展具有较大促进作用的经营管理人员。应当对其权利的延续采取一定的限制，设置相应的"日落条款"，即当享有超额投票权的持有人不再为公司的经营管理

---

① 参见汪青松、赵万一《股份公司内部权力配置的结构性变革——以股东"同质化"假定到"异质化"现实的演进为视角》，《现代法学》2011 年第 3 期；冯果《股东异质化视角下的双层股权结构》，《政法论坛》2016 年第 4 期；朱慈蕴、沈朝晖《类别股与中国公司法的演进》，《中国社会科学》2013 年第 9 期。

人员、身故、失去行为能力、将股权转让给他人时，或者达到规定的年限后，其享有的超额投票权股即转换为"一股一权"的普通股。

三是对超额投票权的持有人比例范围的限制。超额投票权与普通股的比例大小，也会影响到超额投票权股东在公司的资本投入、经营风险的承担。过高的比例不利于外部投资者权利的保护。对此，国外及中国香港都对此作出了限制。例如，加拿大规定两者比例不得超过4倍，新加坡和中国香港规定为不得超过10倍。此外，超额投票权的权利范围与普通投票权的权利范围是互斥的，其权利范围直接影响着外部投资者的权益风险，因此超额投票权的权利范围应仅限于公司经营领域，对于特定的部分重大事项决定权，例如公司章程的修改、特殊投票权股份的变动、委任/罢免非执行董事、委任/辞退审计师等关系外部投资者监督权的事项仍应当按照一股一权的原则进行决定。

四是对持有超额投票权的股东最低出资份额作出限制。持有超额投票权的股东最低出资额越低，其损害外部投资者权利的机会成本也会越低。对持有超额投票权的股东最低出资额作出相应限制，有利于保障外部投资者的权益。中国香港规定超额投票权的受益人在公司上市时持股（直接或间接）数量必须不少于已发行股本相关经济利益的10%。

三、充分保障外部投资者知情权

（一）控制权强化机制下保护外部投资者的知情权尤为重要

知情权是股东了解公司信息的权利，主要包括了解公司经营状况、财务状况及其他与股东利益密切相关的情况。具体表现在股东查阅公司一系列文件，包括公司章程、股东大会会议记录、董事会会议记录、公司财务报告等。因此，从更积极的方面理解，知情权不仅是了解公司有关信息的权利，还关乎着对公司进行检查监督、提出建议或质询的权利的有效行使，是股东受益权和经营管理权实现的重要保障。存在控制权强化机制的公司治理中，对外部投资者而言，其对公司的所有权和经营权是分离的。虽然基于股东异质化的现实，外部投资者对公司的经营可能并没有更多的时间和精力参与，但是其获取投资回报等相应的财产权的投资初衷未变。如前所述，在采用控制权强化机制的公司中，享有不同投票权的股东掌控着公司的经营管理，损害外部投资者利益的机会成本更低，而外部投资者既无法获得充分、全面、真实的公司经营信息，也不能参与到公司的经营管理中去，难以有效维护自身的投资利益。因此，通过行使知情权来获悉公司经营的真实情况，以此保护自身的合法权益，就显得更为重要。

（二）外部投资者知情权的保障措施

股东通过查阅公司一系列文件来获得公司的经营状况信息是知情权最直接的行使方式之一，但对公司的管理人员、控制人来说，股东查阅相关记录和账簿的行为往往被视为一种威胁，因此，在实际操作中，外部投资者的知情权落实仍然存在一定的障碍。当然，不受约束的查阅权亦可能会给公司带来很大的负担，在防止发生股东权利滥用的基础上，如何更好地保障外部投资者的知情权正是公司法等相关制度设计旨在实现的重要目标。

外部投资者知情权的保障，一方面是建立完善的信息披露制度，保障信息的真实、准确、完整，简明清晰，通俗易懂；另一方面是外部投资者主动获取公司相关信息权的保障。基于控制权强化机制公司的特殊性，有必要进一步拓宽、完善外部投资者信息获取的方式和渠道。

一是拓宽现有的股东知情权的范围。《公司法》规定股东可以查阅公司财务报告等一系列文件，而对相关交易的资料例如日常交易涉及的经营合同、交易发票等原始凭证材料却无法查阅，不利于外部投资者更全面地获取相关交易信息，因此，建议在现行法律规定的基础上扩大控制权强化机制公司外部投资者可查阅公司资料的范围，提升股东查阅资料信息的信度和效度。

二是增加股东行使知情权的方式。《公司法》规定股东行使知情权有查阅权和质询权两种方式，但是上述两种方式均为事后知情权，不利于对外部投资者进行事前保护。因此，建议在控制权强化机制公司中增加外部投资者享有对可能涉及其权益损害事项的参与权。例如在可能涉及外部投资者权益损害的关联交易中，达到一定股权比例的外部投资者有权直接或者委派他人参与到相关关联交易中，在交易结束后由参与人独立作出参与情况公告，保障外部投资者获得更详细直接的信息。

三是完善外部投资者知情权的保障方式。"无救济则无权利"，同样，救济成本高昂也会妨碍权利的实现。目前《公司法》规定的股东行使查阅权的救济方式是向法院诉讼，但对于外部投资者来说，基于诉讼成本收益、诉讼能力等各方面原因，能够最终通过诉讼来保障知情权的少之又少，更多的外部投资者会选择"搭便车"或者"用脚投票"，因此有必要建立一种成本低且便捷的保障方式，而赋予公司中相对独立的部门审查决定权就是一个相对较好的选择。例如赋予独立董事相应权力或者设立"企业管治委员会"，在提起诉讼前由其决定是否给予外部投资者特别查阅权。此外，建议进一步完善股东知情权的诉讼程序，在公司拒绝提供查阅而股东向法院提起诉讼后，法院应及时采取诉讼保全措施，以防止相关资料被隐匿、篡改或者销毁。

四、构建投资者的特殊保障机制

与发达的资本市场相比，中国大陆地区证券市场有以下几个特点。一是投资者专业程度相对较低，客观表现就是外部投资者（散户）人数众多，国内股市的投资者中既有文化程度相对较高的群体，也有文化程度相对较低的群体，在普通投资者眼里，买卖股票更像是"赌博"。二是投资者依法维权的意识较低，很少有外部投资者通过法律赋予的权利来维护自己的利益，而是大多选择"用脚投票"或者"搭便车"。三是外部投资者利益保护机制不健全，专门针对外部投资者利益而设置的特殊保障机制不足。基于以上特点及我国资本市场发展需要，为在资本市场上处于弱势地位的外部投资者构建特殊的参与权保障机制尤为必要。

在控制人、管理层滥用表决权优势损害上市公司和外部投资者利益的情况下，设定不同表决权合理例外，如关联股东表决权回避、关联交易特殊公告制度、便利外部投资者的特殊投票机制，以及控制人、管理层损害外部投资者权益的事后惩处机制等，对不同投票权行使范围作出必要的限制，可以平衡控制人、管理层与外部投资者的利益冲突。同时，加大控制人、管理层侵害外部投资者利益的违法成本，在出现利用不同投票权的优势损害外部投资者利益情形时，设计外部投资者退出投资的机制。

另外，要积极发挥专业的"公益性"投资者保护机构的作用，使得其可以更好地代表外部投资者利益来积极行使参与权。结合我国资本市场外部投资者的特点，由相对专业的"公益性"投资者保护机构来对控制权强化机制的上市公司给予特别关注，可以有效弥补外部投资者投资专业性差、维权积极性低、维权成本收益失衡的缺陷。同时，专业的"公益性"投资者保护机构也可以对控制权强化机制公司的控制人、管理层进行更好的监督、制约。

五、完善投资者的事后救济机制

完善的救济机制是权利得以实现的根本保证。我国资本市场的发展起步时间较短，在控制权强化机制下，构建完善的外部投资者权益损害事后救济机制才能保证该制度的良性发展。构建完善的救济机制应当把自主维权和公权保护相结合来考虑。

（一）构建高效的自主维权救济机制

自主维权具有自治性和自主性，体现了股东对权利的自由处分权，是权利受到侵害后最直接的权利救济方式，主要包括双方自愿协商、调解以及诉诸司法程序等。

1. 构建协商、调解救济机制

在"以和为贵"的传统文化背景下，当外部投资者权益受到侵害时，通过构建外部投资者与公司控制人、管理层之间的协商、调解机制，在控制权强化机制的公司中设立"股东调解委员会"之类的专门机构，以利于调解公司控制人、管理层与外部投资者的相关矛盾纠纷，具有维权成本低、社会效果好的优势，有利于更有效地维护外部投资者的合法权益。

2. 进一步完善司法救济措施

一是取消股东派生诉讼中关于股东持股比例及持股时间的限制。我国《公司法》规定了落实股东派生诉讼的有效机制，但同时也对股东的派生诉讼权利人资格作出了限制，将可以提起诉讼的股东限定在连续180日以上单独或者合计持有公司1/100以上股份的股东。这些限制在控制权强化机制公司对外部投资者权利保护更加重要的需求下，显得并不合理，会造成外部投资者权利实质上的不平等。在派生诉讼的成本较高、诉讼风险较大、欠缺股东派生诉讼的激励制度的情况下，对股东派生诉讼中权利人资格关于股东持股比例及持股时间的严格限制似乎弊大于利。与此相反，对于侵犯股东或公司利益的行为，应当赋予任何股东提起诉讼的权利，如此才能更有利于保护股东的利益。二是赋予"公益股"股东特殊的诉讼地位，并给予适当的激励。我国

《公司法》赋予了股东通过诉讼维护自身利益及公司利益的权利，《最高人民法院关于适用〈中华人民共和国公司法〉若干问题的规定（四）》对股东诉讼权利的实现进一步作出了详细的规定。但是基于国内外部投资者专业性低、数量大且分散等客观情况，股东直接诉讼的预期效果较差，在控制权强化机制实施的背景下，有必要进一步完善证券法为投资者保护机构构建的特殊诉讼机制，以更好地适应外部投资者权益保护的现实需要。

（二）进一步完善外部投资者公权保护机制

一是行政监管机制的完善。充分发挥政府行政监管职能，建立完善对差异化股权架构公司的监管机制。我国市场经济的特点之一是政府行政监管具有重要作用，民众对政府有更大的期望与需求。因此，完善行政监管机制，对于外部投资者权益保护具有重要作用。

二是刑事保护措施的完善。控制权强化机制的建立，除了行政监管机制、公司自治体系、民事司法救济外，刑事司法保护也应是一个重要的方面。2006 年《刑法修正案（六）》增设的第 169 条之一规定的"背信损害上市公司利益罪"旨在惩罚上市公司控股股东、实际控制人违背对公司的忠实义务的行为，但是其他损害外部投资者合法权益的行为没有被纳入刑事处罚范围。进一步扩大"背信损害上市公司利益罪"的适用范围或者重新制定相应的刑法条款，可以更好地强化控制权强化机制下的外部投资者权益保护。

第三节　表决权弱化股份的股权特殊保障

控制权强化机制下，享有超额表决权的股东为公司的创始人、实际控制人或者管理层，在制定公司治理规则中拥有优先权；对超额表决权股东、管理层的行为进行约束，有相当大的难度。因此，制定法律规范对表决权弱化股份的股东权利给予特殊保护更为必要。现行《公司法》规定公司股东依法享有资产收益、参与公司重大决策和选择管理者的权利。据此，以权利内容为划分标准，可以将股东权利区分为从公司获取经济利益的权利和参与公司经营管理的权利。

一、经济性权利的特殊保障制度

所有股东都有获取经济利益的权利。股东向公司投入资本，最终目的就是获取投资回报即股利，获得投资回报具体体现为在公司经营过程中享有分配股利的权利和在公司清算时分配剩余财产的权利。股利是股东因自己的投资行为而获得的经济回报，而此种权利能否真正实现，取决于公司是否产生经营利润，无盈利则无股利。公司有盈利，则在弥补公司亏损、提取公司公积金后，可以向股东分配股利。

在具有控制权强化机制的公司中，股东的股利分配更需要给予特别的保障性安排。外部投资者对公司是否分红没有决定权，只能被动接受。上市公司分红水平低甚至连续不分红的问题长期存在，根据第一财经的报道，剔除 2017 年新上市的企业，在所有上市公司中，有 30 家企业从未向股东分红。这些企业大多是上市时间较早的企业，其中的 24 家企业在1990~2000 年上市，剩余企业的上市时间分布在 2000~2010 年。[①] 在上述国内上市公司极少向股东分红的情况下，对控制权强化机制公司的股利分配保障给予特别安排尤为关键。2012 年，证监会发布了《关于进一步落实上市公司现金分红有关事项的通知》，这一通知旨在解决上市公司现金股利分配中存在的问题，进一步引导和规范上市公司现金股利分配。未来应当更好地规范控制权强化机制公司的分红。

与此同时，应当完善控制权强化机制下股利请求权救济制度。2017年 8 月 25 日发布的《公司法司法解释（四）》对股东请求公司分配利润的诉讼救济途径作了进一步规范，为股东的股利请求权提供了司法保护，但在公司股东会未形成利润分配决议的情况下，股东要求分配利润不能得到法院支持。由此，在控制权强化机制公司中，控制人、管理层享有超额投票权，处于优势地位，如果他们拒绝分配股利，那么外部投资者的股利请求权将无法实现。因此，在股利分配权方面，应当对超额投票权的股东权利予以限制。同时完善股利请求权诉讼制度，限定控制权强化机制公司股利分配的时限，例如设置公司连续三年盈利时应当分配股利等规定，如

---

① 参见尹靖霏《A 股上市现金分红大起底：30 家上市公司自上市以来一分钱也不分》，第一财经：https：//www.yicai.com/news/5401895.html，最后访问日期：2018 年 10 月 16 日。

果公司违反该规定，股东可以提出诉讼，以保护外部投资者的合法权益不受享有超额投票权的控制人或管理层的侵害。

另外，也应当构建剩余财产分配的特殊保障措施。控制权强化机制下，普通股东让渡了部分权利，使公司的控制人可以以较少的资本投入获得公司的控制权，在公司清算分配剩余财产时，应当给予普通股东更多的保障或者权益，以平衡双方之间的利益。

二、参与性权利的特殊保障安排

股东参与经营管理的权利表现在参与公司重大决策和选择管理者的权利。控制权强化机制下，公司的所有权与经营权高度分离，股东应当能够通过行使参与经营管理权进一步了解公司的运营，并对公司管理层以及控制股东进行监督制约。因此，对外部投资者参与经营管理的权利予以特殊安排，对于保护其合法权益具有重要作用，具体可以从以下几个方面予以设置。

首先是降低临时股东大会召集请求权行使所要求的股份比例或者赋予特定股东权利。我国《公司法》规定单独或者合计持有公司 10% 以上股份的股东可以请求召开临时股东大会，但是，我国资本市场中外部投资者具有人数众多、股东分散、股东的时间知识经验财力等有限、信息获取不对等、单独持股比例较低等特点，基于控制权强化机制下外部投资者需要被给予特别保护的共识，原有的 10% 股权比例不利于外部投资者通过提出召开临时股东大会来维护自身的合法权益，因此降低股权比例或者赋予特定专业股东提议召开临时股东大会的权利无疑更有利于外部投资者权益的保护。

其次是降低提案权股份比例或者赋予特定股东权利。我国《公司法》规定单独或者合计持有公司 3% 以上股份的股东可以提出临时提案。在所有权和经营权分离的现实情况下，外部投资者在行使参与经营管理权时，多是针对管理层或者控制股东的提案进行表决，较少能够提出代表自身利益的议案，降低提案权的股份比例或者赋予特定专业股东提案权，有利于外部投资者针对自身权益提出议案，以更好地维护自身合法权益。

再次是制定特别事项的表决机制。通过法律明确规定公司特定重大事项的决定权，例如公司章程的修改、不同投票权股份的变动、委任/罢免非执行董事、委任/辞退审计师、公司解散等关涉外部投资者监督权的事项仍应当按照一股一权的原则进行决定。

最后是建立类别表决制度。在传统的"一股一权"股权结构模式之下，控股股东利用多数表决权造成所谓"多数资本暴政"，以此实现自己的特殊目的。尽管在控制权强化机制之下，"多数资本暴政"显然已经不再是问题的关键，但外部投资者的权益更容易受到侵犯。据此，在针对特定事项进行表决时，引入类别表决制度实属必要，此种表决制度能够有效地防范控制股东滥用权利作出损害公司和外部股东权利的决议。类别股东表决制度可以有效地保障一项涉及不同类别股东权益的提案经过各类股东分别审议可能影响各自权益的内容，只有经过各类别之下的股东分别以绝对多数决审议通过，提案才能获得通过。据此，少数股东可以通过对抗大股东的不公正表决来维护自身的利益。例如，我国香港公司法规定，只有获得持有该类别股面值总额的3/4以上的股东同意或者该类别股东经类别会议的特别批准，决议才能通过。在控制权强化机制下，明确类别股的范围，在涉及外部投资者合法权益的重要事项中，例如股利分配、与大股东的关联交易等重要决策事项，应征得类别股东的多数同意方可生效，这对外部投资者的权益保护具有重要现实意义。可以参考美国相关法律规定和中概股公司章程细则中的经验，明确列举出对涉及类别股东权利不利变动的决议采取类别表决制度。换言之，对此类事项采取"一股一权"的传统表决方式进行表决，以避免控制股东通过自己的高比例投票权过度干预此类决议的通过。

第四节　控制权强化机制下的
独立董事制度之完善

独立董事是指能够对受聘公司决策作出客观独立判断且不受经营者或管理者干扰的非执行董事。其制度设计的目的是在公司所有权和经营权分离的情况下，使外部投资者能够通过独立董事监督控制人、管理人员，防止控制人和管理人员利用其控制权损害公司及外部投资者的利益。独立董事制度为解决股东与管理人员的代理冲突特别是控制人与外部投资者的利益冲突问题，提供了一个很好的方式，有助于完善公司治理结构。我国证监会在 2001 年 8 月发布了《关于在上市公司建立独立董事制度的指导意见》，标志着我国正式引入了独立董事制度。根据该指导意见的规定，独立董事的主要职责是按照相关法律法规、该指导意见和公司章程的要求，认真履行职责，维护公司整体利益，尤其要关注外部投资者的合法权益不受损害。该指导意见特别强调了独立董事应当独立履行职责，不受上市公司主要股东、实际控制人或者其他与上市公司存在利害关系的单位或个人的影响，并对独立董事的职责有效履行作出了安排。由于我国资本市场发展的特殊性，独立董事制度运行中存在独立董事独立性不强、作用发挥不够、激励保护机制欠缺等问题，不能很好地适应现代公司治理的需求。在控制权强化机制下，建立、完善独立董事相关制度，充分发挥独立董事的制度优势，对于外部投资者权益保护具有重要意义。

一、改变独立董事的选任与免职机制

独立董事制度已经成为现代公司法的一个重要组成部分，世界各国的立法者和司法者越来越依赖这些董事来保护投资者免受控制股东机会主义的侵害。独立董事需要有效履行监督职能，但现行的董事会选举制度严重削弱了独立董事的能力，独立董事的选举和保留通常取决于控制股东，因此，这些董事没有跟随监管者意愿的动机，或者至少没有足够的激励来保护公共投资者。[1] 根据《关于在上市公司建立独立董事制度的指导意见》在独立董事提名选举方面的特别规定，上市公司的董事会、监事会、单独或者合并持有上市公司已发行股份 1%以上的股东可以提出独立董事候选人，独立董事由股东大会选举决定。但是控制人、管理人员对董事会的影响力以及享有的超额投票权，使外部投资者在独立董事的股东大会选举中很难发挥作用，独立董事的选举往往成为控制人、管理人员的"任命"，据此"任命"的独立董事可能会产生一种感激之情，去满足控制人、管理人员的偏好，而很少会对其持质疑或者反对的立场。控制人、管理人员

---

① Lucian A. Bebchuk & Assaf Hamdani，"Independent Directors and Controlling Shareholders"，*University of Pennsylvania Law Review*，Vol. 165，No. 6，2017，pp. 1271-1315.

对独立董事选举的控制权破坏了独立董事作为监督机制的有效性，损害了独立董事独立性的基础。在控制权强化机制的独立董事制度设计上，我们可以借鉴新加坡证券交易所的机制。根据新加坡证券交易所《上市规则》第730B条之规定，双重股权结构公司独立董事的选任应当经过加强型表决程序通过（Enhanced Voting Process on Appointment of Independent Directors）。独立董事制度本身就是用来保护外部投资者以及公司免受不当行为损害的，针对我国的控制权强化机制进行制度设计，在该股权配置模式下的独立董事选任机制应当作出不同于一般董事的安排。因此，应当降低独立董事取悦控制股东的动机，而要使独立董事为公众股东利益行事，则应当使公众股东对独立董事的选任和免职具有相应的权利。在控制权强化机制之下，独立董事的选举和连任可以采用双重通过制度，即由外部投资者的绝对多数通过，再由公司股东大会的简单多数通过，以此来平衡独立董事的专业性与独立性，同时又不会导致控制股东丧失对公司日常经营管理的合理控制权。当然，独立董事不应当是一个永久的职位，我们应当对该种职位设置一定期限，以免期限过长而使独立董事在其位而不尽其职。在独立董事免职上，为了保护外部投资者的合法权益，应当赋予外部投资者对于独立董事免职决议的否决权。

二、提高独立董事在董事会中的比例

独立董事的人数越少，受控制人、管理人影响的可能性越大。有人认为增加的独立董事会干扰控制人运营公司的能力，破坏公司董事会的合议性和凝聚力，或被一些机会主义的少数股东滥用。但是，独立董事在审查利益冲突中应该发挥主要作用，在其他公司事务方面处于次要地位，因此，它们不构成执行业务的董事会成员的一部分，独立董事数量的增加不会导致控制人对公司业务控制能力的降低。对独立董事与董事予以区分，并适当增加独立董事的数量，设立独立董事工作机构，例如独立的会计、审计监察委员会，有利于增强独立董事的监督能力。除此之外，在赋予外部投资者对于独立董事任免机制上的话语权的同时，也应当考虑到外部投资者的集体行动问题以及他们在考虑到行权成本时候的沉默、"搭便车"问题。证券法专门设计用以维护外部投资者权益的投资者保护机构可以为我们解决这一难题提供相应的思路，即将其作为中立的独立董事服务机构。之所以设计这种独立董事服务机构，就是考虑到独立董事为了避免与控制股东利益相冲突，或者出现其他威胁到自己职位之时不敢尽其独立职责保护外部投资者之时，通过投资者保护机构这一中立的机构来保护独立董事的权益。应当看到，在我国的投资者结构中，外部投资者依然占据投资者群体的主体地位，而我国外部投资者往往又存在行权意识不强且知识层次不一的情况，对于如何选举合适的独立董事、独立董事行使职权的合理性缺乏判断，通过赋予投资者保护机构在上市公司特定名额的独立董事提名任免权亦可以实现外部投资者保护的目的。除了提名任免权之外，还可以赋予投资者保护机构在独立董事权益保护方面的调解权，在独立董事因行使职权而受到不当损害或者被不当免职时，可以通过该中心的调解来保护自身的合法权益。此外，还可以通过投资者保护机构建立全国独立董事权益保护案例库、全国独立董事资料库以及独立董事培训中心等方式来提高独立董事制度在我国的地位，使其真正发挥保护外部投资者权益的作用。

三、健全独立董事的激励和退出机制

在保持独立董事独立性的同时，调动独立董事的监督动力，是独立董事制度运行良好的重要保障。独立董事既不是公司职工也不拥有公司股份，只是受聘于公司，和公司控制人与外部投资者的利益冲突没有直接的利害关系，因此制定与其工作成果相关联的薪酬制度，并对其履行工作职责产生的责任给予适当免除，可以使其有足够的保护公众投资者利益的动力。《关于在上市公司建立独立董事制度的指导意见》明确要求，上市公司应当给予独立董事适当津贴，津贴标准应当由董事会制订预案，经股东大会审议通过，并在公司年报中进行披露。除津贴外，独立董事不应从该上市公司及其主要股东或有利害关系的机构和人员处取得额外的、未予披露的其他利益。在控制权强化机制下，控制人的高额投票权使其实际控制着股东大会，此时独立董事的津贴数额亦会受到控制人的直接影响，由此必然会影响到独立董事的独立性。因此，改变由董事会决定独立董事薪酬的规定，由外部投资者来确定，有利于增强独立董事的独立性。

四、建立独立董事决定司法审查制度

控制权强化机制下，在独立董事的选任及监督工作中，独立董事与公司控制人、管理人可能会出现矛盾冲突。对这些矛盾冲突的解决，借鉴知情权保障的诉讼制度，由人民法院进行司法审查，不失为一个有效的方式。在控制权强化机制下，通过相应的制度设计，增强独立董事在利益冲突型决议方面的关键作用，同时又不妨碍控制人、管理人及其他董事作出公司决策是充分发挥独立董事职能、保障外部投资者合法权益的良策。

第五节　控制权强化机制下的
外部投资者权利救济

控制权强化机制下外部投资者处于弱势地位，其经济性权利与参与性权利可能会受到控制股东和实际控制人以及管理层的损害，例如控制股东利用冲突交易攫取自身利益、管理层（通常为实际控制人）不相匹配的报酬、信息披露不充分等。上文阐述的完善信息披露、加强独立董事职责等都在一定层面上有助于加强外部投资者权益的保护。但这些只是在某个角度或层面对外部投资者加强了保护，外部投资者是我国金融资本市场最为活跃的因素，影响着现代公司治理制度的完善，所以要从全方位以及全过程加强对外部投资者保护，有必要建立与之相配套的相关制度，从事前预防、事中监督、事后救济等阶段最大限度地加强对外部投资者权益的保护。

一、充分重视权利救济规则的事前设计

平衡外部投资者与控制股东和实际控制人权益首先应从公司章程出发，在公司治理机构内部完善对双方的股权分配以及相应的制约机制。在采纳控制权强化机制的公司中设置日落条款，要完善对公司类别股情况、经营目标、公司愿景以及创始人和大股东等信用的信息披露，从而保障外

部投资者在行使知情权之后能够与创始人充分协商维护自身的权益。同时，也要在公司章程中对公司运营过程中出现的大股东、管理层的失范行为规定相应的惩戒措施和补救条款。

二、加强在公司治理过程中的事中监督

加强事中监督，首先，要进一步发挥我国公司治理机构中监事会的监督作用，同时加强独立董事的独立性，强化其职责，发挥监事会和独立董事对公司运营中的失范行为的矫正作用。其次，股东大会、管理层在公司决策、经营管理等环节要考虑到外部投资者权益。最后，双重股权结构公司中途变更章程需要通过特别决议机制。采用双重股权结构上市公司的章程中应包括要求多数公众投资者批准所有可能对其产生不利影响的特定章程修正案的条款。

三、完善对外部投资者利益的事后救济

通过完善股东诉讼和商事仲裁制度，拓宽外部投资者维权途径，促进上市公司治理的完善，以维护外部投资者的权益。当外部投资者知情权、表决权、优先认购权、股利分配请求权受到管理层损害，或者公司管理层违反忠实勤勉等受信义务，例如，浪费公司资产或涉及不当关联交易，要重视运用公司章程相应条款，尽量通过内部程序解决问题。如果控制股东和管理层把持公司股东大会，阻碍外部投资者维权，根据《公司法》关于股东直接诉讼和股东代表诉讼制度，外部投资者可以向法院或仲裁机构寻求救济，以维护自己的权益。同时，也可以通过表决权代理或信托提高外部投资者的话语权以对抗公司管理层，或者通过集团诉讼制约公司管理层。

第六节　控制权强化机制下的公益股制度设计构想

2019 年《证券法》专章规定了"投资者保护"，特别值得一提的是

若干条文赋予了"投资者保护机构"在投资者保护方面的重要职责。其中，《证券法》第94条第3款规定，投资者保护机构持有该公司股份的，可以为公司的利益以自己的名义向人民法院提起诉讼，持股比例和持股期限不受《中华人民共和国公司法》规定的限制；第95条第3款规定，投资者保护机构受50名以上投资者委托，可以作为代表人参加诉讼。这些制度可能涉及投资者保护机构持有相应上市公司股份的情况。在我国证券市场实践中，投服中心在客观上扮演着"投资者保护机构"的角色，其持有在上交所和深交所上市的公司每家1手（100股）A股股票。[①] 在新的证券法体系下，投服中心将可能真正依法承担起"投资者保护机构"的公共职能，由此需要进一步思考的是：其所持股份的特殊制度价值是什么？这种持股如何促进"投资者保护机构"法定职能的实现？"投资者保护机构"的持股能否构成加强控制权强化机制下的外部投资者保护的辅助机制？

一、投资者保护机构持股公益性分析

（一）基于投资者保护机构法律地位的分析

证券投资者作为证券市场的有生力量，其权益保护机制的合理设计与完善向来是证券立法和学界探讨的重点。就我国证券市场投资者结构而言，个人投资者不论是总户数比重，还是交易额比重均占据主导地位。[②] 质言之，证券市场投资者的保护一般而言均指向中小投资者保护。在投资者保护的体系上，传统行政监管者独揽投资者保护的框架设计，实行的是忽视投资者之间差异的一体化保护。该机制虽然适应我国证券市场发展初期的需求，但在资本市场纵深发展加之互联网金融的冲击下，这种理念已然难以满足投资者保护的需求。[③] 有鉴于此，我国在制度设计和修正的过程中不断完善投资者保护机制，如表决权征集制度、

[①] 参见郭文英、徐明主编《投服研究第1辑：证券市场投资者保护条例立法研究》，法律出版社，2018，第259页。

[②] 参见姜沅伯、邹露《2017年证券市场法治述评》，载蒋锋、卢文道主编《证券法苑》（第24卷），法律出版社，2018，第412~438页。

[③] 参见洪艳蓉《公共管理视野下的证券投资者保护》，《厦门大学学报》（哲学社会科学版）2015年第3期。

证券代表人诉讼等。伴随数字技术的发展，学界也不断探索基于区块链技术而完善股东大会表决机制、表决权征集的可能性。不容忽视的是，这些措施的提出和完善都立基于一个基本性的假设，即股东作为最终的剩余索取权人，其有动机为自身利益而成为一个称职的监督者。但现实存在的集体行动问题、被代理人成本问题和股东异质化趋向一再表明，公司治理不能完全依赖股东积极主义，制度的设计不应忽视普通投资者参与公司治理的阻滞因素，而应基于此设计一个能够起到引领作用的机制，来辅助性加强对中小投资者的保护。这个机制应当既能契合传统资本市场理念，又能促进投资者保护职能的实现，以满足金融市场纵深发展背景下的需求。

新《证券法》积极回应上述需求，专门设立了投资者保护机构，并建立了相应的配套制度。就市场职能来看，投资者保护机构运行机制的本质逻辑是由政府成立专门的投资者维权组织，通过对公益性股票的持有行使股东权利，充分发挥证券市场的自律作用，向市场释放信号，并形成强有力的威慑，从而示范和动员广大投资者共同参与到证券市场维权过程中，帮助投资者提高其维权意识和维权能力，引导形成集中化和组织化的市场力量。投资者保护机构的建立是证券监管部门为了更加深入、全面保护相对弱势的中小投资者的合法权益，这是一项极具中国特色的投资者保护机制。它与证券市场行政监管、证券行业自律管理一起共同构成我国保护中小投资者合法权益的"三驾马车"，据此，投资者保护机构兼具公共机构与机构投资者的双重属性，是兼具市场职能与监管职能的特殊市场主体。[1]

（二）基于投资者保护机构主要职责的分析

投资者保护机构作为资本市场稳定发展的需求与产物，恰如其名称所表示的那样，其主要职责应当是保护投资者的利益及为实现投资者保护而进行各种活动。从投资者保护的视角来看，该类机构的投资者保护职能可从多角度予以实现，如对与投资活动相关行为的监督、引导，投资者权益受侵害之后的协助救济等。目前主流法域关于投资者保护主体的设置，主要有英国、美国、澳大利亚以及加拿大设立的投资者保护基金；日本和韩国以组织法为据存在的投资者保护组织；我国台湾地区设立的"投资人

---

[1] 参见陈洁《新证券法投资者保护制度的三大"中国特色"》，《中国证券报》2020年3月14日。

服务与保护中心"等模式。① 其中，多数机构采取成员制方式运作，我国台湾地区的"投资人服务与保护中心"采取的是持股方式。就我国大陆地区而言，投资者保护机构以投服中心为代表。我国证监会在 2014 年 8 月就批准设立了证券金融类的公益机构——投服中心。投服中心采取由证监会主导、其他社会组织力量共同积极配合的模式依法组建。根据投服中心官方网站对其自身的业务介绍，投服中心主要有行权、调解、维权、投资者教育四个方面的业务。根据其行权业务的介绍，投服中心公益性持有股票、基金、债券和期货等品种，以投资者身份行使表决、提案、建议、质询等权利；在维权部分的介绍中，投服中心为合法权益受损害的外部投资者提供公益性法律支持，以及为维护外部投资者合法权益以股东身份提起诉讼等。② 由此可见，在设立之时，投服中心的主要职责就是为中小投资者自主维权提供教育、法律、信息、技术等方面的服务。

根据投服中心的功能定位，"公益性持有证券等品种，以股东身份行权维权"是其重要职责之一，这种公益性的持股也为投服中心的后续"行权"奠定了基础，亦在 2019 年的《证券法》修订中得到了支持。从我国新修订的《证券法》第 90 条、第 93 条、第 94 条和第 95 条的规定来看，投资者保护机构可以进行表决权的征集、代股东出席股东大会、受托进行先行赔付、证券支持诉讼和代表人诉讼。不仅如此，从《证券法》第 94 条第 3 款之规定来看，其更是可以突破现行《公司法》关于持股比例和持股期限的限制进行股东代表诉讼，以此实现对投资者权益的有效维护。从权利行使来看，目前采取的形式主要是投服中心通过其持有的每家上市公司"一手股"来进行持股行权。借助《证券法》第 94 条第 3 款的规定，这种持有"一手股"的模式可以突破《公司法》关于股东持股比例和持股期限的限制行权，由此，投服中心的"行权"既契合传统资本市场和公司治理的理念需求，也能够在很大程度上减少投服中心实现该种投资者保护机制的成本。在投资者结构的完善方面，投资者保护机构的有效运行能够弥补我国资本市场成熟投资者数量不足的短板；在权利结构上，可以优化证券市场上的民事权利资源的配置；在具体功能的实现上，

---

① 参见邓峰《论投服中心的定位、职能与前景》，载郭文英、徐明主编《投资者》（第 2 辑），法律出版社，2018，第 89~109 页。

② 中证中小投资者服务中心官网：http://www.isc.com.cn/。

可以以投资者身份行使其民事权利，从主体角度补强民事权利的实现机制。综观《证券法》之规定，投资者保护机构制度虽然有其优越性，但欲使其充分发挥应有的功能，则需要进一步将其持股打造成为名副其实的"公益股"类别。

二、公益股制度构建的基本理论框架

（一）"公益股"制度的实践需求

"投资者保护机构"持股的公益性设计不仅在理论上彰显出其重要的制度价值，也非常契合证券市场发展和投资者保护的实践需求。这种实践需求不仅体现在我国特殊投资者结构下所存在的投资者权益保护之不足、维权意识之薄弱，更是我国多元化监管机制建构所蕴含的客观需求。

就投资者面向而言，外部投资者在个人权利的行使和保护上处于意识薄弱的状态。这种状况的出现不仅与投资者自身权益保护意识的薄弱有关，更与投资者自我权益保护的能力不足有关。相关统计所针对的都是自然人投资者，相对于法人投资者而言，这类投资者自我保护能力不足，且在投资者权益保护机制的设计和自我救济路径上亦存在不足之处。自我保护能力的缺乏以及自我权益保护成本与收益之间失衡的现实，使得他们在自我权利受损的情况下更偏向于选择默默接受，或者采取所谓的"用脚投票"方式撤回自身剩余投资额，但"用脚投票"仅是理论上借助资本市场的联动效应，基于相关主体对股票价格下跌的恐惧佐证这种行为对投资者保护的可行性，却忽视了实践中投资者受损的相对滞后性与救济的及时性之间的矛盾。[①] 相对于"公益股"制度而言，通过"用脚投票"策略实现投资者的自我保护显然"治标不治本"，而通过投资者保护机构持有"公益股"的方式行权是降低中小投资者维权和监督成本、激励中小投资

---

① 例如，在公司成立之时，如果起草的章程条款对投资者不利，那么在理论上，投资者可能采取"用脚投票"的策略，这可能导致股票发行价格的下跌。因此，公司发起人出于对这种可能性的担忧，便不敢轻易在章程中引入明显不利于投资者的条款。但现实是，即使章程中存在这类条款，出于投资者的能力限制，其不能迅速发现而立即作出反应，到了投资者"用脚投票"策略采用之时，股价往往已然回落，章程不利修改的消极影响已经出现。参见罗培新《抑制股权转让代理成本的法律构造》，《中国社会科学》2013年第7期。

者维权和提高其监督意愿的可行路径。①

根据投服中心所进行的全国首例证券支持诉讼案例——刘某等诉鲜某、匹凸匹金融信息服务（上海）股份有限公司等证券虚假陈述纠纷案——投服中心参与诉讼方式的介绍，投服中心是根据《民事诉讼法》代表人诉讼之规定，由原告户籍所在地居委会开出推荐证明，以接受原告委托的方式加入诉讼，成为原告的诉讼代理人。② 实际上，借助于"公益股"或许可以更便捷地实现上述目的。2022 年 1 月 22 日起施行的《最高人民法院关于审理证券市场虚假陈述侵权民事赔偿案件的若干规定》第 11 条关于因果关系认定的基本规则包括"原告在虚假陈述实施日之后、揭露日或更正日之前实施了相应的交易行为，即在诱多型虚假陈述中买入了相关证券，或者在诱空型虚假陈述中卖出了相关证券"。也就是说，如果"在虚假陈述实施日之后、揭露日或更正日之前实施了相应的交易行为"的就是适格的原告，因而能够以自己的名义提起该类诉讼，再结合民事诉讼中的代表诉讼制度即能够实现对外部投资者权益之保护。但是，借助于"公益股"制度能够更加直接有效地实现对投资者的救济目标。通过当前投服中心所持有的上市公司"一手股"的方式，将该持股设定为"公益股"，投服中心成为绝大多数上市公司的公益性投资者，在投资者权益受到损害之时便可以及时为全体投资者采取有效的救济措施。

从证券监管机制来看，我国当下的证券监管主要是依赖政府为主导进行监管，而这种单一化的监管模式具有专业性、效率和成本上的固有缺陷。从证券监管层面来看，美国证券监管机制一直是国际证券监管学习的对象。美国证券市场的繁荣不仅仰赖其强劲的经济实力，且与其高效协同运作的多元化市场监管机制相关，这种多元化的监管机制不仅涵盖行政监管和行业自律等监管模式，也通过强大的机构投资者构建起具有强大威慑力的投资者监督机制。机构投资者的监督，不仅推动了上市公司治理结构的改革与转变，也促进了上市公司的规范运作，进一步推动了资本市场的发展及完善。③ 而公司规范化运作和资本市场完善所带来的显著效果是投资者权益的实现和维护程度得以提升。但从我国的实际来看，机构投资者

---

① 参见郑秀田、许永斌《控股股东攫取私利下中小股东的行为选择——"理性冷漠"还是"积极监督"？》，《经济评论》2013 年第 6 期。

② 参见郭文英、徐明主编《支持诉讼维权案例评析（2018 年）》，法律出版社，2018，第 6～7 页。

③ 参见章武生《美国证券市场监管的分析与借鉴》，《东方法学》2017 年第 2 期。

市场并未能像美国那般成熟，而意图建构起类似的机构投资者监督机制，不仅费时费力，且其效果亦难以保障。而投资者保护机构作为具备公共与私人双重属性的机构，既有公共机构的权威，又有私人机构的专业和效率。通过"公益股"制度的建构，不仅能使投资者保护机构的行权名正言顺，而且可以兼顾公共监督的权威、私人机构的高效和专业，更可以节省相较于传统公司治理理念下"持股行权"的大量成本，不失为多元化证券监管机制建构的有效路径。

（二）"公益股"制度的主要价值

从改善公司治理的角度说，中小投资者所持股权是实现股权制衡的重要力量；从促进证券市场健康发展的角度说，以股权为基础的行权救济是加强中小投资者保护的重要抓手。这些功能的发挥当然可以依赖中小投资者的自主行权，但这在很大程度上要受到中小投资者"理性的冷漠"以及自身行权能力的制约。我国证券市场中个人投资者仍然占据相当大的比例，这些外部投资者往往缺乏必要的专业法律知识，甚至不会判断是否受损、损失的多少。[1] 以投服中心所进行的一系列证券支持诉讼维权案件为例，其中所涉及的信息披露日、基准日以及更正日和索赔计算方法的确定对于外部投资者而言，无疑是一大挑战。"理性的冷漠"本身既是中小投资者基于成本收益考量和对自身行权能力不自信的结果，也说明既有的制度设计在促进中小投资者所持股权的功能发挥上存在不足。有鉴于此，将"投资者保护机构"所持上市公司股份打造成"公益股"，并在此基础上构建中小投资者保护的对应机制不失为一种克服中小投资者"理性的冷漠"所带来弊端的可行思路。

不仅如此，"公益股"制度设计的价值还体现在其有效实施所形成的投资者保护机构引领效应和对证券市场投资者保护的提振作用。基于我国的特殊制度背景，投资者保护机构难免在一定程度上具有官方色彩，[2] 而也恰因官方色彩，其更能对市场产生一定的影响，取得公众的支持与信任。[3] "公益股"制度的设计可以有效缓解证券市场的羊群效应所带来的

① 参见郭文英、徐明主编《支持诉讼维权案例评析（2018 年）》，法律出版社，2018，第 178 页。

② 参见辛宇、黄欣怡、纪蓓蓓《投资者保护公益组织与股东诉讼在中国的实践——基于中证投服证券支持诉讼的多案例研究》，《管理世界》2020 年第 1 期。

③ C. D. Lee, "Legal Reform in China: A Role for Nongovernmental Organizations", *Yale Tournal International Law*, Vol. 25, Issue 2, 2000, pp. 363-434.

问题，通过"公益股"制度，有助于投资者保护机构通过持股行权的方式成为引领证券市场健康有序发展的"领头羊"。通过投资者保护机构的引导作用，可以极大地激发资本市场中投资者的行权和维权意识，进而形成投资者利益保护网。行政监管者的有限资源难以辐射庞大而复杂的资本市场，而借助投资者群体组成自身利益保护网，不失为一股经济且强大的有生监管力量，[①] 并可以在一定程度上解决大股东操纵公司股东大会而使其沦为"大股东会"的问题。[②] 投资者保护机构的权威，可以在资本市场形成一定的威慑力和引导作用，使公司及管理层能够更加关注投资者保护的问题。例如，上海金融法院于 2019 年 1 月 16 日发布的《上海金融法院关于证券纠纷示范判决机制的规定（试行）》第 4 条规定，由国家机关或依法设立的公益性组织机构支持诉讼且符合示范案件选定标准的案件，将被优先选定为示范案件。

（三）"公益股"制度的目标定位

普通投资者购买上市公司股票的目的是获取相应的投资回报，如低买高卖获得差价，或者从公司获得股息分配。但投资者保护机构所持上市公司股份不应当是基于自身获利的经济目的，而应为"公益"而持有。从某种程度上来说，"公益股"制度的设计目的可以从多元的角度进行理解。首先，"公益股"的制度价值主要体现在其保护中小投资者之目的上。"公益股"的持有机构不论是在日常参与公司经营管理过程中进行监督还是在外部投资者权利受到损害而帮助其寻求法律救济，都应当始终基于这一目的。其次，"公益股"的制度设计并非全然局限于中小投资者这一场域之内，从更宽泛意义上来说，"公益股"制度可以更广泛地辐射到整个证券投资市场的不良行为矫正和健康资本市场的培育上。与此同时，通过投资者保护机构持有"公益股"进行的持股行权制度设计，还可以推动整个公司治理领域的进步，进而反向刺激投资者保护机制的完善和提高投资者的维权、行权意识。

目前采取投资者保护组织或者公司形式对投资者进行保护的法域主要有美国、加拿大和我国台湾地区等。美国基于其 1970 年《证券投资者保

---

① 参见洪艳蓉《公共管理视野下的证券投资者保护》，《厦门大学学报》（哲学社会科学版）2015年第 3 期。

② 参见徐明《多措并举，积极推进立体型中小投资者保护机制》，载蒋锋、卢文道主编《证券法苑》（第 24 卷），法律出版社，2018，第 35~39 页。

护法》建立了美国证券投资者保护公司，根据该公司对于自身职能的介绍，其主要是在公司成员出现破产或者其他财务困难时，对该成员公司投资者的投资损失予以适当弥补。加拿大建立了加拿大基金协会投资者保护公司（MFDA Investor Protection Corporation），该公司的目的在于为加拿大基金协会成员的投资者的投资承保，当该公司成员的投资者因其所投资公司破产而无法从中取回自己的投资时，由该公司返还投资者的投资或者是为投资者提供损害补偿。[1] 我国台湾地区则建立了台湾证券投资人及期货交易人保护中心（以下简称投资人保护中心），根据该中心对自身组织功能的简介，"投资人保护中心系依'投保法'设立之财团法人保护机构，除负责提供投资人证券及期货相关法令之咨询及申诉服务，买卖有价证券或期货交易因民事争议之调处外，亦得为投资人提起团体诉讼或仲裁求偿；另针对证券商或期货商因财务困难无法偿付之问题，明订设置保护基金办理偿付善意投资人之作业"。[2] 除我国台湾地区采取的一手股方式与投服中心的做法类似之外，美国和加拿大所采取的两种形式均存在相应的缺陷，即其只是针对其公司成员的破产或者财务困难情形提供保障，并且在对其成员的损失弥补上还有一定的数额限制，如加拿大基金协会投资者保护公司规定，每个客户的普通账户和单独账户的保额最高为 100 万美元。[3] 而我们拟建立的"公益股"制度，是基于投资者保护机构之特殊地位及其持股之广泛性，该制度相较于美国和加拿大的做法能够更好地实现投资者保护之目的。"公益股"并未实质脱离传统股票所附带的权益，该类股票持有者可以在股东基本权利框架下行使权利，也正基于此，"公益股"制度能够起到"四两拨千斤"的作用。

（四）"公益股"与相关制度比较

公司股东作为公司的投资者享有分红权、监督权、知情权等权利，在股东不满公司管理层或者控制股东相关行为时，可以通过参与股东大会行使监督权、提起股东代表诉讼或者通过出售公司股份的方式退出公司从而保护自身权益。然而，无论是参与股东大会行权、请求召开股东大会和董

---

[1] "COVERAGE POLICY"，（June 23 2020），http：//mfda. ca/wp-content/uploads/IPC_ Cov_ Pol-1. pdf.

[2] 《证券投资人及期货交易人保护中心简介》，https：//www. sfipc. org. tw/MainWeb/Article. aspx？L=1&SNO=I6M+rmmp+ncCQmZoO7Z28g==。

[3] "Policy and Regulation"，（June 23 2020），https：//mfda. ca/policy-and-regulation/.

事会等会议，还是提起股东代表诉讼，都要满足股东持股比例或期限的相关要求。例如，《公司法》对股东大会的表决方式规定为过半数通过或者2/3 表决权以上股东同意；1/10 以上表决权的股东方可提议召开公司董事会临时会议；连续 180 天以上单独或者合计持有上市公司 1/100 以上股份的股东才可提起股东代表诉讼。从现有的做法看，投服中心所持有的一手股都无法从实质意义上实现以上目的，投服中心在公司法的既有制度下难以通过投票权来影响公司具体的管理决策，法律上也无法通过退出公司来进行否决，事实上也不存在通过改进公司绩效而获得回报的激励。[①] 虽然新修订的《证券法》第 94 条第 3 款规定投资者保护机构可突破《公司法》关于持股比例和期限的限制行使权利，但从该条款所处的"投资者保护"一章之位置来看，不难看出其在立法目的上的特殊性。因此，应当充分认识到投资者保护机构虽然持股，但有别于一般意义上的普通股股东，其不以营利为目的，也不以自身利益行权为目的，而属于一种为了实现公益目的的特殊股东。为了这种公益目的的实现，需要对投资者保护机构的股权行使予以特殊设计，如赋予其在公司信息披露、独立董事任免以及诉讼等方面的独特权利安排。

与这里所提出的"公益股"制度相似的股权设计主要是一些国家和地区的"黄金股"，这种股份赋予政府或者其控制的机构对私有化后的公司享有某种不为一般持股者所享有的特别权利。[②] 这种股份的主要行权方式是可以通过一票否决的方式对不利于国家和公共利益的公司决议予以否决，故而该种股份主要是存在于公共性较强的公司中，例如葡萄牙电信公司即存在该种类型的黄金股。实践中，黄金股股东的权利设置为对于不利决议的否决上，其存在是基于国有企业产权结构改造的目的，其所具有的包容性使国有企业不再仅以政府为唯一所有者，而成为可容纳民营资本、外资和国有资产的企业模式，不过，该种股权所具有的特殊否决权运作失灵可能会危及投资者的权益，并产生一定的制度成本，且在公益目的上也

---

① 参见邓峰《论投服中心的定位、职能与前景》，载郭文英、徐明主编《投资者》（第 2 辑），法律出版社，2018，第 89~109 页。
② 参见汪青松《股份公司股东权利多元化配置的域外借鉴与制度建构》，《比较法研究》2015 年第1 期。

与我们所提到的外部投资者保护之联系不大。[①] 除了黄金股之外，还存在其他的与外部投资者保护相关并旨在解决外部投资者自我保护能力不足或者集体行动问题的制度设计，例如，上文所提到的美国"集团诉讼"制度、德国根据《投资人示范诉讼法》（Geseotur Einfliharng von Kapitalanleger Musterverfahren）所建立的示范诉讼制度以及日本的选定代表人诉讼制度等，但是这一类诉讼基本上是通过律师、政府机关或者公益团体的设立并赋予该团体相应的职责来代表外部投资者进行诉讼或者行权的。

当然，在我国特殊的国情下也存在大量的国有企业或国有资产控股的企业，对类似"黄金股"制度有所需求。在我国传媒行业国企改革实践中，采取了一种类黄金股的股权形式，即"国家特殊管理股"。该种类别的股份在 2013 年 11 月党的十八届三中全会通过的《中共中央关于全面深化改革若干重大问题的决定》中提出，后在 2014 年国务院办公厅和国家新闻出版广电总局分别发布的《进一步支持文化企业发展的规定》《非公有制文化企业参与对外专项出版业务试点办法》中得到进一步规定，其适用范围在 2015 年的《中共中央、国务院关于深化国有企业改革的指导意见》中得到扩大，在少数特定领域也可以适用。但必须注意的是，这是从国家利益和社会公共利益的角度出发而采用的特殊股权类别。[②] 故而该类股权模式有其适用的局限性，难以涵盖大部分公司。因此，这些制度设计都与我国投服中心所持有的"一手股"制度有所区别，不仅在制度设计目的上有别于"公益股"制度，而且在功能上也不完全契合这里所提出的"公益股"的定位。

三、新证券法下类公益股设计与不足

（一）新证券法关于投资者保护机构的类"公益股"权利设计

1. 股东权利代为行使征集

股东权利代为行使征集制度是缓解股东因能力或意愿而导致的不能或

---

① 参见王乐锦、苏琪琪、綦好东《我国国家特殊管理股制度构建：基于国外经验借鉴的研究》，《经济学动态》2018 年第 9 期。

② 参见吴高臣《国家特殊管理股的法律性质》，《法学杂志》2018 年第 1 期。

不愿出席股东大会行使权利与符合特定条件的主体基于一定原因而需征集表决权之间矛盾的重要制度。作为投资者权益保护的主体，从其作为股东代理权征集的主体适格性来看，不论是在原来的《公司法》还是上市公司相关监管规则中，均未得到规定，使得投资者保护机构从公司治理的角度而言缺乏代理权征集的合法性基础。2019 年修改的《证券法》以及 2022 年修订的《上市公司股东大会规则》、2023 年修改的《上市公司章程指引》对此进行了有益的修正。根据新《证券法》第 90 条第 1 款的规定，投资者保护机构可以作为代理权征集人，自行或委托证券公司、证券服务机构，公开请求上市公司股东委托其代为出席股东大会，并代为行使提案权和表决权等股东权利。由此，投资者保护机构作为股东出席股东大会的代表得以名正言顺，而且这一条款的规定将极大提升投资者保护机构维护中小股东权益的效率，破除我们传统公司治理理念上关于持股才能行权的阻滞。

2. 受托开展先行赔付

不论是在证券投资领域，还是在一般的民事侵权领域，受害人在权利受到损害之时获得合理的救济是权利主体利益维护的应然逻辑。但在新《证券法》实施之前，我国证券投资领域似乎并非全然如此。证券市场虚假陈述以行政处罚或刑事判决为前置程序，而由此导致的结果是投资者可能难以获得足够的赔偿。[①] 虽然实践中早已有万福生科案、海联讯案以及欣泰电气案进行先行赔付的案例，但毕竟缺乏正式立法的规定，难以有合适的法律依据，而新《证券法》对于先行赔付制度的正式规定，为以后的先行赔付实践提供了法律依据和适用基础。新《证券法》第 93 条明确规定，发行人因欺诈发行、虚假陈述或者其他重大违法行为给投资者造成损失的，发行人的控股股东、实际控制人和相关证券公司可以委托投资者保护机构，就赔偿事宜与受到损失的投资者达成协议，予以先行赔付。第 93 条的规定为证券投资者保护机构介入先行赔付奠定了法律基础，使未来的先行赔付制度实践能够有法可依，投资者也能在权益受损之时有一个维护权利和弥补损失的选择路径。

---

① 参见肖宇、黄辉《证券市场先行赔付：法理辨析与制度构建》，《法学》2019 年第 8 期；席涛《〈证券法〉的市场与监管分析》，《政法论坛》2019 年第 6 期。

3. 主持调解、支持起诉与提起股东代表诉讼

相对于美国的"好讼"文化而言，我国普遍存在的是"厌讼"文化,[①] 但这丝毫不影响诉讼发生时政府或司法机关成为权利主体求助的对象。不管是政府还是司法机关，均有"公共性"的特性，而因近年来我国法治水平逐渐提高，公民的维权意识增强，逐渐凸显出我国公共路径解决纠纷在成本、专业性和效率等方面的短板。司法解决纠纷需求的激增，使司法资源的供给远不及所需，而这种需求的"溢出"要求司法制度与其他制度进行有效的协同配合，法院也更加期待其能力范围之外的制度作为,[②] 而这种范围外的制度依赖则更多地进入了私人或社会秩序的领域。利用公共与私人执法之间的共性，找寻二者之间合作的契合点，在降低社会成本和提高司法资源利用率的同时，也可以极大地提升资本市场的有效性，而新《证券法》所赋予的投资者保护机构支持诉讼机制正是公共执法与私人执法有效协同之典范。[③] 这种模式不仅能够唤醒中小投资者的维权意识，而且也极大地刺激了民间律师团体的活跃程度，并在一定程度上产生了溢出效应。[④] 根据新《证券法》第94条的规定，投资者与发行人、证券公司等发生纠纷的，双方可以向投资者保护机构申请调解；投资者保护机构对损害投资者利益的行为，可以依法支持投资者向人民法院提起诉讼；公司利益受到侵害的，投资者保护机构持有该公司股份的，可以为公司的利益以自己的名义向人民法院提起诉讼，并且持股比例和持股期限不受公司法相关规定的限制。这些规定不仅是证券法的首创，也是对投服中心中小投资者权益保护实践的认可。通过证券法的规定，未来的投资者保护实践将增添司法和行政层面之外的公益路径，投资者保护的实际效果也必将大大增强。

（二）投资者保护机构权利设计存在的主要不足

投资者保护机构是证券投资者保护实践中担当维护投资者权益使命的

---

① 参见〔美〕E.博登海默《法理学：法律哲学与法律方法》，邓正来译，中国政法大学出版社，2010，第421~422页。

② 参见〔美〕尼尔·K.考默萨《法律的限度——法治、权利的供给与需求》，申卫星、王琦译，商务印书馆，2007，第172页。

③ 参见王琳《投资者权益保护与证券支持诉讼：以法经济学为视角》，《重庆大学学报》（社会科学版）2019年第4期。

④ 参见辛宇、黄欣怡、纪蓓蓓《投资者保护公益组织与股东诉讼在中国的实践——基于中证投服证券支持诉讼的多案例研究》，《管理世界》2020年第1期。

特殊主体，在新《证券法》出台之前，投资者保护机构在《证券法》层面的正当性尚未得以确立，《证券法》修订对投资者保护机构的权利、定位和职能等均进行了一定程度的规定。基于投资者保护机构在证券法上的规定，其符合"公益股"制度对于持有者的定位。投资者保护机构的专业性和中立性能够使其成为妥适的"公益股"持有者和权益行使者。不过，由于制定法所具有的"弹性"和法律涵摄范围的需求，应进一步对其所承载之意进行阐释、界定。① 因此，欲实现"公益股"制度设计的目的，对于其持有者——投资者保护机构在证券法内的规定及其不足进行进一步阐释颇有必要。

首先，投资者保护机构的基本制度规定缺失。投资者保护机构是《证券法》修订新引进的概念，投资者保护机构享有股东权利代为征集、受托开展先行赔付及主持调解、支持起诉与提起股东代表诉讼等权利。不过，新《证券法》的这些规定仅仅从投资者保护机构目的和职能的实现视角赋予其权利，却在投资者保护机构的"识别"或准入上缺乏细致的规定。故而，有关投资者保护机构在实践中的机构名称、组织结构、法律地位、法定职责等方面均尚待进一步明确。此外，还需要考量的是，投资者保护机构的市场职能与公共职能该如何实现与衔接？这些内容在当前的《证券法》规定中均处于缺失或有待细化的状态，而这也得到了 2020 年 2月发布的《国务院办公厅关于贯彻实施修订后的证券法有关工作的通知》（国办发〔2020〕5 号）的印证。②

其次，投资者保护机构受托开展先行赔付的制度有待明晰。投资者保护机构代表发行人与投资者达成先行赔付协议的制度中尚不明晰的地方体现在：投资者保护机构的角色到底是权益受损的投资者代表，还是发行人控股股东、实际控制人或相关证券公司的代表？《证券法》第 90 条规定投资者保护机构应当依照法律法规或者国务院证券监督管理机构的相关规定设立，但从《证券法》第 93 条关于投资

---

① 参见〔德〕卡尔·拉伦茨《法学方法论》，陈爱娥译，商务印书馆，2003，第 194 页。

② 《国务院办公厅关于贯彻实施修订后的证券法有关工作的通知》第四部分"加强投资者合法权益保护"指出，有关部门要认真贯彻修订后的证券法，采取有力有效措施，依法保护投资者特别是中小投资者合法权益。要积极配合司法机关，稳妥推进由投资者保护机构代表投资者提起证券民事赔偿诉讼的制度，推动完善有关司法解释。严格执行信息披露规定，完善有关规则，明确信息披露媒体的条件，做好规则修订前后的过渡衔接，依法保障投资者知情权。

者先行赔付的规定来看，需要进一步明确的是，"先行赔付"之时的资金来源为何以及如何得到保障？投资者保护机构是否可参与到追偿程序中？以什么程序向发行人以及其他连带责任人追偿？如何保障追偿权的实现？

最后，投资者保护机构参与调解及诉讼的制度尚需细化。新《证券法》第94条规定了投资者保护机构接受申请进行投资纠纷的调解、支持起诉及参与诉讼等投资者保护路径，但是细看这些规定，还有以下问题有待进一步细化：调解的具体机制如何构建？调解的效力如何？支持诉讼的方式与手段是什么？投资者保护机构在支持诉讼中具有什么法律地位？是否要明确投资者保护机构为公司利益以自己名义提起的是股东代表诉讼？是否要遵循公司法中的其他相关规定？如何处理投资者保护机构与所代表的投资者之间的关系？如何充分保障投资者的知情权和其他利益？投资者明确表示不愿意参加该诉讼的方式与时间节点是什么？

四、完善发展公益股制度的基本思路

"公益股"概念一定程度上缓解了股东"持股行权"的理念与投资者保护机构的行权成本之间的冲突。《证券法》第94条对投资者保护机构的持股行权提供了制度性支撑，该条第3款规定"持有该公司股份的"用语表明，《证券法》并未限制像投服中心这般持有"一手股"而行使大量股东权利的做法，甚至在该款最后一句通过突破《公司法》关于持股比例和期限的限制，为投资者保护机构的特殊"行权"提供了法律依据。由此可见，"公益股"制度在《证券法》中具有法律依据。但要使"公益股"制度设计充分发挥作用，现有的法律规定依然存在需要完善的地方。具体而言，我们应当通过立法明确赋予"公益股"正当性并赋予其除股东基本权利之外的其他特别权利。除了新《证券法》的相关规定外，"公益股"所附带之权利安排还应当从以下几个方面予以完善。

首先，应当赋予"公益股"股东参与公司重大事项的决策并进行监督的权利。公司外部投资者不可能参与到公司所有事项的决策上，通过赋予"公益股"股东该项权利，可以有效遏制公司管理层或控制股东作出不利于公司外部投资者的决议。作为"公益股"的持有者，投资者保护机构应当着眼于投资者的保护，并利用其专业性和定位优势进行与投资者保护相关的活动，"公益股"制度的设计也应当契合投资者保护的需求，这种"公益"并不等同于通常的公益概念，而是特指通过投资者保护机构的行为无偿为投资者提供权益维护的服务，"公益股"也应当有别于传统以获得股利或剩余利益为目的的经济型导向的股权设计。从《证券法》修订之前的投服中心持股行权实践来看，投服中心囿于法律规范的缺失，只能进行有持股比例和期限限制的事项之外的活动，① 这显然对其投资者保护功能的充分发挥构成了约束。在《证券法》修订之后，该法第 94 条第 3 款赋予了投资者保护机构突破公司法限制提起股东代表诉讼的权利。但我们应当注意到，要使投资者保护机构充分运用"公益股"的制度设计来维护投资者权利，还应该赋予"公益股"持有者更丰富的权利。投资者保护机构在对外部投资者权益保护的专业性和效率保障上存在较大优势，对其的赋权应在范围上超过普通股东，如赋予其对公司重大决策的参与和监督权，能使其利用其权威性矫正决策中的不当行为，对大股东和管理层形成一定的制约，充分发挥其制度优势。

其次，应当赋予"公益股"股东提起公益诉讼的资格。公益诉讼已经在我国《民事诉讼法》第 58 条以及《最高人民法院关于适用〈中华人民共和国民事诉讼法〉的解释》（以下简称《民事诉讼法司法解释》）第 282 条进行了规定。《民事诉讼法司法解释》第 282 条规定："环境保护法、消费者权益保护法等法律规定的机关和有关组织对污染环境、侵害众多消费者合法权益等损害社会公共利益的行为，根据民事诉讼法第五十八条规定提起公益诉讼，符合下列条件的，人民法院应当受理：（一）有明确的被告；（二）有具体的诉讼请求；（三）有社会公共利益受到损害的初步证据；（四）属于人民法院受理民事诉讼的范围和受诉人民法院管辖。"但是该条并没有明确该法以外的其他专门法如何规定公益民事诉讼原告主体资格的具体规则、具体条件，以及按照专门法规定具有公益民事

---

① 参见陈洁《投服中心公益股东权的配置及制度建构——以"持股行权"为研究框架》，载郭文英、徐明主编《投资者》（第 1 辑），法律出版社，2018，第 77~93 页。

诉讼原告资格的机关和有关组织在个案中何者为适格原告主体等。① 当证券市场数量众多的投资者权利受到侵害时，既有明确的被告，也有具体的诉讼请求，能够满足《民事诉讼法司法解释》第 282 条第（三）和（四）项规定的条件。因此，欲使"公益股"制度在实践中更好地发挥投资者保护作用，应当在证券法所赋予诉权的基础上进一步扩展其公益诉权。

再次，应当扩展"公益股"股东的协助请求权。投资者在权利受到损害之时，无论其通过诉讼、仲裁、调解还是其他方式，都需要一定的证据支持，受损的权利方能得到维护和救济。从实践来看，持有公司大量股份的股东需要查询公司相关文件尚且不易，更遑论仅持有区区一手股的投服中心了。要想更好地履行投资者保护的职责，投资者保护机构行权过程中，其他机构的协助不可或缺。新修订《证券法》仅在第 90 条规定投资者保护机构依法征集股东权利的，上市公司应当予以配合，这显然是不够的。可以借鉴我国台湾地区"证券投资人及期货交易人保护法"第 17 条之规定："保护机构为处理下列情事，得请求发行人、证券商、证券服务事业、期货业或证券及期货市场相关机构协助或提出文件、相关资料：一、依本'法'规定提出之调处案件。二、依第二十一条第一项规定，对证券投资人或期货交易人未受偿债权之偿付。三、为提起第二十八条诉讼或仲裁。四、主管机关委托办理之事项。五、其他为利于保护机构执行保护业务之事项。""保护机构依前项所得文件或相关资料，发现有违反法令情事，或为保护公益之必要时，应报请主管机关处理。受请求人未依前项规定协助或提出文件、相关资料者，亦同。"

最后，应当赋予"公益股"股东提请召开公司临时股东大会的权利。股东大会是一个公司的重要决议机关，通过股东大会形成的决议基本能够代表公司大部分股东的意思表示。在公司相关事项需要经过股东大会决议而未进行决议时，公益股股东可以通过该权利的行使以维护公司外部投资者的权利。之所以要赋予公益股股东该种权利，是因为根据我国《公司法》规定，有权提起股东大会的主体为董事会、

---

① 参见郭雪慧《论公益诉讼主体确定及其原告资格的协调——对〈民事诉讼法〉第 55 条的思考》，《政治与法律》2015 年第 1 期。

监事会或者单独或合计持有 10% 以上公司股份的股东。虽然公司法规定了单独或者合计持有 10% 以上股份的股东可以请求召开临时股东大会，但是公司外部投资者参会成本以及维权成本相对于其投资额而言过高，这使得该种权利实际上并不能为外部投资者的权利救济提供实质的帮助。通过在立法上赋予"公益股"股东该种权利可以有效缓解这一问题。

参考文献

一、中文类

（一）著作类

1. 〔德〕卡尔·拉伦茨：《法学方法论》，陈爱娥译，商务印书馆，2003。

2. 〔德〕托马斯·莱塞尔、吕迪格·法伊尔：《德国资合公司法》，高旭军等译，法律出版社，2005。

3. 〔法〕米歇尔·克罗齐埃：《科层现象》，刘汉全译，上海人民出版社，2002。

4. 〔美〕E. 博登海默：《法理学：法律哲学与法律方法》，邓正来译，中国政法大学出版社，2010。

5. 〔美〕道格拉斯·C. 诺斯：《制度、制度变迁与经济绩效》，刘守英译，上海三联书店，1994。

6. 〔美〕柯提斯·J. 米尔霍普、〔德〕卡塔琳娜·皮斯托：《法律与资本主义：全球公司危机揭示的法律制度与经济发展的关系》，罗培新译，北京大学出版社，2010。

7. 〔美〕罗伯塔·罗曼诺编著《公司法基础》（第2版），罗培新译，法律出版社，2013。

8. 〔美〕罗伯特·W. 汉密尔顿：《美国公司法》，齐东祥组织翻译，法律出版社，2008。

9. 〔美〕迈克尔·詹森：《企业理论——治理、剩余索取权和组织形式》，童英译，上海财经大学出版社，2008。

10. 陈郁编《所有权、控制权与激励——代理经济学文选》，上海人民出版社，2006。

11. 谷世英：《优先股法律制度研究》，法律出版社，2015。

12. 郭文英、徐明主编《支持诉讼维权案例评析（2018 年）》，法律出版社，2018。

13. 郭文英、徐明主编《投服研究第 1 辑：证券市场投资者保护条例立法研究》，法律出版社，2018。

14. 《德国商事公司法》，胡晓静、杨代雄译，法律出版社，2014。

15. 《法国公司法典》（上下册），罗结珍译，中国法制出版社，2007。

16. 林来梵：《从宪法规范到规范宪法——规范宪法学的一种前言》，商务印书馆，2017。

17. 梅慎实：《现代公司机关权力构造论》，中国政法大学出版社，1996。

18. 钱玉林：《股东大会决议瑕疵研究》，法律出版社，2005。

19. 汪青松：《股份公司股东权利配置的多元模式研究》，中国政法大学出版社，2015。

20. 汪丁丁：《经济发展与制度创新》，上海人民出版社，1995。

21. 吴光明：《证券交易法论》，三民书局，2015。

22. 《韩国商法》，吴日焕译，中国政法大学出版社，1999。

23. 〔美〕约瑟夫·熊彼特：《经济发展理论》，何畏、易家详译，商务印书馆，1991。

（二）论文类

1. 巴曙松、巴晴：《双重股权架构的香港实践》，《中国金融》2018 年第 11 期。

2. 〔日〕布井千博、朱大明：《论日本法中的公司种类股与风险金融》，《商事法论集》第 18、19 合卷。

3. 常健：《股东自治的基础、价值及其实现》，《法学家》2009 年第 6 期。

4. 陈彬：《双重股权结构制度改革评析——新加坡公司法的视角》，《证券市场导报》2016 年第 7 期。

5. 邓峰：《论投服中心的定位、职能与前景》，载郭文英、徐明主编《投资者》（第 2 辑），法律出版社，2018。

6. 冯果：《股东异质化视角下的双层股权结构》，《政法论坛》2016 年第 4 期。

7. 甘培忠：《有限责任公司小股东利益保护的法学思考——从诉讼角度考察》，《法商研究》2002 年第 6 期。

8. 关璐：《我国公司优先股规则构建与修法建议》，《甘肃社会科学》2014 年第 4 期。

9. 郭雪慧:《论公益诉讼主体确定及其原告资格的协调——对〈民事诉讼法〉第 55 条的思考》,《政治与法律》2015 年第 1 期。

10. 洪艳蓉:《公共管理视野下的证券投资者保护》,《厦门大学学报》(哲学社会科学版) 2015 年第 3 期。

11. 罗培新:《论股东平等及少数股股东之保护》,《宁夏大学学报》(人文社会科学版) 2000 年第 1 期。

12. 刘胜军:《类别表决权:类别股股东保护与公司行为自由的衡平——兼评〈优先股试点管理办法〉第 10 条》,《法学评论》2015 年第 1 期。

13. 林全玲、胡智强:《公司控制权的法律保障初论》,《社会科学辑刊》2009 年第 4 期。

14. 李激汉:《证券民事赔偿诉讼方式的立法路径探讨》,《法学》2018 年第 3 期。

15. 李海燕:《种类股在日本公司实践中的运行》,《现代日本经济》2014 年第 2 期。

16. 林海、常铮:《境外资本市场差异化表决权监管路径探究及启示》,载蒋锋、卢文道主编《证券法苑》(第 24 卷),法律出版社,2018。

17. 卢文道、王文心:《双层股权结构及其对一股一权规则的背离——阿里上市方案中"合伙人制度"引起的思考》,载黄双元、徐明主编《证券法苑》(第 9 卷),法律出版社,2013。

18. 覃有土、陈雪萍:《表决权信托:控制权优化配置机制》,《法商研究》2005 年第 4 期。

19. 商鹏:《双重股权结构的制度价值阐释与本土化路径探讨——以阿里巴巴集团的"合伙人制度"为切入点》,《河北法学》2016 年第 5 期。

20. 汪青松:《论股份公司股东权利的分离——以"一股一票"原则的历史兴衰为背景》,《清华法学》2014 年第 2 期。

21. 汪青松、赵万一:《股份公司内部权力配置的结构性变革——以股东"同质化"假定到"异质化"现实的演进为视角》,《现代法学》2011 年第 3 期。

22. 汪青松:《公司控制权强化机制下的外部投资者利益保护——以美国制度环境与中概股样本为例》,《环球法律评论》2019 年第 5 期。

23. 汪青松:《股份公司股东权利多元化配置的域外借鉴与制度建构》,《比较法研究》2015 年第 1 期。

24. 吴高臣：《国家特殊管理股的法律性质》，《法学杂志》2018 年第 1 期。

25. 王乐锦、苏琪琪、綦好东：《我国国家特殊管理股制度构建：基于国外经验借鉴的研究》，《经济学动态》2018 年第 9 期。

26. 王琳：《投资者权益保护与证券支持诉讼：以法经济学为视角》，《重庆大学学报》（社会科学版）2019 年第 4 期。

27. 王湘淳：《公司限制股权：为何正当，如何判断?》，《西南政法大学学报》2017 年第 5 期。

28. 肖作平：《所有权和控制权的分离度、政府干预与资本结构选择——来自中国上市公司的实证证据》，《南开管理评论》2010 年第 5 期。

29. 肖宇、黄辉：《证券市场先行赔付：法理辨析与制度构建》，《法学》2019 年第 8 期。

30. 席涛：《〈证券法〉的市场与监管分析》，《政法论坛》2019 年第 6 期。

31. 杨洋：《非公开发行不应成为我国优先股发行的主要模式》，《特区经济》2014 年第 8 期。

32. 辛宇、黄欣怡、纪蓓蓓：《投资者保护公益组织与股东诉讼在中国的实践——基于中证投服证券支持诉讼的多案例研究》，《管理世界》2020 年第 1 期。

33. 袁康：《任期投票制：一种可能的表决权安排》，《法商研究》2018 年第 3 期。

34. 赵万一、赵吟：《中国自治型公司法的理论证成及制度实现》，《中国社会科学》2015 年第 12 期。

35. 朱慈蕴、沈朝晖：《类别股与中国公司法的演进》，《中国社会科学》2013 年第 9 期。

36. 朱慈蕴、神作裕之、谢段磊：《差异化表决制度的引入与控制权约束机制的创新——以中日差异化表决权实践为视角》，《清华法学》2019 年第 2 期。

37. 周游：《从被动填空到主动选择：公司法功能的嬗变》，《法学》2018 年第 2 期。

38. 周其仁：《市场里的企业：一个人力资本与非人力资本的特别合约》，《经济研究》1996 年第 6 期。

39. 章武生：《我国证券集团诉讼的模式选择与制度重构》，《中国法学》2017 年第 2 期。

40. 张舫：《一股一票原则与不同投票权股的发行》，《重庆大学学报》（社会科学版）2013 年第 1 期。

41. 郑秀田、许永斌：《控股股东攫取私利下中小股东的行为选择——"理性冷漠"还是"积极监督"?》，《经济评论》2013 年第 6 期。

（三）其他类

1. 李捷：《国务院国有资产监督管理委员会：央企积极推进混合所有制改革》，《人民日报》（海外版）2018 年 8 月 31 日，第 7 版。

2. 周松林：《投资者希望成立代理机构代表散户维权》，《中国证券报》2016 年 8 月 22 日，第 A12 版。

3. 陈洁：《新证券法投资者保护制度的三大"中国特色"》，《中国证券报》2020 年 3 月 14 日。

4. 王全浩：《港交所"同股不同权"下周生效》，《新京报》2018 年 4 月 25 日，第 B01 版。

5. 吕东：《南京银行外资大股东持股比例已达 14.74%　国资股东"四两拨千斤"靠一致行动人锁定 NO.1》，《证券日报》2013 年 2 月 19 日，第 B01 版。

6. 尹靖霏：《A 股上市现金分红大起底：30 家上市公司自上市以来一分钱也不分》，第一财经：https：//www. yicai. com/news/5401895. html，最后访问日期：2018 年 10 月 16 日。

7. 《中国概念股》，新浪财经：http：//finance. sina. com. cn/stock/usstock/cnlist. html，最后访问日期：2018 年 12 月 25 日。

8. 《中概股排行》，搜狐证券：http：//q. stock. sohu. com/us/zgg. html，最后访问日期：2018 年 12 月 25 日。

9. 美国证券交易委员会：《美国证券交易委员会 EDGAR 系统》，https：//www. sec. gov/edgar/searchedgar/webusers. htm，最后访问日期：2018 年 12 月 25 日。

10. 香港交易所：《新兴与创新产业公司上市制度咨询文件》，2018 年 2 月，http：//www. hkex. com. hk/News/Market－Consultations/2016－to－Present/February－2018－Emerging－and－Innovative－Sectors? sc_ lang＝zh-HK，最后访问日期：2018 年 2 月 23 日。

11. 香港交易所：《综合报告——每月市场概况》，2018 年 7 月，https：//www. hkex. com. hk/Market－Data/Statistics/Consolidated－Reports/HKEX－

Monthly-Market-Highlights？sc_ lang＝zh-hk&select＝｛2EA751A5-CB84-
41A8-B99D-9C8BC53AA367｝，最后访问日期：2018 年 11 月 8 日。

12. 香港交易所：《咨询总结——新兴与创新产业公司上市制度》，2018 年 4
月，https：//www. hkex. com. hk/-/media/HKEX - Market/News/Market -
Consultations/2016 - Present/February - 2018 - Emerging - and - Innovative -
Sectors/Conclusions-（April-2018）/cp201802cc_ c. pdf，最后访问日期：
2021 年 2 月 18 日。

13. 香港交易所：《概念文件：不同投票权架构》，https：//www. hkex. com. hk/-/
media/HKEX - Market/News/Market - Consultations/2011 - to - 2015/August -
2014-Weighted-Voting-Rights/Consultation-paper/cp2014082_ c. pdf，最
后访问日期：2021 年 2 月 2 日。

14. 深圳交易所：《2017 年个人投资者状况调查报告》，http：//www. szse. cn/
aboutus/trends/news/t20180315_ 519202. html，最后访问日期：2021 年 2 月
18 日。

15. 深圳交易所：《2018 年个人投资者状况调查报告》，http：//investor.
szse. cn/institute/bookshelf/report/P020190325390811433226. pdf，最后访
问日期：2021 年 2 月 18 日。

16. 《证券投资人及期货交易人保护中心简介》，https：//www. sfipc. org. tw/
MainWeb/Article. aspx？L＝1&SNO＝I6M+rmmp+ncCQmZoO7Z28g＝＝。

17. 中证中小投资者服务中心官网：http：//www. isc. com. cn/。

18. 《中国工商银行股份有限公司非公开发行优先股募集说明书》。

19. 《北京银行股份有限公司非公开发行优先股募集说明书》。

20. 《山东晨鸣纸业集团股份有限公司非公开发行优先股募集说明书》。

21. 《牧原食品股份有限公司 2018 年非公开发行优先股募集说明书》。

22. 《中国建筑股份有限公司 2015 年非公开发行优先股募集说明书》。

二、外文类参考文献

（一）著作类

1. H. Henn & J. Alexander, *Laws of Corporations and Other Business Associations*,
Eagan：West Pub Co. , 1983.

2. James P. Hawley & Andrew T. Williams, *The Rise of Fiduciary Capitalism*,

University of Pennsylvania Press, 2000.

3. L. A. Bebchuk, R. Kraakman & G. Triantis, "Stock Pyramids, Cross-ownership and Dual Class Equity: the Mechanisms and Agency Costs of Separating Control from Cash-flow Rights", In Morck, R. (ed.), *Concentrated Corporate Ownership*, Chicago, IL: University of Chicago Press, 2000.

4. K. J. Hopt., "European Company Law and Corporate Governance: Where Does the Action Plan of the European Commission Lead?", In K. J. Hopt, E. Wymeersch, H. Kanda & H. Baum (ed.), *Corporate Governance in Context: Corporations, States, and Markets in Europe, Japan, and the US*, Oxford: Oxford University Press, 2005.

（二）论文类

1. Andrew Winden, "Sunrise, Sunset: An Empirical and Theoretical Assessment of Dual-Class Stock Structures", *Rock Center for Corporate Governance at Stanford University Working Paper*, No. 228, 2017.

2. B. Villalonga & R. H. Amit, "How Are U. S. Family Firms Controlled?", *The Review of Financial Studies*, Vol. 22, No. 2, 2009.

3. Anita Anand, "Governance Complexities in Firms with Dual Class Shares", *The Annals of Corporate Governance*, Vol. 3, No. 3, 2018.

4. Lucian A. Bebchuk & Assaf Hamdani, "Independent Directors and Controlling Shareholders", *University of Pennsylvania Law Review*, Vol. 165, No. 6, 2017.

5. Bernard S Sharfman, "A Private Ordering Defense of a Company's Right to Use Dual Class Share Structures in IPOs", *Villanova Law Review*, Vol. 63, No. 1, 2018.

6. Daniel R. Fischel, "Organized Exchanges and the Regulation of Dual Class Common Stock", *University of Chicago Law Review*, Vol. 54, No. 3, 1987.

7. D. Emanuel, "A Theoretical Model for Valuing Preferred Stock", *Journal of Finance*, Vol. 38, 1983.

8. Zohar Goshen & Richard C. Squire, "Principal Costs: A New Theory for Corporate Law and Governance", *Columbia Law Review*, Vol. 117, No. 3, 2017.

9. Joel Seligman, "Equal Protection in Shareholder Voting Rights: The One Common Share, One Vote Controversy", *George Washington Law Review*, Vol. 54, 1986.

10. Judge Fa Chen & Dr. Lijun Zhao, "To Be or Not to Be: An Empirical Study on Dual-Class Share Structure of US-Listed Chinese Companies", *Journal of International Business and Law*, Vol. 16, No. 2, 2017.

11. Larry Y. Dann & Harry DeAngelo, "Corporate Financial Policy and Corporate Control: A Study of Defensive Adjustments in Asset and Ownership Structure", *Journal of Financial Economics*, Vol. 20, No. 1-2, 1988.

12. Lucian A. Bebchuk & Kobi Kastiel, "The Perils of Small-Minority Controllers", *Georgetown Law Journal*, No. 6, 2019.

13. Lucian A. Bebchuk & Kobi Kastiel, "The Untenable Case for Perpetual Dual-Class Stock", *Virginia Law Review*, Vol. 103, No. 4, 2017.

14. Mike Burkart & Samuel Lee, "The One Share-One Vote Debate: A Theoretical Perspective", *ECGI-Finance Working Paper*, No. 176, 2007.

15. Michael C. Jensen & Richard S. Ruback, "The Market for Corporate Control: The Scientific Evidence", *Journal of Financial Economics*, Vol. 11, 1983.

16. Michael Bradley, Anand Desai & E. Harv Kim, "The Rationale Behind Inter-firm Tender Offers: Information or Synergy?", *International Conference and Exhibition on Electricity Distribution*, Vol. 11, 1983.

17. Paul A. Gompers, Joy Ishii & Andrew Metrick, "Extreme Governance: An Analysis of Dual Class Firms in the United States", *Review of Financial Studies*, Vol. 23, No. 3, 2010.

18. Ronald J. Gilson, "Controlling Shareholders and Corporate Governance: Complicating the Comparative Taxonomy", *Harvard Law Review*, Vol. 119, No. 6, 2006.

19. Richard M. Buxbaum, "Preferred Stock-Law and Draftsmanship", *California Law Review*, Vol. 42, 1954.

20. Ronald W. Masulis, Cong Wang & Fei Xie, "Agency Problems at Dual-Class Companies", *The Journal of Finance*, Vol. 64, No. 4, 2006.

21. Zohar Goshen & Assaf Hamdani, "Corporate Control and Idiosyncratic Vision", *Yale Law Journal*, Vol. 125, No. 3, 2016.

索　引

后　记

记得早在 2008 年申报第一个教育部课题时，为了体现选题新意，使用了"股东异质化"这样一个当时还没有进入公司法理论研究话语体系的表述。那种标新立异无疑是冒着被扔进故纸堆的极大风险，万幸的是得到了评审人的认可与鼓励。从那以后，自己最主要的学术生命就投入在了这一主题之上，从"股份公司股东异质化法律问题研究"，到"股份公司股东权利配置的多元模式研究"，再到"公司控制权强化机制视域下的外部投资者保护"，前后三个教育部课题完成之际，不觉中已是十三载光阴。值得欣慰的是，"股东异质化"的表述已经被学界普遍接纳，股权配置多元化已经从理论探讨获得制度肯认并开始市场实践。亦感遗憾的是，民商法领域有如此广阔的探索空间和如此众多的有趣主题，而自己却在方寸之地流连忘返如此之久。

自己原是一名半路出家的学界后进，直到 33 岁时，才幸蒙恩师赵万一先生不弃，收入门下攻读商法。从那时算起，原本短暂的学术生涯已经在股东权利这一主题之上用去过半，因此，余下时光或许应转向其他感兴趣的领域。但是，这绝不意味着这一主题不再值得关注。毕竟，对于包括中国在内的诸多法域而言，上市公司股权多元化配置实践才刚刚开始。

本书最终呈现的虽是独著，但除了其中的谬误和不足应当归于我一个人之外，实际上凝结了许多人的智慧和力量。

本书的初稿有幸获批教育部后期资助项目，最终成果又得以入选中国社会科学博士后文库，在此特对那些无从得知尊名的评审专家致以由衷谢意！

同时，也要将最诚挚的敬意与感谢献给朱慈蕴教授和我的博士生导师赵万一教授，他们的推荐是本书稿成功入选中国社会科学博士后文库的最富含金量之背书。

我指导的博士研究生李苗苗、张凯、罗娜、张汉成和硕士研究生李仙梅、李广聪、武新雷，在资料收集整理、内容调整校对等方面付出了大量辛劳。

我所爱的家人们是自己能够在学术之路上坚定前行的坚强后盾。我的岳父母都年届七旬，但依然为我们分担了照顾子女和家庭生活上的诸多重担。我的妻子韩炜教授用不断压缩个人休息时间的方式很好地平衡了行政工作、教学科研和家庭生活，是我学术上的良师益友和前行的不竭动力。我的女儿敬敬用她良好的阅读习惯启迪着我不断为读者奉献出有营养的研究成果。还有那几乎是和本课题同时降生、一起成长的可爱宝贝成成，他襁褓中的笑脸、学步时的蹒跚，是消除自己身心疲劳和思维停滞的灵丹妙药。

特别需要感谢的是本书的责任编辑芮素平女士！本书初稿或有些许学术见地，但仍属粗陋毛坯，行文不免多有谬误。素平编辑用其细致缜密的专业思维和巧夺天工的编辑技巧为本书编织出堪称完美的靓丽"嫁衣"。

最后，感谢所有的读者！愿本书之浅陋能稍许激发你们批判之念头，以此深化本主题之研究。

第十批《中国社会科学博士后文库》专家推荐表 1

《中国社会科学博士后文库》由中国社会科学院与全国博士后管理委员会共同设立，旨在集中推出选题立意高、成果质量高、真正反映当前我国哲学社会科学领域博士后研究最高学术水准的创新成果，充分发挥哲学社会科学优秀博士后科研成果和优秀博士后人才的引领示范作用，让《文库》著作真正成为时代的符号、学术的示范。

推荐专家姓名	朱慈蕴	电　话	
专业技术职务	教授	研究专长	民商法学
工作单位	清华大学	行政职务	商法研究中心主任
推荐成果名称	公司控制权强化机制视域下的外部投资者保护研究		
成果作者姓名	汪青松		

（对书稿的学术创新、理论价值、现实意义、政治理论倾向及是否具有出版价值等方面做出全面评价，并指出其不足之处）

　　该书稿是国内关于"公司控制权强化机制"问题具有开创性的系统性研究成果，具有较为重要的学术创新价值。

　　从理论意义上看，该书稿对控制权强化机制的演进趋势、理论基础以及在我国市场实践中对于该机制的现实需求进行了深入分析和揭示，揭示出对于"控制权强化机制"的包容接纳已经成为一种世界趋势。但是，这种趋势不应当误导我们去忽视"控制权强化机制"所存在的弊端，特别是其对于外部投资者地位的进一步弱化效应。

　　从现实意义上看，该书稿指明了控制权强化机制既具有改善公司治理的积极功能，也会对外部投资利益产生消极影响，尤其需要完善的投资者保护机制来加以矫正，据此提出了控制权强化机制下加强外部投资者利益保护的思路和具体方案，包括表决权弱化股份股东权利保障的特殊安排、独立董事的职责、权利救济机制、"公益股"制度构想等。

　　该书稿坚持正确的政治方向，立足于中国问题、中国情境，致力于探索契合中国现实需求的制度方案。该书稿的初稿成功获批教育部哲学社会科学研究后期资助项目，即已表明了其学术价值得到了评审专家的高度肯定。在此基础上得到进一步完善的最终成果，代表了该领域研究的前沿水平，具有重要的出版价值。特此郑重推荐！

签字：

2021 年 3 月 7 日

说明：该推荐表须由具有正高级专业技术职务的同行专家填写，并由推荐人亲自签字，一旦推荐，须承担个人信誉责任。如推荐书稿入选《文库》，推荐专家姓名及推荐意见将印入著作。

第十批《中国社会科学博士后文库》专家推荐表 2

　　《中国社会科学博士后文库》由中国社会科学院与全国博士后管理委员会共同设立,旨在集中推出选题立意高、成果质量高、真正反映当前我国哲学社会科学领域博士后研究最高学术水准的创新成果,充分发挥哲学社会科学优秀博士后科研成果和优秀博士后人才的引领示范作用,让《文库》著作真正成为时代的符号、学术的示范。

推荐专家姓名	赵万一	电　　话	
专业技术职务	教授	研究专长	民商法
工作单位	西南政法大学	行政职务	《现代法学》主编
推荐成果名称	公司控制权强化机制视域下的外部投资者保护研究		
成果作者姓名	汪青松		

（对书稿的学术创新、理论价值、现实意义、政治理论倾向及是否具有出版价值等方面做出全面评价,并指出其不足之处）

　　以差异化股权结构为代表的公司控制权强化机制正在成为全球公司实践的新趋势,但由此带来的对外部投资者的影响和保护需求,却一直缺乏深入系统的研究,本书稿在很大程度填补了这一空白。

　　本书稿具有鲜明的理论创新性,特别是阐明了股东权利的具体构造不应当是法律赋权的产物,而应当是市场主体议价缔约的结果;阐明了控制权强化机制是一种市场驱动性的治理安排,是体现公司自治的一种"私序"设计;阐明了控制权强化机制对于外部股东利益具有积极和消极两个层面的影响。

　　本书稿具有重要的现实意义,特别是揭示出中国股份公司对于控制权强化机制的制度需求与现实障碍,提出了可行的创新对策,为中国股份公司的控制权强化机制的法律规制和加强外部投资者保护提供了规范性路径。

　　本书稿政治立场正确。研究过程以中国问题为指向,以全球变革为视野,以科学理论为范式,以制度创新为依归。全书逻辑清晰、结构完整、语言流畅、观点鲜明,是一部不可多得的学术著作,具有重要的出版价值。

签字：（签名）

2021 年 3 月 6 日

说明：该推荐表须由具有正高级专业技术职务的同行专家填写,并由推荐人亲自签字,一旦推荐,须承担个人信誉责任。如推荐书稿入选《文库》,推荐专家姓名及推荐意见将印入著作。